5대 전환과 한국경제

서울사회경제연구소 엮음

박민수 · 조영탁 · 박복영 · 안지연 · 김계환 · 이태석 · 고영선 · 원승연 · 이기영 지음

한울
아카데미

머리말

 한 나라의 경제정책은 당면한 현안 문제에 대한 단기적 정책 대응과 시대의 큰 흐름 또는 그 흐름의 큰 변화에 대한 장기적 정책 대응으로 구분할 수 있다. 이 책의 관심은 후자에 있다. 장기적 정책 대응은 큰 방향을 설정해 일관성 있는 정책을 지속적으로 추진한다는 점에서 중요하고, 합리적인 정책의 순서와 적절한 타이밍에 의해 비교적 작은 정책 개입으로 큰 정책 효과를 얻을 수 있다는 이점이 있다.

 큰 시대적 흐름, 또는 그 흐름의 큰 변화를 어떻게 읽을지에 대한 기준이 분명한 것은 아니다. 그렇지만 우리 연구소의 회원들은 기술의 변화(정보통신과 인공지능의 발달), 기후의 변화(지구 온난화에 대한 지구적 대응), 세계경제질서의 변화(미중 전략적 경쟁에 의한 글로벌 공급망의 변화), 인구구조의 변화(고령화와 인구 감소)가 한국경제가 당면한 중요한 변화라는 데 대부분 이견 없이 동의했다. 우리는 이 변화들의 폭이 넓고 깊으므로 전환이라고 불러도 좋다는 데 동의했고, 이를 디지털 전환, 그린 전환, 세계질서 전환, 인구구조 전환이라고 각각 명명하기로 했다. 이와 같은 경제 환경의 변화에 덧붙여 한국경제의 선진국 진입으로 인한 기준과 목표의 변화라는 주체적 의식의 변화도 중요한 변화 중 하나로 꼽을 수 있으므로, 우리는 이를 선진국 전환이라고 명명했다. 그리고 변화들을 합쳐 '5대 전환'이라고 통칭하기로 했다. 따라서 이 책의 제목도 '5대 전환과 한국경제'로 정했다.

 이 책이 나오기까지는 준비 과정이 있었다. 연구소 회원들이 이 주제를 놓고 월례토론회 등을 거치면서 기초를 마련했고, 2022년 5월에 〈대전환기, 한국경제의 과제〉라는 심포지엄을 개최해 이 책의 주요 내용을 발표했다. 심포지엄 후 패널과 청중의 코멘트를 반영해 글의 완성도를 높였으며 몇 편의 글을 더 보완해 한 권의 책으로 엮었다.

디지털 전환을 다룬 박민수의 「디지털 전환과 한국경제의 과제」에서는 먼저 애초의 기대나 전망과 달리 디지털 전환이 생산성의 증가와 성장률의 제고로 이어지지 않고 있음을 밝히고, 새로운 기술이 생산성과 성장률 증가로 이어지지 않는 원인을 분석한 연구들을 개관한다. 디지털 전환이 기대한 효과를 나타내지 못하는 원인으로는 예상보다 느린 기술의 진보, 노동과 기업의 수용 능력 부족, 예상보다 느린 기술 확산의 세 가지 문제를 들 수 있다. 이 문제들을 극복하고 디지털 전환이 생산성과 성장률 제고로 이어지도록 하려면 ① 자원 배분 개선, ② 교육 훈련 개편, ③ 제도와 금융에 의한 진입장벽 완화 조치가 필요하다고 제안한다. 이와 더불어 디지털 전환에 따른 소득 및 기업의 양극화를 보완하기 위해 사회안전망 강화와 이를 뒷받침할 재원의 확보가 필요하다고 주장한다.

그린 전환을 다룬 조영탁의 「한국경제의 그린 뉴딜과 탄소중립을 위한 전환과제: 전력부문을 중심으로」에서는 환경 문제의 접근 방식을 유효수요 모형에서 자원흐름 모형으로, 환경의 규제에서 신성장 산업과 고용 창출로 전환해야 한다고 주장한다. 특히 2030 국가온실가스 감축목표(NDC)가 너무 도전적이므로, 실현 가능한 플랜 B를 마련해야 하며 제조업과 수송부문을 포함하되 전력부문이 배출 감축을 선도하는 전략을 세워야 한다고 주장한다. 우리나라의 전력부문은 재생에너지 부존량과 생태적 조건의 취약성, 전력시장과 산업구조의 취약성, 고립 계통망의 제약 등 여러 문제가 있으므로, 혁신을 달성해 선순환 구조를 이루기 위해서는 ① 전력시장과 산업구조 개선, ② 한국형 녹색금융 제도(민간 투자 촉진), ③ 에너지 R&D 체제 개선(돌파형 신기술 개발)이 필요하다. 또한 혁신 과정에서 피해를 보완하기 위해 ① 좌초산업 및 설비와 고용안정, ② 직접 보조 방식의 에너지 복지제도 강화가 필요하다. 저자는 이러한 혁신을 추진하기에 앞서 에너지 문제의 과잉 정치화를 극복하고, 진영 중립적인 에너지 정책 거버넌스 구축이 선행되어야 한다고 주장한다.

그런 전환의 자금을 조달하는 금융제도를 다룬 박복영과 안지연의 「녹색채권을 통한 기후변화 대응 자금조달의 현황과 과제」에서는 탄소중립을 위한 주요 자금조달 수단인 녹색채권의 발행 현황과 규제체계를 검토하여 우리나라에서는 녹색채권 발행이 저조하고 규제가 미흡하다고 지적한 후, 녹색채권 발행 활성화와 적절한 규제를 위한 대안을 제시하고 있다. 저자는 중요한 활성화 방안으로 녹색 국채의 발행을 꼽는다. 일반국채로의 전환권을 부여하는 쌍둥이 국채로 발행하면 활성화를 꾀할 수 있을 뿐만 아니라, 규제 면에서도 녹색분류 외부검토의 내실화, 자금 용도의 공개, 사후 보고와 평가 기준 등에서 모범사례를 제시할 수 있기 때문이기도 하다.

세계경제질서 전환을 다룬 김계환의 「글로벌 공급망 재편과 우리의 대응: 동아시아 관점」에서는 글로벌 금융위기와 트럼프 집권을 거쳐 생겨난 첨단기술과 부품의 글로벌 공급망(GVC)의 변화가 2020년 코로나와 2022년 우크라이나 전쟁을 거치면서 에너지 및 식량의 공급망 변화로 확산되었으며, 이는 탈세계화나 중국 주도의 세계화가 아니라 '가치기반의 지역별 블록화' 형태로 진행될 것이라고 전망한다. 이에 따라 미중 간 전략적 경쟁의 결과는 경제안보의 주류화, '차이아메리카'의 종말, 클럽형 무역질서의 부상, 공급망 위험의 증가로 나타날 것으로 보인다. 이와 같은 세계경제 환경 변화에 대한 대응책으로, ① 미중 경쟁에 대응하는 경제안보정책 수립, ② GVC 재편에 따른 산업정책의 리포지셔닝, ③ 글로벌 거버넌스의 룰 메이커로 적극적 참여, ④ 위험을 감소하는 기업가형 국가로서 가이드 역할, 조정자 역할의 강화를 제안한다.

　인구구조 전환을 다룬 이태석의 「인구구조 변화와 지속가능한 정부의 역할 수행」에서는 인구구조의 변화와 인구 감소의 충격에 대응하는 정부의 장기적 대응 방안을 다각도로 살펴본다. 인구구조의 전환은 복지, 교육, 지방행정, 국방의 여러 측면에 정부의 적절한 대응을 요구한다. 저자는 먼저 복지 측면에서 노인복지 수요의 급증에 대비해 노인복지 개시 연령을 점진적으로 상향 조정하되, 취약집단에 대한 선별적 우대를 병행할 것을 제안한다. 교육 측면에서 학급 규모의 감축 효과는 제한적이므로, 교원 수급 정책을 개편해 신규 채용을 점진적으로 축소해 나가야 한다. 지방재정 측면에서 인구 감소는 지역별로 불균등하게 진행되므로 지방예산을 중앙정부에서 종합적으로 배분해야 하며, 지역별 재정의 효율성과 책임성이 강화되어야 한다. 마지막으로 병력자원 측면에서 징병제를 유지하되 복무 기간을 단축하고 전문병사 제도와 계급 정년 연장이 필요하다고 주장한다. 이 모든 정책을 뒷받침할 세원 확보도 긴요하다. 이를 위해 부가가치세 세수를 유지하도록 기본세율을 인상해야 한다. 다만 역진성 완화를 위해 필수 소비재에 경감세율을 도입해야 한다고 제안한다.

선진국 전환을 다룬 고영선의 「선진 한국을 향한 도전」에서는 선진국 전환에 따른 주체적 의식의 변화와 과제를 논한다. 저자는 선진 한국을 위해서 적어도 다섯 가지 문제를 해결해야 한다고 주장한다. 그 다섯 가지 문제는 각각 ① 잠재성장의 둔화, ② 일자리의 부족, ③ 소득 분배의 악화, ④ 정책 역량의 미흡, ⑤ 광범위한 지대 추구의 편향이다. 처음의 세 가지 문제(성장, 일자리, 분배)는 산업, 기업생산성이 낮다는 하나의 뿌리에서 파생되는 것으로 볼 수 있고, 이를 극복하기 위해서는 대기업 산업정책, 중소기업정책, 노동시장과 교육제도의 개혁이 필요하다. 그러나 우리나라는 이러한 개혁을 이끌어갈 정책 역량이 부족하고, 지대 추구 세력들의 강력한 반발도 예상된다. 결국 모두가 기득권을 내려놓고 치열한 논쟁을 거쳐 사회규약에 합의해야 선진국 진입을 위한 다섯 가지 문제를 풀 수 있다고 주장한다.

선진국 전환은 금융의 선진화를 요구하게 마련이다. 원승연과 이기영의 「정책금융 현황과 정책금융 공급체계 개편 과제」에서는 2000년대 이후 금융시장의 성장과정에서 정책금융의 비중이 증가했다는 사실에 주목한다. 이는 주로 중소기업 정책금융이 지속적으로 증가했기 때문이며, 금융 발전에 따라 수요가 축소되는 부문이라는 점에서 시장실패의 보정이 아니라, 정책금융의 과잉 공급이라고 저자들은 판단한다. 이러한 정책금융의 과잉 공급은 인원과 조직을 확대하려는 독점적 정책금융기관의 자체 유인과 함께 정책금융을 산업정책의 편리한 수단으로 활용하려는 정부의 유인이 맞물려서 일어날 것이다. 이와 같은 인식을 바탕으로, 정책금융 개편의 기본 방향으로 산업정책의 지원이 없어야 하고, 상환 능력을 전제해야 하며, 불필요한 정책금융을 축소할 수 있도록 정기적 점검을 제시한다. 저자들은 구체적인 정책금융의 개편 방향으로 ① 기업은행을 일반은행으로 전환하거나, 또는 소기업과 신생기업에 특화하도록 업무 영역을 축소해야 하며, ② 신용보증기금과 기술보증기금, 서울보증보험이나 지역신용보증재단처럼 유사 금융기관의 업무 중복(또한 사각지대)을 정비해야 하며, ③ 산업은행과 수출입은행을 통폐합하거나, 유사한 효과를 발휘하도록 두 정책금융기관의 기능과 조직을 재정비해야 한다고 제안한다.

홀륭한 원고를 써주신 여러분들께 깊이 감사드린다. 이 책을 준비하는 과정에서 토론회와 심포지엄을 개최하는 데 롯데장학재단에서 운영하는 '소규모학술연구지원사업'에서 큰 도움을 주었음을 밝히며, 감사의 마음을 전한다.

또한 이 글을 책으로 펴낼 수 있도록 도와준 한울엠플러스(주) 편집부와 이 책의 발간을 위해 수고하신 서울사회경제연구소 연구진에게도 깊이 감사드린다.

이 책의 내용과 주장이 5대 전환에 대응하는 장기 경제정책을 모색하는 데 일조하기를 바라 마지않는다.

2022년 12월
서울사회경제연구소 소장 장세진

차례

머리말 3

선진국 전환

디지털 전환

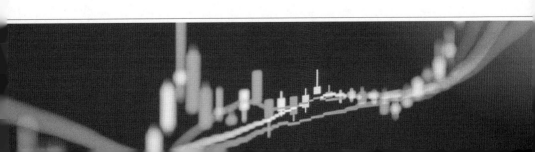

제1장

디지털 전환과 한국경제의 과제*

박민수 ㅣ 성균관대학교 경제학과

1. 서론

　과거의 산업혁명에서 목격했듯이 한 시대의 전환은 종종 혁명적 기술발전에 의해 추동된다. 여러 학자들이 '4차 산업혁명 시대(The Fourth Industrial Revolution)'[1] 또는 '제2의 기계시대(The Second Machine Age)'(Brynjolfsson and McAfee, 2014) 등으로 명명한 현재의 디지털 전환은 더 높은 연결성(connectivity), 인공지능(artifical intelligence), 자동화(automation) 등을 구현하는 디지털 기술에 원천을 두고 있다. 브린욜프슨·맥아피(Brynjolfsson and McAfee, 2014)는 디지털 기술이 연산 속도와 처리 능력에서 기하급수적인 성장을 해왔고 저렴해진 재생산 비용은 디지털 기술의 확산을 가속화시키고 있는데, 이러한 기술 발전의 변곡점이 찾아오면서 사회경제적으로 혁명적 변화가 발생할 것이라고 예측했다.

---

* 　이 글은 2022년 5월 12일 개최된 서울사회경제연구소, 한국개발연구원, 한국경제발전학회 공동 심포지엄에서 발표한 내용을 재정리한 것이다.

1) 　2016년 세계경제포럼(World Economic Forum, WEF)에서 의장인 클라우스 슈밥(Klaus Schwab)에 의해 주창되었다.

디지털 기술이 사회 전반에 영향을 미치는 현상은 이미 20세기 중반에 발명된 정보통신기술의 보급에서부터 시작되었다. 컴퓨터, 인터넷, 인공위성 등의 개발에 따라 변화된 사회는 이른바 '정보사회(information society)'라 불렸다.[2] 스마트폰과 모바일 초고속인터넷으로 진화한 정보통신기술과 빅데이터 처리 기술은 여러 경제 분야에서 아날로그 방식의 활동을 디지털 방식으로 바꾸는 디지털화(digitalization)를 가능하게 했다. 디지털 전환(digital transformation, DT or DX)은 디지털화를 넘어 디지털 기술의 이용을 통해 발생하는 산업과 사회의 근본적 변화 일체를 의미한다. 예를 들어 오프라인 매장에서 일어나던 상품 거래가 온라인에서 이루어지는 것은 판매망의 디지털화이다. 그런데 온라인 상거래가 증가하면서 소매시장의 경쟁은 물류망과 데이터 중심으로 이동했고, 이에 따라 새로운 기업들과 노동자군이 등장했으며, 결제 수단 또한 현금이나 신용카드에서 디지털 결제로 확장되는 등 넓은 범위의 경제활동에 변화가 나타났다. 또 다른 예로 코로나19 팬데믹 상황에서 영상전송 기술발전과 초고속인터넷 도입 확대는 화상회의 등 업무의 디지털화를 가속화시켰다. 업무의 비대면·디지털화는 거기에서 멈추지 않고 기업 등에서의 노동 방식과 조직 형태를 변화시키고, 나아가 사람들의 주거 형태에도 영향을 줄 수 있다.

이와 같이 디지털 전환은 단순한 신기술, 신제품의 개발 및 활용을 넘어서는 사회경제적 변화를 포괄하는 개념이기 때문에 디지털 전환이 한국 사회에 초래하는 새로운 도전 과제는 매우 광범위하다. 일반적으로 기술발전은 새로운 제품과 서비스를 탄생시키고 생산성을 높여 경제성장을 촉진한다. 그러나

---

2) 리프킨(Rifkin, 2011) 등은 정보통신기술이 촉발한 사회경제적 변화를 '3차 산업혁명'이라 부르기도 했다.

동시에 기존의 산업이 신산업으로, 노동이 기계로 대체되면서 갈등이 발생하고 이로 인해 소득 불평등과 기업양극화가 심화될 수도 있다. 플랫폼을 통해 단기 고용계약을 맺는 것이 용이해지면서 크게 증가한 이른바 '긱 이코노미(gig economy)'의 문제나 암호화폐가 금융시장에 미치는 영향 등도 디지털 전환이 기존 경제에 가져온 새로운 문제들이다. 이 밖에도 디지털 전환은 개인정보보호, 디지털 콘텐츠를 통한 차별과 혐오의 확산, 여론 및 정치의 양극화, 사이버 안보 등 비경제적인 사회 문제도 생성하고 있다.

이 장에서는 디지털 전환이 한국경제에 가져온 변화와 그로부터 발생할 수 있는 문제들을 검토하고, 이의 해결을 위한 정책 방향에 대해 몇 가지 제안을 하고자 한다. 다만, 앞서 언급한 여러 도전 과제 중 생산성 및 경제성장 문제와 분배 문제를 집중적으로 다룰 것이다.

2. 디지털 전환의 가속화

디지털 전환이라는 용어가 자주 언급되는 것은 비교적 최근의 일이다. 예를 들어 전 세계 대상 구글 트렌드(Google trend)에서 나타난 바로는 2014년 말까지 '디지털 트랜스포메이션(digital transformation)'의 검색량은 2022년 6월 현재의 1/10에도 미치지 못했다. 디지털 전환에 대한 관심의 증가는 지속적인 디지털 기술의 발전과 도입률 상승의 결과이다. 유무선 인터넷망을 통한 연결성이 고도화되면서 디지털 기술을 수용하는 소비자들도 빠르게 증가해왔는데, OECD(2020)의 디지털경제전망(Digital Economy Outlook)에 따르면 OECD 국가에서 16~24세 중 매일 인터넷을 이용하는 이들의 비중은 2010년 평균 80%에서 2019년 95%로 증가했고 55~74세도 2010년 30%에서 2019년

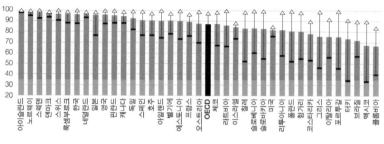

〈그림 1-1〉 OECD 국가 평균 연령별 인터넷 이용률(2019)

■ 전 연령대 △ 16~24세 ▬ 55~74세

자료: OECD(2020: 95, figure 4.1).

58%로 증가했다.

디지털 기기의 수용과 활용도 빠르게 증가했는데, 전 세계 스마트폰 이용자 수는 2016년 37억 명에서 2021년 63억 명으로 1.7배 증가했다.[3] 한국에서는 60대를 제외하고 전 연령대에서 스마트폰 이용률이 100%에 육박한다. 스마트폰 앱을 통한 경제활동도 꾸준히 확대되고 있다. 예를 들어 OECD 평균 온라인 쇼핑 이용자 비율은 2010년 38%에서 2019년 60%로 증가했다. 산업의 디지털화 및 자동화도 가속화되고 있다. 2019년 기준 OECD 국가 내 기업 중 93%가 초고속인터넷망에 연결되어 있고(2010년 85%), 기업 및 상품 홍보, 구인, 고객관리 등에 소셜미디어(SNS)를 이용하는 기업 비중이 2013년 약 33%에서 2018년 55%를 넘어섰다. 로봇 도입률도 빠르게 증가해 왔다. 2020년 기준으로 전 세계 평균 노동자 1만 명당 126대의 로봇이 사용되고 있는데, 이는 2015년의 두 배에 달하는 수치이다. 특히 한국의 로봇 도입률은 세계 최고로, 2020년 기준 노동자 1만 명당 932대의 로봇이 도입

---

3) Statista, https://www.statista.com/statistics/330695/number-of-smartphone-users-worldwide (검색일: 2022.6.28).

<그림 1-2> 국내 연령별 스마트폰 사용률 추이

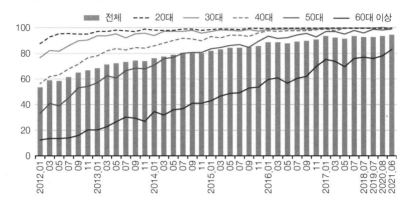

주: 1) 전국 성인 대상으로, 2012~2017년은 한국갤럽 데일리 오피니언 월별 통합 결과에서 홀수 월만 제시함.
    2) 월별 조사 사례 수는 최소 3014명에서 최대 7831명(표본오차 ±1.8~1.1%p, 95% 신뢰 수준).
    3) 2018~2021년 월별 사례 수는 약 1000명(표본오차 ±3.1%p, 95% 신뢰 수준).
자료: 갤럽리포트(2021).

<그림 1-3> 디지털 채널을 통한 고객 소통 활동 비율

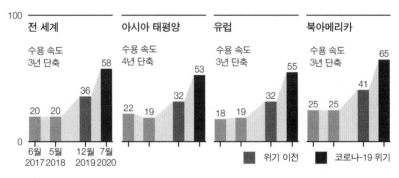

주: 2017~2019 평균 증가율 기준으로 몇 년을 빠르게 증가했는지 측정함.
자료: McKinsey & Company(2020).

되어 있다(IFR, 2021).

　　코로나19 팬데믹은 디지털 전환의 추세를 더욱 가속했다. 컨설팅 기업 매
킨지앤드컴퍼니(McKinsey&Company)의 설문조사에 따르면 기업들이 디지털

채널을 통해 판매와 고객관리 등 고객 소통을 한 비중이 과거에 비해 3~4배 빠르게 증가했다.

3. 디지털 전환과 경제성장

　디지털 혁신 관련 정부 정책의 가장 중요한 목표 중 하나는 경제성장일 것이다. 경제학 이론은 기술 발전이 생산과 유통의 비용을 줄여 생산성을 높이고, 이를 통해 인플레이션 없는 경제성장을 이룰 것으로 기대한다. 예컨대 골파브와 터커(Golfarb and Tucker, 2019)는 경제활동의 디지털화로 인해 절약할 수 있는 비용을 다섯 가지로 정리했다. 첫째는 탐색비용(search costs)으로 인터넷상에서 정보의 검색 및 비교가 수월해지면 판매자와 구매자 간 거래가 증가될 수 있다. 둘째는 복제비용(replication costs)으로 재화가 디지털화되면서 생산의 한계비용이 0에 가까워지고, 소비도 비경합적으로 변하게 된다. 예를 들어 과거에 음악을 소비하기 위해 구매했던 LP나 CD에 비해 디지털 음원은 추가 생산에 드는 비용이 거의 없고, 한 소비자가 구매하더라도 소멸되지 않는다. 셋째로, 디지털화는 재화의 전송비용(transportation costs)도 크게 줄일 수 있다. 예를 들어 인터넷을 통한 디지털 콘텐츠 거래에는 운송비용이 거의 들지 않는다. 인터넷 기반의 화상회의 기술을 이용하면 강의나 회의를 위한 이동비용도 절약할 수 있다. 넷째는 추적비용(tracking costs)의 절약이다. 기업은 소비자의 탐색에서부터 구매까지의 행동을 더 쉽고 저렴하게 추적할 수 있고, 이를 통해 더 정교하고 용이하게 개인화와 타깃 마케팅을 할 수 있다. 마지막으로 디지털화는 정보비대칭(information asymmetry)에 기인한 검증비용(verification costs)을 감소시킬 수 있다. 특히 경험재(experience goods) 또는 신

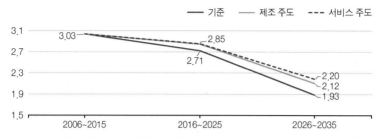

〈그림 1-4〉 4차 산업혁명 시나리오별 경제성장률 전망

주: 제조 주도는 제조업 주도의 4차 산업혁명 시나리오하의 성장 전망을, 서비스 주도는 서비스업 주도의
   4차 산업혁명 시나리오하의 전망을 의미함.
자료: 이진면 외(2018).

뢰재(credence goods)는 사용해 보기 전까지는 재화의 품질을 알 수 없는데, 온
라인 평점 등을 통한 판매자 진위 및 평판 검증이 쉬워지면서 비대칭 정보 문
제가 줄어들 수 있다.

　다수의 정부 및 민간 기관도 디지털 변환이 산업 또는 국가의 생산성
과 성장을 가져올 것으로 예측했다. 예를 들어 매킨지앤드컴퍼니는 2017년
보고서에서 4차 산업혁명으로 2025년까지 3.7조 달러의 부가가치가 창출될
것으로 예측했다. 또 다른 컨설팅 기업 엑센츄어(Accenture Research 2017)와
프론티어 이코노믹스(Frontier Economics)는 인공지능을 성공적으로 도입한 기
업들이 2035년까지 평균 38%의 수익성 증가를 경험하고, 국가 수준에서는
총부가가치(GVA) 기준 성장률이 평균 1.7%p 증가할 것으로 예측했다. 국내
에서는 산업연구원이 4차 산업혁명으로 제조업의 서비스화 혹은 제조업과 서
비스업의 융합이 진전되면 2035년까지 한국의 경제성장률이 0.2~0.3%p 증
가할 것으로 전망하기도 했다(〈그림 1-4〉 참조).

　그러나 디지털 기술의 급속한 발전에도 불구하고 전 세계적 경제성장과 생
산성 증가는 기대에 미치지 못하는 수준에 머물러 있다. 〈그림 1-5〉에서 볼

<그림 1-5> 세계 실질 GDP 성장률 추이

(단위: %)

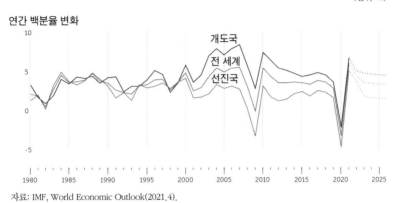

자료: IMF, World Economic Outlook(2021.4).

<그림 1-6> G7 국가생산성 증가율 및 기업수익률 추이

주: 2019년 미 달러 기준으로 5년 이동평균을 나타냄. 단위는 %임.

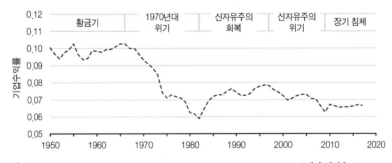

자료: The Conference Board(2020); Feenstra et al.(2015); Dunford and Qi(2020)에서 재인용.

〈그림 1-7〉 국내 총요소생산성 증가율 추이

(단위: %)

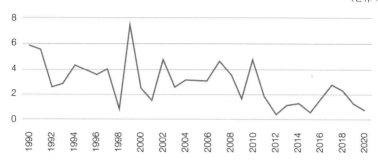

자료: e-나라지표, https://www.index.go.kr/unify/idx-info.do?idxCd=4202#quick_05(검색일: 2022.6.28).

수 있듯이 한국을 포함한 전 세계 실질 GDP 성장률은 2010년 약 5.4%를 기록한 이래로 코로나19 팬데믹 시기 이전까지 2~3%대로 정체되어 있었고, 이러한 추세는 디지털 전환이 더 빠르게 일어났던 선진국에서도 동일하게 나타났다.

생산성 증가 속도도 오히려 하락하고 있다. 〈그림 1-6〉에서 보듯 세계 7대 경제대국(G7)의 5년 이동평균 노동생산성과 시간당 생산성 증가율은 2000년대 들어서도 계속 하락하고 있고, 기업수익률(internal rate of return)도 떨어지는 추세를 보인다. 한국의 경우에도 2010년 이후 생산성 증가율이 감소했는데, 노동생산성은 2015년 이후 증가율이 1~3%에 머물고 있고, 총요소생산성(total factor productivity, TFP)도 2010년 이후 1% 내외 수준으로만 증가하고 있다(〈그림 1-7〉 참조).

몇몇 기업 수준 실증 연구에서는 ICT 투자의 생산성 증대 효과가 존재하지 않았다는 결과가 제시되기도 했다. 1977~2007년 미국 기업을 연구한 애쓰모글루 외(Acemoglu et al., 2014)는 IT 투자(집약도)가 컴퓨터 제조업을 제외한 나머지 산업 내 기업의 생산성을 증대시키지 않았다는 결론을 얻었다. 데스테파노

외(DeStefano et al., 2018)는 2000년대 초반 영국 자료를 이용했는데, ADSL 초고속인터넷의 도입이 기업의 규모는 키웠으나 생산성을 증대시키지는 않았다는 분석 결과를 얻었다.

정보통신기술의 발전에도 불구하고 생산성 증가율이 오히려 떨어지는 현상을 생산성의 역설(productivity paradox)이라 부른다. 정보통신기술과 생산성 간의 역설적인 관계가 처음 나타난 것은 1970년대에서 1980년대에 걸친 시기이다. 로버트 솔로(Robert Solow)는 ≪뉴욕타임스≫ 서평에서 "우리는 어디에서나 컴퓨터 시대에 있음을 확인할 수 있지만 생산성 통계에서만은 예외(You can see the computer age everywhere but in the productivity statistics)"라고 했다. 떨어지던 생산성 증가율은 1990년대 들어 일부 회복되었는데 이는 오래가지 못했고 다시 2000년대 이후 생산성 증가 속도가 둔화되는 생산성의 역설 2.0이 나타났다. 그 이유는 무엇일까?

디지털 기술발전의 생산성 역설을 설명하는 하나의 가설은 디지털 기술의 생산성 증대 효과가 이전의 산업혁명 기술에 비해 본질적으로 작다는 것이다. 즉, 컴퓨터, 스마트폰 같은 ICT 기기와 디지털 서비스들은 재미와 정보를 제공하지만 전기, 자동차, 전화, 비행기 등 생산성 증대의 황금기였던 2차 산업혁명 직후에 등장한 제품들에 비하면 생산성에 미치는 영향이 작다는 것이다. 고든(Gordon, 2000)은 1990년대 중반 이후 회복된 미국의 생산성도 컴퓨터 하드웨어와 주변기기, 통신장비 제조업과 해당 장비들을 사용하는 내구재 산업에 한정되고, 이는 전체 미국 경제의 12%가량에 불과하다고 했다.

디지털 기술의 생산성 증대 효과가 낮게 나타나는 것은 생산성 측정 방식의 한계 또는 오류 때문이라고 보는 견해도 존재한다(Gal et al., 2019 등). 디지털 기술의 발전은 흔히 새로운 제품의 등장이나 기존 제품의 품질 향상으로 나타난다. 그러나 GDP 집계에서는 이러한 실질적인 사회 후생 증진 효과가 즉각적이고 충분히 반영되지 않는다.[4] 디지털 기술 도입 수준을 측정하는 것도 쉬운 문제가 아니다. 예를 들어 디지털 기술 도입 수준을 나타내는 변수로 ICT 투자액이나 노동자당 컴퓨터 대수와 같이 일반적인 지표를 사용할 때와 소셜미디어나 ERP 소프트웨어 이용 여부와 같이 특정 기술 도입 여부를 사용할 때 생산성 증대 효과가 다르게 추정될 수 있다. 또 다른 사례로 산업 단위로 분석하는 경우에 산업 내 경쟁 효과가 생산성 증대 효과를 희석할 수 있다. 즉, 디지털 기술에 투자를 많이 한 기업들이 생산성을 높이면 산업 내 경쟁에서 우위를 차지할 수 있지만, 반대로 경쟁기업들은 생산이 감소하고 수익성이 떨어질 수 있다. 따라서 이질적 기업들의 평균 효과만을 고려하는 산업 단위 분석에서는 실제 생산성 증대 효과를 과소평가할 수 있다는 것이다.

떨어지던 생산성 증가 속도가 1990년대 다시 반등하면서 측정의 오류가 반박되고 디지털 기술의 생산성 역설도 해소되는 듯했으나 2000년대 초 닷컴 버블 붕괴 이후 재차 생산성 성장이 둔화되자 생산성 역설에 대한 추가적인 연구가 실시되었다. 디지털 시대 생산성 정체를 설명하는 또 하나의 논리는 생산성 증대는 시차를 두고 나타난다는 것이다. 시버슨(Syverson, 2013)은 전기 도입 이후 1890년부터 1915년 사이에 생산성이 느리게 증가하다가 1915~1924년에 생산성 증가가 가속화된 것과 마찬가지로 ICT 기술로 인한 생산성 증대는 1970년부터 1995년 사이 느리게 진행되다가 1995년 이후부터 가속화될 것으로 전망했다. 시버슨의 예측과 달리 2000년대 중반 이후 다시 생산성 성장이 둔화되었으나, 생산성 증대 시차론은 여러 연구자들에게 지지받고 있다. 새로운 기술은 단기적으로 기존의 생산 과정을 파괴하기 때문에 기술발전에 따른

---

4) 1990년대 초부터 각국에서 물가지수 산정 시 헤도닉 회귀분석(hedonic regression)을 통해 제품 품질 향상 효과를 조정하지만 신제품 등장 등 빠르게 변화하는 시장 상황을 충분히 반영하지는 못하고 있다.

성장 효과가 상쇄되지만, 장기적으로는 생산 과정의 재조직을 통해 효율성이 높아진다. 또 기술발전으로 인한 생산성 증대 효과를 얻기 위해서는 보완적 요인들의 동반 발전과 생산 과정의 재조직이 이루어져야 하며 이를 위해서는 시간이 필요하다는 것이다(Brynjolfsson and McAfee, 2014; Brynjolfsson et al., 2017). 여러 기존 연구들은 디지털 기술이 조직의 자본 및 경영 능력, 연구개발 및 무형의 투자, 인적 자본 및 ICT 관련 숙련도, 규제 환경 등과 보완 관계에 있음을 밝혔다. 하나의 ICT 기술(예: 모바일 인터넷)과 다른 ICT 기술(예: SNS, OTT) 간에도 보완 관계가 존재한다. 요약하면 디지털 기술이 경제 전체의 생산성을 향상시키기 위해서는 그와 보완되는 기술·인력·제도가 갖춰지고 기업 및 산업 간 확산이 일어나는 시간이 필요하다는 것이다.

4. 디지털 전환과 불평등

1) 디지털 전환과 기업 양극화

지난 수십 년간 세계 주요국에서 기업 간 양극화가 심화되었고 이는 시장 집중도 및 초과이윤 증대뿐만 아니라 생산성 둔화, 노동소득분배율 악화, 소득 불평등 심화의 원인으로 지목되어 왔다. 기업 간 양극화는 기업규모, 생산성, 임금 수준 등 다양한 측면으로 나타난다. 드뢰커 외(De Loecker et al., 2020)에 따르면 미국 기업들의 평균 마크업(마진/가격 또는 가격/한계비용으로 정의)은 1980년대 1.34에서 2016년 1.61까지 증가했는데(〈그림 1-8〉, 패널 b), 기업 간 격차(분산)는 더 커지고(〈그림 1-8〉, 패널 a), 대부분의 마크업 증가는 상위 10% 기업(P90)으로부터 기인했다(〈그림 1-8〉, 패널 b).

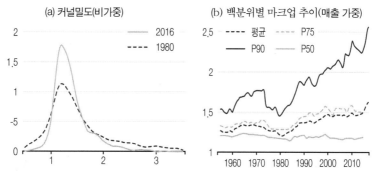

〈그림 1-8〉 미국 기업의 마크업 분포 및 추세(1955~2016)

(a) 커널밀도(비가중)

(b) 백분위별 마크업 추이(매출 가중)

자료: De Loecker et al.(2020: Figure 3).

또한 상위기업(frontier firms)과 나머지 기업(laggards firms) 간 생산성 격차는 지속적으로 확대되었다(〈그림 1-9〉, 〈그림 1-10〉).

한국에서도 기업규모, 임금수준, 영업이익률 등 여러 측면에서 대기업-중소기업 간 격차가 유지·심화되는 추세이다. 〈그림 1-11〉에서 볼 수 있듯이 2006년부터 2016년까지 10년 동안 상시 근로자 1000명 이상 기업이 전체 기업에서 차지하는 종사자 수 비중은 5.7%에서 7.0%로 1.3%p 증가했고, 300인 이상 1000명 미만 기업의 종사자 수 비중도 6.8%에서 7.7%로 0.9%p 늘어났다. 따라서 중소기업이 차지하는 비중은 지속적으로 감소한 것이다. 2017년 기준 평균적인 중소기업 종사자의 임금은 대기업 종사자의 임금에 비해 65%에 불과하고, 대기업의 영업이익률은 2014년 4.25%에서 2017년 9.06%로 두 배 증가한 반면, 중소기업의 평균 영업이익률은 같은 기간 5.18~5.35%로 정체되었다(중소기업뉴스, 2019.1.21).

기업 간 양극화 심화의 원인으로는 세계화, 반독점 규제의 약화, 글로벌 공급망 변화 등 여러 가지 요인들이 제시되고 있지만, 디지털 전환도 그중 하나의 요인일 수 있다. 디지털 전환은 많은 시간과 비용을 필요로 하고 단기적으

<그림 1-9> 글로벌 상위기업과 나머지 기업 간 노동생산성 격차 추이

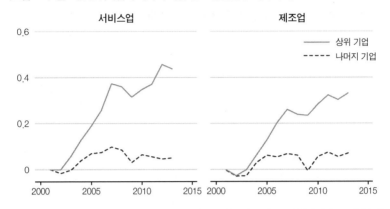

주: 데이터는 OECD-Orbis에 근거함. 글로벌 상위 기업은 각 연도·산업 내 노동생산성 상위 5% 기업을 의미함.
자료: Andrews et al.(2016).

<그림 1-10> 글로벌 상위 기업과 나머지 기업 간 총요소생산성 격차 추이

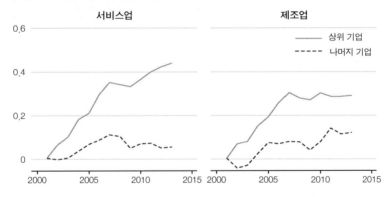

주: 데이터 출처는 OECD-Orbis. 글로벌 상위 기업은 각 연도의 산업 내 노동생산성 상위 5% 기업을 의미함.
자료: Andrews et al.(2016).

로 투자 대비 수익이 적기 때문에 중소기업보다 대기업의 채택률이 높다. 산
업통상자원부의 「2021년 중견기업 디지털 전환 실태조사」에 따르면 조사대
상 416개 사 중견기업의 93.1%가 디지털 전환의 필요성을 인식하고 있으나,
실제로 추진 중인 기업은 19.5%에 불과하고, 향후 추진을 계획 중인 기업도

〈그림 1-11〉 기업 규모별 종사자 수 비중

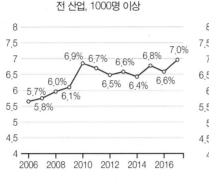

전 산업, 1000명 이상

전 산업, 300명 이상 1000명 미만

자료: 전국 사업체 조사, 문성배(2021)에서 재인용.

35.6%에 머물렀다. 대기업은 중소기업에 비해 디지털 기술과 보완적 관계에 있는 인력, 경영능력, 기존 설비, 기업문화 등 무형자산을 상대적으로 풍부하게 보유하고 있기 때문에 디지털 기술의 도입과 활용이 더 수월할 수 있다.

디지털 기술이 산업이나 경제 전체 차원에서 생산성을 증대시키는 데는 시간이 걸리지만 기업 수준의 생산성은 단기간 내에 증대시킬 수 있으면 대기업의 높은 디지털 기술 채택률이 기업 간 양극화 심화를 설명할 수 있다. 만약 생산성이 높은 기업일수록 디지털화로 인한 생산성 증대 효과가 더 클 경우 기업 간 생산성 격차는 더 벌어질 것이다. 실제로 〈그림 1-12〉에 제시된 갤 (Gal et al., 2017)의 분석 결과를 보면 생산성 수준이 높을수록 초고속인터넷, 전사적자원관리 시스템(Enterprise Resource Planning, ERP), 고객관계관리 시스템(Customer Relationship Management, CRM), 클라우드 컴퓨팅의 네 가지 디지털 기술 도입의 생산성 증대 효과가 더 크다.

앞서 서술한 바와 같이 디지털 기술은 탐색·복제·전송 비용을 줄여주는데, 이로 인해 기업들은 더 넓은 범위의 시장을 대상으로 영업 활동을 할 수 있고

<그림 1-12> 생산성 수준에 따른 디지털 기술 도입의 생산성 증대 효과 비교

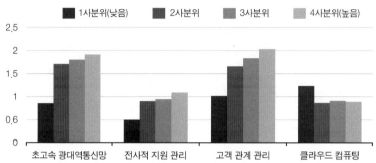

주: 특정 디지털 기술의 도입률이 10%p 증가함에 따른 총요소생산성 증가율 변화를 나타냄. 1사분위는
생산성이 가장 낮은 4분위 집단을 나타내고, 4사분위는 가장 생산성이 높은 집단을 나타냄.
자료: Gal et al.(2019: figure 7).

<그림 1-13> 산업별 총요소생산성과 산업 내 생산성 격차(1998~2007)

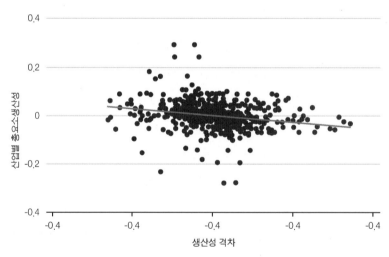

주: 가로축은 산업 내 선도기업과 나머지 기업 간 생산성 격차(productivity gap)를, 세로축은 산업 전체
총요소생산성(sector aggregate productivity)을 나타냄.
자료: Andrews et al.(2016: figure 10).

그 결과 소수의 슈퍼스타 기업들(superstar firms)이 나타날 수 있다.

경제 전체로 보면 기업 간 양극화는 시장집중도를 높이고 신규 사업자의 진입을 어렵게 만들어 산업 전체의 역동성을 떨어뜨리고 기술의 확산을 막음으로써 디지털 기술 발전의 생산성 증대효과를 반감시킬 수 있다. 예를 들어 앤드루스(Andrews et al., 2016)의 분석에 따르면 상위기업과 나머지 기업들 간 생산성 격차가 큰 산업일수록 산업 전체 총요소생산성이 감소하는 경향이 나타난다(〈그림 1-13〉).

2) 디지털 전환과 소득 불평등

소득 및 자산의 불평등 심화는 전 세계적인 현상이다. 미국의 경우 1980년까지 완만히 감소하던 상위 1%와 10% 소득집단의 소득 비중이 다시 상승해왔다(〈그림 1-14〉). 한국도 1999년 이후로 상위 10%의 소득비중이 꾸준히 증가하고 있고, 특히 2007년 이후의 상위 집단 소득 비중 증가는 상위 1% 집단이 주도하고 있다(〈그림 1-15〉).

최근 디지털 전환이 이러한 소득 불평등의 한 요인일 수 있다는 주장이 제기되고 있다. 우선 디지털 전환이 소득 불평등을 심화하는 원인을 디지털 기술발전의 숙련 편향성, 반복 업무 편향성에서 찾는 이론이 존재한다. 디지털 전환은 주로 반복적 업무 기반의 비숙련 노동을 대체하기 때문에 비숙련 노동의 임금은 하방 압력을 받는 반면, 고임금-고숙련 노동은 발전된 기술에 의한 업무 보조로 더욱 생산성이 높아져 상대적 임금격차가 확대된다는 것이다(Goos et al., 2014 등). 골딘과 카츠(Goldin and Katz, 2010)는 기술혁신과 임금격차 간의 관계를 숙련노동에 대한 상대적 수요-공급으로 설명한다. 즉, 디지털 기술혁신으로 숙련노동에 대한 수요가 증가하는 반면 숙련노동의 상대적

<그림 1-14> 미국 상위 소득집단 비중 추이

상위 10% 집단의 국민소득 점유율

상위 1% 집단의 국민소득 점유율

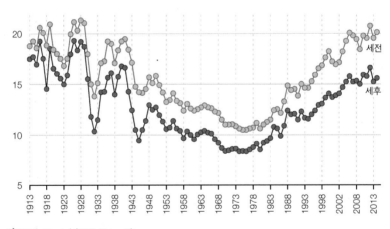

자료: Piketty et al.(2018: Figure V).

공급은 줄어들면서 숙련노동의 상대적 임금이 크게 증가했다는 것이다(〈그림 1-16〉). 삭스(Sachs, 2019)는 1975년과 2016년의 미국 내 학력별 소득 분포를 비교했는데, 학사학위 미만의 학력을 가진 노동자들의 소득 비중은 72.7%에

〈그림 1-15〉한국 상위 소득집단 비중 추이

자료: 홍민기(2021: 그림 1).

서 46.1%로 감소한 반면, 학사학위 소지자의 소득 비중은 14.3%에서 29.6%로, 대학원 이상 학위를 가진 노동자의 소득 비중은 12.9%에서 23.4%로 약 두 배 증가했다는 결과를 제시했다.

디지털 제품 및 장비의 노동대체와 기술과학적 전문성의 중요도 상승에 따른 자본 또는 혁신가의 분배 몫 증가도 소득 및 자산 양극화의 원인이 될 수 있다. 디지털 전환이 노동 대체를 통해 일자리를 줄일지 새로운 비즈니스 기회의 생성으로 일자리를 늘릴지는 사전적으로 예측하기 어려우나 미국을 포함한 여러 나라에서 최근 노동소득분배율의 하락이 관측되고 있다(Autor et al., 2020; Acemoglu and Restrepo, 2021 등). 디지털 기술이 발전하면 ICT 설비 가격이 떨어지기 때문에 노동 대비 상대가격이 저렴해진 자본의 요소 비중을 높일 유인이 발생한다(Karabarbounis and Neiman, 2013). 과학기술의 중요성이 높아지면 경제는 보다 '과학집약적(science intensive)'이 되어 전문직의 상대임금이 높아질 수 있는데 연구개발(R&D) 투자와 지적재산(intellectual property) 누적액이 GDP에서 차지하는 비중이 1950년대 초부터 현재까지 지속적으로 증가하는 현상은 이를 뒷받침한다고 볼 수 있다.

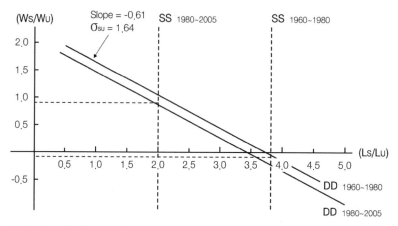

〈그림 1-16〉 숙련노동/비숙련노동 상대적 수요 및 공급 환경과 상대임금 변화

주: 가로축은 비숙련노동(Lu) 대비 숙련노동(Ls)양 비율, 세로축은 비숙련노동임금(Wu) 대비 숙련노동임
   금(Ws) 비율이고, SS는 숙련/비숙련 노동 상대공급곡선, DD는 상대수요곡선, σsu는 숙련노동과 비
   숙련노동 간 대체탄력성임.
자료: Goldin and Katz(2007).

디지털 전환은 앞서 1항에서 언급했던 기업 간 양극화를 통해 간접적으로
임금소득의 불평등 심화에 영향을 미칠 수 있다. 우선 기업 간 생산성 격차가
커지면 기업의 피고용자 간 소득 불평등도 확대될 수밖에 없다. 송 외(Song et
al., 2019)에 따르면 미국 내 전체 임금격차의 1/3은 기업 내 임금격차, 2/3은
기업 간 임금격차에서 기인한다. 기업 양극화는 점점 더 많은 고임금-고숙련
노동자가 고임금 기업에 의해 채용되는 '노동자 선별(employee sorting)'과 고
임금-고숙련 노동자가 고임금 기업에서 다른 고임금-고숙련 노동자와 함께
일하면서 생산성을 더욱 높이는 '노동자 분리(segregation)'를 통해 노동자 간
임금격차를 확대한다. 더욱이 디지털 전환으로 생산성의 격차가 확대되고 디
지털 기술을 적극적으로 채택한 기업의 제품혁신이 일어나면 시장의 집중도
가 높아지고 슈퍼스타 기업이 나타나 노동소득분배가 악화될 수 있다(Autor et
al., 2020; Stiebale et al., 2020; Tambe et al., 2020). 〈그림 1-17〉을 보면 제조업을

<그림 1-17> 기업 규모와 노동소득분배율

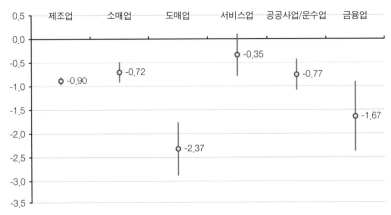

주: 각 기업의 노동소득분배율(임금총액/매출액)을 4-digit 수준 산업 내 해당 기업의 매출 비중에 대해
   OLS 회귀분석한 계수 추정치임.
자료: Autor et al.(2020: figure 5).

비롯한 많은 산업에서 기업의 시장점유율이 높을수록 그 기업의 노동소득분
배율은 떨어지는 경향을 보인다.

5. 디지털 전환과 경제정책 방향

국내외 여러 나라에서 국가적 차원에서의 디지털 전략을 세워 추진해 왔
다. 2020년까지 24개 OECD 국가들이 중앙정부 차원의 인공지능 전략을 세
웠고 2017년 이후 여러 나라에서 정부 차원의 5G 전략을 수립해 추진하고 있
다. 또 34개 OECD 국가가 부처 간 정책 공조를 위한 범정부 디지털 전략
(national digital strategy)을 추진 중이다(OECD, 2020). 우리나라 정부도 '4차 산
업혁명에 대응한 지능정보사회 중장기 종합대책'(2016), '디지털 기반 산업 혁
신 전략'(2019) 등 국가적 디지털 전략을 수립한 바 있다.

최근까지 한국의 기술혁신 관련 정부 정책은 R&D 투자와 인력 개발을 중심으로 한 '투입 중심' 정책, 정부가 유망 분야를 선정해 집중적으로 육성하고자 하는 '국가 주도 미래유망산업' 정책이 주된 부분을 차지했다. 가장 최근의 디지털 전환 관련 정부 정책인 「디지털 뉴딜」과 「산업디지털전환 촉진법」의 주요 내용도 크게 다르지 않다. 2020년 7월에 발표된 한국판 뉴딜에서는 "디지털 뉴딜로 2020년 추경부터 2022년까지 총 23.4조 원, 2025년까지 58.2조 원(국비 44.8조 원)을 투자하여 2022년까지 39만 개, 2025년까지 90.3만 개의 일자리를 창출하고 디지털 대전환을 선도하고자 한다"라는 목표를 내세웠다.

그러나 기술 중심, 투입 중심 담론에만 매몰된 정책은 디지털 전환의 생산성 증대 및 경제성장 효과를 충분히 이끌어내지 못할 수 있다. 물론 연구개발에 대한 지원도 필요하지만 디지털 기술이 생산성 증대, 그리고 나아가 경제성장에 기여하기 위해서는 보완 관계에 있는 기술개발, 인력 공급, 제도 개선이 필요하다. 교육과 훈련 체계 개편을 통해 디지털 기술을 활용할 수 있는 숙련노동의 공급을 증대시키면 디지털 산업의 성장을 도모할 수 있을 뿐만 아니라 소득 불평등도 완화시킬 수 있다. 기존 기업의 혁신적 제품 및 서비스 개발과 스타트업 진입의 제도적·금융적 장벽을 완화할 수 있는 법체계 개선도 필요하다. 우리나라의 연구개발 투자는 세계 최고 수준임에도 불구하고 혁신의 성과는 뒤떨어진다는 지적이 많다. 투자의 효율성을 높이기 위해 디지털 기술 연구개발 시스템의 재정비가 필요한 것은 아닌지 점검해야 한다. 앞서 기술이 빠르게 발전하더라도 이것이 기업 내, 산업 내, 그리고 전 사회에 확산되지 않으면 그 영향력이 충분히 발현되지 못하고, 기업 간 양극화와 소득 불평등만 가속화할 수 있다. 디지털 전환의 긍정적 효과를 극대화하기 위해서 사회적 약자나 중소기업의 디지털 기술 도입을 촉진시키는 정책도 강화할 필요가 있다.

시장 집중은 기업 간 양극화뿐만 아니라 경제 전체의 생산성 정체와 소득 불평등도 초래할 수 있다. 플랫폼화된 시장들은 네트워크 효과, 규모의 경제, 데이터 독점 등으로 인해 시장집중도가 더욱 높아질 이론적 가능성이 있는 동시에 다면시장(multi-sided market) 시장 획정, 시장지배력 측정, 다면 이용자 간 상호작용을 고려한 반경쟁성 평가 등 기존 경쟁법의 적용 범위를 넘는 도전 과제를 던져주고 있다. 따라서 디지털 전환에 따라 새롭게 등장하는 반경쟁적 행위들을 규율할 수 있도록 기존의 경쟁정책을 수정할 필요가 있다. 다만 시장집중도 완화 또는 대규모 기업의 경제력 억제 그 자체를 정책목표로 삼고 개입할 경우 소비자 후생 증대의 원천인 시장의 혁신 동력을 훼손하기 쉽다는 점을 염두에 두어야 할 것이다.

소득 불평등은 디지털 전환에 의해 심화될 수 있는 현상이면서 동시에 디지털 격차를 만들어 추가적인 불평등과 저성장을 야기할 수 있는 요인이다. 시장을 왜곡하지 않는 범위에서 대기업−중소기업 간 또는 고용자−피고용자 간 1차 분배를 개선하는 정책을 설계하기는 어려우며 그 효과도 제한적일 수 있다. 따라서 국민의 기본적 생활수준을 보장하는 사회안전망의 강화가 필요하며, 나아가 세제개편을 포함한 더 적극적인 분배 정책의 논의가 필요하다.

사실 이미 많은 디지털 전환 관련 정책들이 수립 및 시행되었고 그중에는 바람직한 효과를 기대할 수 있는 것들도 다수 존재할 것이다. 예컨대 디지털 뉴딜 사업 중 데이터 댐 사업은 디지털 기반 사업의 기초 공공재로서 데이터를 구축·활용하도록 할 수 있다. 또 소상공인 온라인 비즈니스 지원 사업은 디지털 기술 도입의 격차를 해소하는 효과를 기대할 수 있다. 기존 정책에 대한 평가를 통해 그 효과가 입증된 정책은 계승·유지하고 미흡한 부분은 새로운 창의적 정책으로 보완할 수 있기를 기대한다.

참고문헌

갤럽리포트. 2021. "2012-2021 스마트폰 사용률 & 브랜드, 스마트워치, 무선이어폰에 대한 조사." https://www.gallup.co.kr/gallupdb/reportContent.asp?seqNo=1217(검색일: 2022.6.28).

이진면·이용호·김재진. 2018. 「4차 산업혁명과 우리 산업의 중장기 구조변화 전망」. 산업연구원 연구보고서 2018-872.

중소기업뉴스. 2019.1.21. "중기(中企) 임금 대기업의 65% 불과 … 월평균 335만 원." http://www.kbiznews.co.kr/news/articleView.html?idxno=48829.

홍민기. 2021. 「2019년까지의 최상위 소득 비중」. ≪월간 노동리뷰≫, 2021-2.

Acemoglu, D., D. Dorn, G. H. Hanson and B. Price. 2014. "Return of the Solow paradox? IT, productivity, and employment in US manufacturing." *American Economic Review*, 104(5), pp.394~399.

Acemoglu, D. and P. Restrepo. 2021. "Tasks, automation, and the rise in us wage inequality." NBER Working Paper, No.w28920. National Bureau of Economic Research.

Accenture Research. 2017. "Artificial Intelligence Has Potential to Increase Corporate Profitability in 16 Industries by an Average of 38 Percent by 2035".

Andrews, D., C. Criscuolo and P. Gal. 2016. "The Best versus the Rest: The Global Productivity Slowdown, Divergence across Firms and the Role of Public Policy." OECD Productivity Working Papers, No. 5, Paris: OECD Publishing. https://doi.org/10.1787/63629cc9-en.

Autor, D., D. Dorn, L. F. Katz, C. Patterson and J. Van Reenen. 2020. "The fall of the labor share and the rise of superstar firms." *The Quarterly Journal of Economics*, 135(2), pp.645~709.

Brynjolfsson, E. and A. McAfee. 2014. *The second machine age: Work, progress, and prosperity in a time of brilliant technologies*. WW Norton & Company.

Brynjolfsson, E., D. Rock and C. Syverson. 2018. "The Productivity J-Curve: How Intangibles Complement General Purpose Technologies." NBER Working Paper, No.25148. http://www.nber.org/papers/w25148.

DeStefano, T., R. Kneller and J. Timmis. 2018. "Broadband infrastructure, ICT use and firm performance: Evidence for UK firms." *Journal of Economic Behavior & Organization*, 155, pp.110~139.

Dunford, M. and B. Qi. 2020. "Global reset: COVID-19, systemic rivalry and the global order." *Research in Globalization*, 2, https://doi.org/10.1016/j.resglo.2020.100021.

Feenstra, R. C., R. a. Inklaar and M. P. Timmer. 2015. "The next generation of the Penn World Table." *American Economic Review*, 105(10), pp.3150~3182.

Gal, P., G. Nicoletti, T. Renault, S. Sorbe and C. Timiliotis. 2019. "Digitalisation and productivity: In search of the holy grail—Firm-level empirical evidence from EU countries." OECD Economics Department Working Papers, No.1533, Paris: OECD Publishing. https://doi.org/10.1787/5080f4b6-en.

Goldfarb, A. and C. Tucker. 2019. "Digital economics." *Journal of Economic Literature*, 57(1), pp. 3~43.

Goldin, C. and L. F. Katz. 2007. "The race between education and technology: The evolution of US educational wage differentials, 1890 to 2005." NBER Working Paper 12984.

_____. 2010. *The race between education and technology.* Harvard university press.

_____. 2020. "Extending the race between education and technology." *AEA Papers and Proceedings*, 110, pp.347~351.

Goos, M., A. Manning and A. Salomons. 2014. "Explaining job polarization: Routine-biased technological change and offshoring." *American Economic Review*, 104(8), pp.2509~2526.

Gordon, R. J. 2000. "Does the 'new economy' measure up to the great inventions of the past?" *Journal of economic perspectives*, 14(4), pp.49~74.

IFR. 2021.10. *World Robotics 2021.* International Federation of Robotics.

McKinsey & Company. 2017. "How to achieve and sustain the impact of digital manufacturing at scale." June 2017. https://www.mckinsey.com/business-functions/operations/our-insights/how-to-achieve-and-sustain-the-impact-of-digital-manufacturing-at-scale(검색일: 2022.7.6).

_____. 2020.10.5. https://www.mckinsey.com/business-functions/strategy-and-corporate-finance/our-insights/how-covid-19-has-pushed-companies-over-the-technology-tipping-point-and-transformed-business-forever(검색일: 2022.6.28).

OECD. 2020. *OECD Digital Economy Outlook 2020*, Paris: OECD Publishing. https://doi.org/10.1787/bb167041-en.

Piketty, T., E. Saez and Zucman, G. 2018. "Distributional national accounts: methods and estimates for the United States." *The Quarterly Journal of Economics*, 133(2), pp. 553~609.

Rifkin, J. 2011. *The Third Industrial Revolution: How Lateral Power Is Transforming Energy, the Economy, and the World.* Palgrave MacMillan.

Sachs, J. D. 2018. "R&D, Structural Transformation, and the Distribution of Income." in Ajay Agrawal, Joshua Gans and Avi Goldfarb(eds.). *The Economics of Artificial Intelligence: An Agenda*. University of Chicago Press, pp.329~348.

Stiebale, J., J. Südekum and N. Woessner. 2020. *Robots and the rise of European superstar firms*, No.347. DICE Discussion Paper.

Syverson, C. 2013. "Will history repeat itself? comments on 'Is the information technology revolution over?'" *International Productivity Monitor*, 25, pp.37~40.

Tambe, P., L. Hitt, D. Rock and E. Brynjolfsson. 2020. *Digital capital and superstar firms*, No.w28285. National Bureau of Economic Research.

The Conference Board. 2020. *The Conference Board Total Economy Database*™(May 2019). http://www.conference-board.org/data/economydatabase/.

World Economic Forum. 2018. *The Next Economic Growth Engine: Scaling Fourth Industrial Revolution Technologies in Production*.

그린 전환

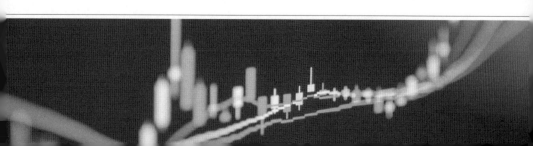

제2장
한국경제의 그린 뉴딜과 탄소중립을 위한 전환과제
전력부문을 중심으로

조영탁 ㅣ 한밭대학교 경제학과

1. 문제 제기: '두 개의 위기'와 '그린 뉴딜'

21세기 초반부터 최근까지 세계경제는 두 개의 중대한 위기에 직면하고 있다. 하나는 미국발 금융위기로 촉발된 저성장 기조, 양극화 심화, 높은 실업률의 '글로벌 경제위기'이고, 다른 하나는 온실가스 배출 증가와 기후변화로 인한 '글로벌 환경위기'이다. 이러한 구조적 위기는 일부 영역에 국한된 단기적 처방만으로 대응하기 어렵고, 중장기에 걸친 사회경제적 패러다임의 대전환이 필요하다.

자본주의 장기 역사에서 그 대표적인 사례가 바로 세계 대공황을 시장제도 개혁과 사회적 합의로 극복한 '20세기 초 뉴딜'(이하 '전통적 뉴딜'로 지칭)이다. 자본주의 시장경제는 이러한 전통적 뉴딜을 기반으로 20세기 중반 이른바 '황금기(Golden Age)'를 구현할 수 있었다.[1] 역사의 반복이 가능하다면 향후 세

---

[1] 물론 '20세기 초 뉴딜'과 대공황 위기극복 혹은 전후 황금기간의 관련성에 대해서는 연구자마다 평가가 다르다. 하지만 당시 임금 및 사회보장제도, 확대재정 및 관리통화제도 등의 제도개혁이 전후 황금기와 전혀 무관하다고 보기는 어렵다.

계경제도 당면한 두 가지 위기를 '21세기형 뉴딜'을 통해 극복해 나가야 할 것
이다. 한국경제 역시 예외가 아니다. 외환위기와 미국발 금융위기 이후 한국
경제의 성장률이 지속적으로 하락하고 양극화와 실업 문제가 지속되는 상황
에서 증가 추세의 온실가스 배출도 줄여야 하는 상황에 직면했기 때문이다.

하지만 세계경제나 한국경제가 이러한 두 위기를 동시에 극복하는 것은 매
우 어렵고 도전적인 과제다. 우선 정치적 측면에서 기후공공재의 특성상 문
제 해결에 필수적인 국제적인 협력이 쉽지 않다. 최근 미중 간 패권경쟁은 이
를 현실적으로 더욱 어렵게 만들고 있다.[2] 경제적 측면에서 우리나라를 포함
한 대다수의 나라에서 경제성장은 곧 이산화탄소 배출 증가를 의미하기 때문
에 경제위기와 환경위기의 해결이 서로 상충된다. 이러한 사실은 21세기 초
의 뉴딜은 과거의 전통적 뉴딜과 전혀 다른 접근과 해법이 필요함을 시사한다.

이러한 상황에서 경제위기와 환경위기를 동시에 극복하는 '21세기형 뉴딜'로
서 '그린 뉴딜'의 필요성이 국내외적으로 제기되었고 정책적으로 추진된 바 있
다. 국내에서는 조영탁(2006)이 '생태적 뉴딜',[3] 해외에서는 프리드먼(Friedman,

---

[2] 국제협력의 이론 및 현실상 어려움은 이미 세계 기후감축체제에서 드러나고 있는데 선진국
들 간의 강제적 의무 감축을 기반으로 하는 교토체제는 붕괴되었으며, 그 대안체제로서 개
도국을 포함한 모든 국가들 간의 자발적 감축에 기반한 파리체제 역시 매우 불안정한 요소
를 안고 있다. 파리체제의 성격과 불안정성 그리고 이에 대한 올바른 이해와 대응에 대해서
는 한국에너지학회·한국자원경제학회(2021) 참고.

[3] 조영탁(2006; 2009; 2013)이 두 위기의 동시 극복임에도 이를 환경위기 측면을 강조하는
'생태적 뉴딜'로 부른 이유는 다음 두 가지다. 첫째, 기후위기 해결 없는 세계경제의 안정
적 성장이 어렵고, 또 기후위기의 극복 과정이 경제위기 극복이란 취지를 내장하고 있기 때
문이다. 둘째, 생태적 뉴딜은 현재 세대 내부는 물론 환경 문제를 둘러싼 현재 세대와 미래
세대 간의 사회적 합의까지 의미하는 포괄성을 지니기 때문이다. 한편, 사소한 것이지만 필
자가 오랜 기간 녹색뉴딜이나 그린 뉴딜이 아닌 '생태적 뉴딜'이라는 용어를 사용한 것은 생
태경제학의 관점을 표방하기 위한 것도 있지만, 후술하는 역대 정부의 '저탄소 녹색뉴딜'이
나 '한국판 그린 뉴딜'과 개념 및 정책상 차별성을 유지하기 위해서다. 하지만 이 글에서는
편의상 '그린 뉴딜'이라는 용어를 사용한다.

2007.1.19; 2007)이 그린 뉴딜의 필요성을 제기했고, 국제기구로는 UNEP(2009)가 처음으로 *Global Green New Deal*에서 그 필요성을 제기한 바 있다. 정책 추진에서 우리나라의 경우 이명박 정부가 2009년 '저탄소 녹색성장의 일환으로 녹색뉴딜'(이하 '저탄소 녹색뉴딜'로 약칭)을 추진했고, 문재인 정부는 2020년 '한국판 뉴딜의 일환으로 그린 뉴딜'(이하 '한국판 그린 뉴딜'로 약칭)을 추진한 바 있다. 해외에서는 미국 오바마 정부가 'American Recovery and Reinvestment Act'(2009)로 그린 뉴딜을 추진했고, 최근 바이든 정부가 그 흐름을 이어받고 있다. EU는 'European Green Deal'(2019)로 그린 뉴딜을 공식화한 바 있다.[4]

이처럼 한국경제는 세계 흐름상 아주 빠른 시기에 그린 뉴딜을 추진했고, 두 차례에 걸쳐 도전적인 온실가스 감축 목표를 국제사회에 약속한 바 있다. 또한 온실가스 감축에 중요한 배출권거래제를 도입하고 재생에너지 보급을 촉진하면서 세계 배터리 산업도 주도하는 등 긍정적 성과도 거두었다. 그럼에도 한국경제의 새로운 패러다임으로서 진정한 그린 뉴딜이라는 측면에서 충분한 성과를 내고 있다고 보기는 어렵다. 한국의 경제성장률은 여전히 하락 추세이고 온실가스 배출은 팬데믹 기간을 제외하고 계속 증가했기 때문이다.

이 글은 이러한 상황에서 한국경제의 그린 뉴딜과 그 핵심인 탄소중립을 '개념과 정책' 측면에서 진단하고 향후 정책 전환과제를 '전력부문'을 중심으로 개관하는 글이다. 우선 역대 정부가 표방한 그린 뉴딜에 대한 '개념 검토'를 하는 것은 지난 두 차례 온실가스 감축계획 및 정책상 문제점이 전통적 뉴딜과 그린 뉴딜 간의 차이에 대한 불충분한 이해와 무관하지 않기 때문이다.

---

4) 미국 그린 뉴딜의 진행에 대해서는 최지연(2020), EU 그린 뉴딜의 진행에 대해서는 김수현·김창훈(2020) 참조.

한편 이를 '전력부문'을 중심으로 다루는 이유는 첫째, 우리나라는 물론이고 대부분 나라에서 전력부문이 온실가스를 가장 많이 배출하는 부문이기 때문이다.[5] 향후 탄소중립으로 에너지의 전력화가 가속화되면 전력부문의 탄소중립이 사실상 국민경제 전체의 탄소중립을 좌우한다고 해도 과언이 아니다.[6] 둘째, 그렇기 때문에 전력부문의 혁신, 즉 어떻게 탄소중립의 가장 강력한 수단인 수요 절약을 유도하고, 저탄소·무탄소 전력설비의 전력시장 진입을 촉진하는지가 전력부문, 나아가 국민경제의 탄소중립에 매우 중요하다. 그 바로미터가 되는 것이 이 글에서 강조하는 탄소비용에 의한 전력시장의 가격신호이며, 그것이 제대로 정립되어야 환경위기와 경제위기의 동시 해결, 즉 그린 뉴딜이 가능하다.[7] 셋째, 그럼에도 우리나라 전력부문은 수급의 양 측면에서 탄소중립을 구현하기에 매우 어려운 시장구조다. 이는 이 글의 핵심, 우리나라의 전력시장 구조개선 없이는 한국경제의 탄소중립이 어렵다는 입장과도 연관된다.

이 장의 순서는 다음과 같다. 제2절에서는 전통적 뉴딜과 구분되는 그린 뉴딜의 개념상 차이점을 분석하고, 이를 역대 정부의 그린 뉴딜 개념과 비교·진단

---

5) 우리나라의 잠정 배출 정점인 2018년 기준 전체 배출량 약 7.3억 톤 가운데 대부분이 에너지 연소에 의한 배출량(6.3억 톤)이며, 에너지연소 배출량에서 전환부문(대부분 전력)이 2.7억 톤, 산업부문(산업공정 제외)이 2.0억 톤, 수송부문 1억 톤 등으로 전력부문이 우리나라 온실가스 배출량에서 가장 높은 비중을 차지한다.

6) 현재 기술 여건하에서 무탄소 에너지는 태양광, 풍력, 수력, 바이오매스, 원자력 등 대부분 전력 형태의 에너지다. 따라서 탄소를 배출하는 화석연료를 무탄소로 전환하는 과정에서 석유, 석탄, 가스 등의 에너지가 무탄소의 전력으로 대체되는 에너지의 전력화 현상이 발생할 가능성이 높다.

7) 이 글에서 직접 다루지는 않지만 성장 및 고용 창출, 탄소감축이란 일석삼조의 효과가 있는 '에너지 신산업'이 최근 '4차산업기술(AICBM)'과 연계되어 전 세계적으로 급성장하고 있다. 이에 비해 우리나라의 에너지 신산업은 장기간의 침체 상황에서 벗어나지 못하고 있는데, 그 핵심 원인은 우리나라 전력시장과 산업구조의 낙후성 때문이다. 이에 대해서는 에너지신산업활성화포럼(2022) 참고.

한다. 이를 통해 역대 정부의 그린 뉴딜 개념이 초기 전통적 뉴딜에서 점차 진화하고 있으나 정부 주도라는 전통적 뉴딜의 특성은 여전히 강하게 남아 있음을 지적한다. 이를 개선하고 한국경제의 그린 뉴딜을 위한 정부 역할을 정립하기 위해서 전통적 뉴딜과 그린 뉴딜 간의 정부 역할상 차이점을 정리한다. 제3절에서는 한국경제의 두 차례 그린 뉴딜과 연관하여 추진된 온실가스감축계획 및 정책의 문제점을 진단한다. 이를 통해 두 차례의 감축계획은 한국경제의 현실을 간과한 채 정부 주도하에 추진한 단기정치주의와 진영편향적 접근이었다는 점을 지적할 것이다. 이러한 개념 및 정책 측면의 진단과 문제점을 토대로 제4절에서는 올바른 그린 뉴딜을 위한 대안으로 전력부문의 선도적 역할과 '3+2 개혁 전략'을 제안하고, 이러한 전략 구현에 필요한 우리나라 전력부문의 제도개혁 과제를 시장·기술 제도와 사회적 수용성 제도로 구분하여 제시한다. 제5절에서는 이상의 논의를 요약·정리한다. 끝으로 이 장의 내용은 구체적인 자료와 실증 분석에 의한 서술이라기보다 역대 한국경제의 그린 뉴딜과 탄소중립의 진단과 반성에 중점을 두고 향후 과제를 개관하는 글임을 밝혀둔다.[8]

2. '21세기형 그린 뉴딜'과 한국경제의 그린 뉴딜: '개념 진단'

1) 전통적 뉴딜과 '그린 뉴딜'의 차이점

전술한 바와 같이 21세기 그린 뉴딜은 상충하는 두 가지 위기를 동시에 해

---

8) 이와 아울러 지난 수년 동안의 개인 사정으로 그 동안 진행된 관련 분야의 심도 있는 연구와 문헌을 충분히 섭렵하지 못한 측면이 있다는 점도 밝힌다.

결해야 하기 때문에 이를 뒷받침하는 이론적 관점과 추진 방식, 지향점이 경제위기 극복에 국한된 20세기 전통적 뉴딜과 완전히 다르다. 이는 그린 뉴딜이 세계경제가 오랜 기간 기후위기를 유발하는 에너지와 물질흐름, 즉 '자원흐름(throughput)'의 증대를 통해 성장했다는 생태경제학의 관점에 입각해야 함을 의미한다. 그렇지 않고 현 상태에서 전통적 뉴딜처럼 경제위기 극복을 위해 케인스모형에 의한 유효수요 창출만 추진하면 지구 환경에 유해한 에너지와 물질흐름 증가로 기후위기는 심화된다.[9]

따라서 21세기 초 그린 뉴딜은 20세기 초 전통적 뉴딜과 달리 '케인스 경제학과 유효수요 개념'이 아닌 '생태경제학과 자원흐름 개념'에서 출발하고, 지구환경에 부담을 주는 자원흐름의 성격, 규모, 방식을 바꾸면서 경제위기 해결을 도모하는 방향으로 나가야 한다. 즉 고탄소의 화석에너지를 저탄소·무탄소의 에너지(= '탄소중립 경제')로 바꾸고, 유해한 물질의 일회적 사용을 저독성·무독성 물질의 순환사용(= '물질순환 경제')으로 전환하면서 생산성(특히 자원생산성)을 제고하고 새로운 산업 및 일자리를 창출하여 경제위기를 극복하는 것이 바로 21세기 초 두 가지 위기에 대응하는 올바른 그린 뉴딜이다.[10]

---

9) 생태경제학은 태아가 탯줄을 매개로 어머니 뱃속에 배태되어 있는 것처럼 시장경제(태아)가 '에너지와 물질'이란 '자원흐름'(탯줄)을 통해 자연생태계(어머니)에 배태되어 있는 것으로 파악한다. 따라서 시장경제가 사용하는 에너지와 물질의 '성격'(질적 특징), '규모'(양적 크기), '방식'(이용 기술)에 따라 자연생태계는 중대한 영향을 받게 된다. 따라서 생태경제학은 유효수요에서 출발한 케인스의 거시경제모형(소득흐름 모형)의 역사적 의의를 인정하면서도 케인스 거시모형을 자원흐름이 결여된 'isolated macroeconomy'로 평가하고 'environmental macroeconomics'로의 전환을 강조한다(Daly, 1996). '자원흐름' 등 생태경제학의 개념 및 이론 틀에 대한 교과서적 정리는 Daly and Farley(2006), 조영탁(2013: 제1장), 대중적인 설명으로는 조영탁(2021a: 제1부) 참고.

10) 그린 뉴딜은 크게 '탄소중립'과 '물질순환'의 두 영역으로 구분되는데, 물질순환이 탄소중립 문제와 무관하지 않지만, 이 글에서는 에너지, 특히 전력 문제를 집중적으로 다루기 때문에 에너지 문제와 관련성이 높은 탄소중립 문제만 다룬다. 한편 탄소중립의 이행 과정에서 탄소 배출이 있더라도 흡수원으로 상쇄할 수 있고, 특히 과도기적으로는 고탄소 에너지를 저

〈표 2-1〉 20세기 초 전통적 뉴딜과 21세기 초 그린 뉴딜 비교

구분	전통적 뉴딜	그린 뉴딜
배경	경제위기	경제위기와 환경위기
이론	케인스 경제학/유효수요 모형	생태경제학/자원흐름 모형
지향	유효수요 증대/고용 창출	자원흐름 혁신/신산업 및 고용 창출
제도	임금/복지제도와 관리통화제도 공공토목사업	탄소가격제도(탄소세/배출권거래제) 에너지복지 강화
추진	정부/재정 주도	정부 지원하의 시장/기술 주도
의미	성장과 분배 간의 조화	성장, 분배, 환경 간의 조화

자료: 조영탁(2009; 2013)에서 일부 수정.

그린 뉴딜의 에너지 영역, 즉 탄소중립에 국한하여 전통적 뉴딜과 비교하면 〈표 2-1〉과 같다. 우선 전통적 뉴딜은 1930년대 대공황 및 실업 극복을 위해 정부가 주도하여 임금 및 복지제도를 개혁하고 일부 공공 토목사업을 수행하여 제도상으로 유효수요를 안정적으로 창출하는 것이었다(성장과 분배 간의 조화).[11] 따라서 전통적 뉴딜의 핵심은 정부와 재정 주도하에 '유효수요 창출'을 위한 임금 및 복지제도 개혁과 사회적 합의이며, 이러한 뉴딜의 성격상 정부가 직접 시장경제에 개입하고 진행을 주도했다.

이에 비해 '그린 뉴딜'은 화석에너지를 저탄소·무탄소의 에너지로 전환하면서 새로운 산업과 고용을 창출하여 환경위기 및 경제위기를 극복하고 하위계층의 에너지복지를 강화하는 것이다(성장, 분배, 환경 간의 조화). 따라서 그린 뉴딜의 핵심은 탄소세 혹은 배출권거래제 도입에 의한 '강건한 탄소가격신호

탄소 에너지로 전환하는 것도 배출 감축에 도움이 되기 때문에 무탄소 에너지만이 아니라 저탄소 에너지도 상황에 따라 적극 활용할 필요가 있다. 전통적 뉴딜에 대비한 그린 뉴딜의 역사·이론적 성격과 의의에 대해서는 조영탁(2009) 및 조영탁(2013: 제2장) 참고

11) 이는 대량생산—대량소비의 포디즘 체제 형성에 기여했다는 역사적 의미는 있으나 환경 측면에서는 현재의 지구 환경 위기를 유발한 원인이 되었다고 할 수 있다.

(robust carbon price)'와 역진성 개선을 통한 '사회적 합의'를 도출하는 것이다. 이 과정에서 정부는 탄소가격신호의 정립을 통해 시장과 기술 주도12)하에 탄소중립을 촉진하는 것, 즉 시장을 대신하는 '주도자'라기보다 시장의 한계를 교정해 이를 제대로 작동시키는 '촉진자'에 가깝다. 물론 그린 뉴딜에서도 R&D와 복지 등 재정 측면에서 정부의 역할이 필요하다. 하지만 그린 뉴딜에서 정부 역할은 재정 투입에 의한 정부계획이라기보다 탄소가격신호 정립이 핵심이다.

탄소가격신호의 정립이 그린 뉴딜과 탄소중립의 핵심인 이유를 전력시장 측면에서 좀 더 설명하면 다음과 같다. 첫째, 탄소중립은 경제활동에 필수적인 에너지, 즉 소비에서 생산에 이르기까지 모든 경제활동에 사용되는 고탄소의 전력에너지를 바꾸는 것이고, 이 경우 시장의 변화를 유발하는 것은 '정부계획의 목표 구호'가 아니라 '전력시장의 가격신호'이다. 전력시장에 탄소비용이 반영된 올바른 가격신호가 정립되어야 수요 절약이 가능하고 온실가스 저감효과가 큰 저탄소·무탄소 발전원이 시장에 빠르게 진입할 수 있다.

둘째, 전력시장의 가격신호가 제대로 정립되어야 일반 산업부문에서도 탄소 배출 감축을 위한 설비투자와 기술개발, 그리고 이와 관련된 파이낸싱이 가능하다. 탄소비용은 물론 연료비도 제대로 반영하지 못하는 정부의 요금 통제하에서는 탄소저감에 필요한 투자 및 기술개발의 경제적 유인이

---

12) 그린 뉴딜에서 에너지 기술의 혁신이 매우 중요하나 지면 관계상 그린 뉴딜의 기술 주도 측면, 특히 탄소중립과 '4차산업 기술'의 결합 등은 별도의 지면에서 다룬다. 이와 관련하여 이론상 전망 수준이기는 하지만 페레즈(Perez, 2014; 2017)는 자신의 '기술경제적 패러다임'(Perez, 2002) 이론을 토대로 정보통신기술(ICT)에 의한 기후위기 해결로서 21세기의 '지속가능한 황금기(Global Sustainable Golden Age)'를 전망한 바 있다. 이에 따르면 세계 경제는 ICT 기술의 '도입기(installation period)'의 거품 붕괴를 거쳐 '활용기(deployment period)'의 초입 단계에 와 있다.

생기지 않는다.

셋째, 전력 및 일반 산업부문에서 탄소감축을 위한 투자와 관련 산업이 활성화되어야 온실가스를 줄이면서 새로운 산업과 고용을 창출할 수 있다. 이는 4차 산업혁명과 에너지 간의 융합을 통해 이미 해외 선진 국가들에서 현실로 증명되고 있는 것들이다.

이러한 그린 뉴딜의 성격에 기초하여 우리나라 역대 정부의 그린 뉴딜 개념을 〈표 2-1〉에서 강조 표시된 '핵심 제도'와 '추진 방식'의 측면에서 평가해 보기로 하자. 추세상 초기 그린 뉴딜은 제도개혁이나 추진 방식의 측면에서 전통적 뉴딜의 성격이 강했으나, 이후 점차 그린 뉴딜에 부합하는 방향으로 진화하고 있다. 하지만 탄소중립의 핵심적인 제도개혁은 여전히 부진하고 추진 방식에서도 시장과 기술 주도 측면보다 정부 주도와 재정 투입만을 강조하는 경향이 있다.

일례로 초기 '저탄소 녹색뉴딜'은 정부 주도와 재정 투입하에 환경 부담이 큰 공공토목사업(4대강 사업)을 전면에 내세웠으며, 저탄소로 제기한 원전 확대 역시 다른 저탄소·무탄소 발전원을 배제하면서 우리나라 전력 계통에서 실현 불가능한 수량을 정부 주도로 계획한 바 있다. 물론 제도개혁 측면에서 배출권거래제를 도입한 것은 성과라고 할 수 있지만, 실제 정책은 전력시장의 탄소가격신호 정립이 아닌 극단적인 전력 요금 억압으로 오히려 전력수급 위기와 온실가스 배출 급증을 유발했다. 사업 추진 방식 역시 '녹색성장5개년계획'이나 '생태근대화'가 시사하듯이 정부 주도하에 제반 사업을 일방적으로 추진해 심각한 사회적 갈등을 유발한 바 있다.[13] 다만 정치적 어젠다 수준이기

---

13) 저탄소 녹색뉴딜 시기의 전력의 상대가격 문제와 이로 인한 온실가스 추가 배출에 대해서는 조영탁(2013: 제10장) 참고. 박정희 정부로 대변되는 개발 연대기의 정부주도성(이른바 국가주도의 경제개발과 근대화)에 경도되었던 저탄소 녹색성장 및 뉴딜의 문제점에 대해서

는 하나 한국경제에서 처음으로 환경 문제를 경제성장과 연계한 것은 관점 전환이라는 측면에서 의의가 있었다고 할 수 있다.

한편 최근에 제시된 '한국판 그린 뉴딜'은 원전 및 석탄발전 축소와 재생에너지 확대에 의한 온실가스 감축을 강조하고 탄소중립을 선언하는 등 2010년대 초반보다는 개념상 그린 뉴딜에 근접한 측면이 있다.[14] 여러 가지 부작용을 유발하고 있지만, 재생에너지의 보급 활성화도 성과라고 할 수 있다. 하지만 그린 뉴딜에 중요한 탄소비용에 의한 전력시장의 가격신호 정립은 '저탄소 녹색뉴딜'과 마찬가지로 매우 부진했다. 추진 방식 역시 정부 주도하의 정의로운 전환이라는 구호가 시사하듯이, 정부계획과 공공성을 강조하면서 정부 주도로 탈원전이나 탈석탄을 일방적이고 정치적으로 추진해 심각한 사회적 갈등을 유발한 바 있다.[15]

하지만 무엇보다 '한국판 그린 뉴딜'이 지닌 가장 큰 문제점은 이들이 오랜 기간 강조해 온 바 있는 전력시장의 공공적 통제(내용상 정치적 통제)가 탄소중립의 핵심인 탄소가격신호 정립과 어울리지 않는다는 점이다. 후술하는 바와 같이 전력의 판매독점과 정부의 전력시장 통제하에서는 탄소가격신호 정립이나 에너지 신산업 및 고용 창출이 쉽지 않기 때문이다.

이런 차원에서 그린 뉴딜과 탄소중립의 핵심은 '전력시장 통제와 정부·공

는 조영탁(2013) 제4장 참고.

14) 2010년대 초반 당시 야당은 이명박 정부의 '저탄소 녹색뉴딜'을 비판하면서 그 대안으로 복지 강화와 분배 개선을 제기한 바가 있는데, 이는 전형적인 20세기 초 전통적 뉴딜에 해당한다. 따라서 2010년대 초반 '저탄소 녹색뉴딜'을 둘러싸고 전개된 양 진영 간의 치열한 논쟁은 외형상 녹색뉴딜을 둘러싼 것이었지만, 내용상으로는 전통적 뉴딜의 내부 논쟁(공공토목사업 대 복지 확대)이었다고 할 수 있다(조영탁, 2013: 제4장).

15) '저탄소 녹색뉴딜'이나 '한국판 그린 뉴딜' 모두 정부 주도적 경향이 강하다는 공통점이 있으나 전자는 '개도국형 개발국가(개발독재)', 후자는 시장에 대한 부정적 인식에 기초한 '이념적 국가'라는 차이점이 있다.

공주도의 정의로운 전환'이라기보다 '전력시장 개혁과 탄소가격신호하의 정의로운 전환'이다. 즉 '전력시장 통제'가 아니라 '전력시장 개혁'이고 '정부·공공주도'가 아니라 규제개혁하의 '시장·기술 주도'이다. 그럼에도 한국판 그린 뉴딜은 시장의 한계와 정부 주도만 강조하고 공공성 역시 다소 이념적으로 접근하는 경향이 있다. 이와 관련하여 그린 뉴딜에서 정부가 수행해야 할 올바른 공공성이 무엇인지를 이론 개념 측면에서 간략히 정리해 두기로 하자.[16]

2) '그린 뉴딜'과 정부의 역할: '시장실패 정정'과 '사회적 수용성 제고'

대부분 환경 문제와 마찬가지로 에너지 문제의 시장실패는 주로 에너지가격(에너지시장), 녹색금융(금융시장), 기술개발(R&D) 영역에서 나타난다. 그 가운데서 가장 중요하고 대표적인 것이 바로 '에너지의 외부성'이다. 이는 별도의 설명이 필요 없는 것으로 화석에너지가 유발하는 탄소비용이 에너지가격에 포함되어 있지 않아서 발생하는 문제다. 음의 외부성으로서 탄소비용이 전력 요금에 반영되어야 전술한 바와 같이 두 가지의 위기극복이 가능하다. 이런 측면에서 그린 뉴딜에서 정부의 가장 중요한 역할은 탄소비용에 의한 시장신호의 정립이다.[17] 탄소비용에 의한 전력시장의 가격신호가 제일 중요하다고 해서 그것만으로 모든 문제가 해결되는 것은 아니다. 탄소가격신호의 정립은 탄소중립의 필요조건일 뿐 충분조건이 아니기 때문이다.

---

16) 이러한 정부의 공적 역할에 기초한 우리나라 전력부문의 정책과제는 제4절에서 다룬다.

17) 현실에서는 화석에너지 가격을 낮추는 각종 보조금을 축소하는 것이 탄소비용 반영에 버금가는 중요성을 지니며, 이 역시 크게 봐서는 올바른 시장신호의 확립으로 볼 수 있다. 한편 탄소세와 배출권거래제는 음의 외부성을 교정하면서도 재정수입이 가능하고 그 재원으로 신산업의 시장창출, 기술개발 지원 및 에너지 복지 지원이 가능하다는 점에서 그린 뉴딜의 중요한 정책 수단이다(조영탁, 2013: 제9장).

둘째, '과소한 녹색금융'이 그 사례다. 탄소가격신호의 반영이 기존의 화석에너지에 비해 열위에 있는 저탄소·무탄소 에너지의 관련 투자 및 사업의 경제성을 개선시키는 효과는 있지만, 그것만으로 투자에 대한 충분한 금융, 즉 녹색금융이 활성화되는 것은 아니다. 탄소가격신호가 정립되더라도 금융시장 자체에 기인하는 또 다른 시장실패 요인이 있기 때문이다. 그중 하나는 자기자본규제 등의 '금융건전성 요인', 다른 하나는 불완전한 정보와 비대칭정보에 의한 '위험기피 요인'이다.

전자는 금융건전성을 위한 '자기자본비율' 준수와 관련되며 특히 2008년 금융위기 이후 진행되고 있는 규제기준강화(은행의 BIS, 보험사의 RBC)는 녹색금융에 더욱 불리하게 작용한다(OECD·IEA·NEA·ITF, 2015: 제2장). 후자의 '위험 기피'는 대부분 저탄소·무탄소 에너지 관련 사업이 신기술 혹은 신산업이기 때문에 발생하는 대출 심사 과정의 정보 부족, 사업 진행 과정에서의 기술, 수익 및 정책 변화 등에 기인한다. 이러한 위험이 상존할 경우 직접금융이나 간접금융 공히 위험을 기피하게 된다(특히 대규모 풍력단지 개발 등). 일부 사업의 경우 대출 이후에도 해당 사업의 모니터링에 상당한 거래비용이 수반되기도 한다(위치 분산이 심한 태양광 등).

따라서 이러한 요인들은 사회적으로 바람직한 수준 혹은 탄소중립에 필요한 설비투자 규모만큼 녹색금융이 이루어지지 않는 시장실패(이른바 'financing gap')를 유발한다. 따라서 금융 부문에서 위험도가 있는 녹색금융에 대한 규제기준 문제, 신기술의 불확실성과 대출사업 혹은 사업자의 불완전하고 비대칭적인 정보 문제에서 정부의 적극적인 역할이 필요하다.

셋째, 탄소가격신호의 정립만으로 불충한 또 다른 사례가 '기술개발의 과소' 문제다(Stern and Valero, 2021). 특히 탄소중립의 교과서라고 평가되는 IEA(2021)는 탄소중립이 현재 에너지 기술로는 불가능하고 새롭고 획기적인 기술(breakthrough technology)이 필요하다고 전망한 바 있다. 하지만 탄소중립을 위한 기술개발 역시 탄소가격신호가 정립되더라도 '스필오버(spillover effect)'와 화석연료 기술의 '경로의존성(path dependency)'으로 인해 사회적으로 바람직한 만큼의 충분한 기술개발투자가 이루어지기 어렵다.

특히 에너지 신기술은 실패 위험은 크지만, 성공 시 양의 외부성으로서 범용성이 높기 때문에 민간보다는 정부 R&D가 매우 중요하다.[18] 또한 이론적 측면은 물론이고 현실 정책에서도 탄소가격신호라는 수단에 더해 기술개발이 병행될 때 비용효과적인 탄소저감이 가능하다(Acemoglu et al., 2012; Aghion et al., 2014; Aghion et al., 2021: 제9장).

이러한 관점에서 볼 때 탄소가격신호, 녹색금융, R&D 측면에서 중요한 공적 역할은 하지 않고 정부·공공 주도라는 명분하에 정부계획과 재정 투입으로만 일관하면, 성과는 부진하고 비효율과 부작용만 유발한다. 지난 십여 년간 우리나라 감축계획 및 정책의 부작용과 성과 부진이 이를 간접적으로 증명한다.

오히려 재정 투입이라는 측면에서 중요한 정부 역할은 '사회적 수용성'을 제고하는 일이다. 첫째, 탄소비용 반영 및 저탄소·무탄소 에너지 보급 확대로 인한 에너지 가격 상승으로 어려움을 겪는 에너지 빈곤층과 열악한 중소업체에 대한 지원을 강화하는 일이다. 둘째, 탄소중립 과정에서 발생하는 좌초설비나 산업에 대한 보상이나 이에 따른 고용전환 및 안정 프로그램에 대한 지출을 늘리는 것이다. 신제품이 시장 진입이 용이하도록 초기 시장을 창출하는 공공구매 확대나 전기차 충전 인프라 확충 등 '네트워크 외부성(network

---

18) 마추카토(Mazzucato, 2013)는 이 점을 강조하여 적극적인 정부 역할로서 이 글이 강조하는 시장실패의 교정 역할을 넘어선 '기업가형 국가(the entrepreneurial state)'를 주장한 바 있다. 혁신과정에서 정부의 적극적 역할에는 동의하나 같은 시장경제라도 나라마다 특성이 다르듯이 각국의 정치·정부에도 나라마다 특성이 다르다는 점에 유의할 필요가 있다. 우리나라 정치의 특이성을 감안할 때 당분간 기업가형 국가 역할은 쉽지 않아 보인다.

externality)' 해결 역시 중요한 역할이다.

요컨대 전통적 뉴딜과 그린 뉴딜에서의 정부 역할은 그 성격과 방식이 다르다. 그린 뉴딜에서 정부 역할은 목표를 정하고 재정 투입으로 사업을 주도하는 것이 아니라 시장실패를 정정하고 이를 통해 시장과 산업의 그린 전환을 촉진하는 일이다. 이러한 정부 역할에 기반한 우리나라의 정책과제에 대해서는 제4절에서 살펴보기로 하고, 제3절에서는 전술한 그린 뉴딜 개념에 이어 정책을 진단해 보기로 하자.

3. 한국경제의 탄소중립과 온실가스 감축계획: '정책 진단'

1) 우리나라 감축계획의 진단: 경제적 측면

역대 정부의 두 가지 감축계획 및 정책을 검토하기 전에 온실가스 문제와 관련해 일반론부터 살펴보자(조영탁, 2021b). 지극히 상식적인 얘기지만 온실가스 감축과 탄소중립은 각 나라의 경제 및 산업구조와 에너지 시장구조 및 부존 여건에 따라 속도와 방식이 달라질 수밖에 없다.

경제성장과 인구규모가 안정적이면서 산업구조가 제조업보다 서비스산업 중심인 나라, 전력 등 에너지시장의 탄소가격신호가 제대로 작동하고 재생에너지 부존 여건이 풍부하면서 지리적 위치상 냉난방이 크게 필요치 않은 나라일수록 온실가스 감축과 탄소중립이 용이하다. 반면 경제성장과 인구증가가 빠르고 산업구조상 제조업의 중요성이 높은 나라, 전력 등 에너지시장의 탄소가격신호가 미약하거나 오히려 화석연료 소비에 보조금을 주고 재생에너지 부존 여건이 불리한 나라일수록 온실가스 감축과 탄소중립이 어렵다.

다소 거친 기준이기는 하지만, 한국경제는 성장과 인구 측면에서는 그리 불리하지 않으나 산업구조 측면에서는 매우 불리하다. 더구나 탄소가격신호나 재생에너지 부존 여건 측면은 어려운 수준을 넘어 열악한 상황이며, 냉난방의 기후 여건도 불리하다. 요컨대 한국은 국내외적으로 선진국에 준하는 감축 압박을 받고 있으나 감축 여건은 오히려 개도국 상황에 가깝다.

이렇듯 불리한 여건임에도 역대 정부는 그린 뉴딜과 연계하여 도전적인 감축 목표를 국제사회에 약속한 바 있다. 이명박 정부의 '저탄소 녹색뉴딜'이 2020년을 목표 연도로 '중기감축계획(=BAU 배출량 대비 30%)'을 선언했고, 최근 문재인 정부의 '한국판 그린 뉴딜'은 2030년을 목표 연도로 '2030년 국가결정기여(Nationally Determined Contribution: 이하 NDC로 지칭)'의 도전적인 목표(= 2018년 우리나라 배출량 대비 40% 감축)를 국제사회에 천명한 바 있다.[19] 이 중에서 '중기감축계획'은 상당한 격차의 목표 미달로 귀결되었고, '2030년 NDC(2018년 배출량 대비 40%)'도 유사한 운명에 처할 가능성이 높다.[20]

그나마 '중기감축계획'은 과거 교토체제하에서 감축 의무를 지지 않는 비부속서국가(개도국 대우)로서 자발적으로 선언한 것임에 비해 '2030년 NDC'는 파리체제하에서 공식적으로 서명하고 정해진 절차에 따라 주기적으로 국제

---

19) 중기감축계획 당시 교토체제는 선진국들만 감축의무를 지는 방식이었으나, 2030년 NDC의 파리체제는 모든 국가가 자발적인 감축목표를 '국가결정기여(NDC)'로 제출하고 국제적으로 검증받는 방식이다.

20) 중기감축계획의 2020년 목표 배출량(5.43억 톤)은 코로나로 배출이 급감한 2020년 배출량(6.48억 톤, 잠정) 대비 1억 톤, 코로나 직전인 2018년 배출량(7.27억 톤)에 비해 1.8억 톤을 상회한다. 코로나 상황이 아니었다면 2억 톤 내외의 차이를 보였을 것이다. 전력부문의 중복 계산(약 0.6억 톤)과 전력 요금 억압에 의한 배출 급증이 이러한 목표 미달의 주된 요인이다(조영탁, 2015). 2020년 감축목표의 미이행과 2030년 목표설정과 관련하여 우리나라는 OECD(2017)의 공식적 비판을 받은 바 있으며 국제사회로부터 기후악당이라는 불명예를 안았다. https://www.climatechangenews.com/ 2016/11/04/south_korea_climate_villains/.

사회의 검증을 받는 것이기 때문에 한국경제의 부담은 물론이고 국제사회에 대한 책임성이 더 크다. 더구나 국내에서 논의를 시작할 때부터 논의 구조의 편향성과 목표 상향의 실현 가능성 논란이 있었음에도 그대로 강행된 것은 매우 아쉬운 대목이다.[21]

물론 OECD국가로서 위상, 국제적 압박과 정치외교적 이유 등 불가피한 요인이 있었을 것이다. 하지만 과거 한 번의 신뢰 추락에도 또다시 도전적인 감축 목표를 설정하고 이를 위해 국내 입법까지 추진한 것은 여러모로 과도한 측면이 있다. '중기감축계획'의 실패는 이미 현실 수치로 판명되었지만, 2030년은 아직 앞으로의 일임에도 과도하다고 판단하는 이유를 간단히 살펴보기로 하자. 이는 되돌릴 수 없는 감축 목표 선언을 탓하기 위한 것이 아니라 한국경제에서 반복되는 문제점을 진단하고 향후 올바른 탄소중립을 준비하기 위한 것이다.[22]

먼저, '한국경제의 배출 추세'부터 살펴보기로 하자. 〈그림 2-1〉은 1990년의 각국 배출량을 1로 놓고 그 이후부터 최근까지 증가율, 그리고 그 이후부터 2050년 탄소중립에 도달하는 경로를 직선으로 표시한 것이다. 대부분 OECD 국가들은 1990년부터 횡보하거나 20% 내외로 증가하다가 최근까지 감소 추세를 보이고 있다. 이 나라들은 지금의 하향 추세를 이어가면서 약간의 부담으로 가속페달을 밟으면 2030년 목표를 거쳐 탄소중립에 도달하기가 수월하다.

---

21) 우리나라 2030년 NDC 목표 상향에 대해서는 관계부처합동(2021) 참고. 2030년 NDC의 신뢰성 문제, 중기감축계획에서 2030년 NDC에 이르기까지 목표 설정상 오류와 허수 등에 대해서는 한국자원경제학회·한국에너지학회(2021)와 한국에너지학회·한국자원경제학회(2021) 참고.

22) 이하 온실가스 감축에 관한 한국경제 및 전력산업의 여건 진단은 조영탁(2021b: 제2절) 참고.

〈그림 2-1〉 주요국의 온실가스 배출 추세와 감축 전망

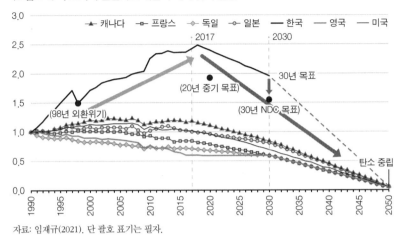

자료: 임재규(2021). 단 괄호 표기는 필자.

이에 비해 한국은 이들과 상당히 달리 1990년 이후부터 2018년까지 오히려 250%로 급증하는 추세였다. 2018년이 '사후적인 배출 정점'[23])이 된다고하더라도 이제 막 배출 정점에서 유턴하기 시작한 상황이어서 2030년까지 급격한 감소는 쉽지 않다.

후술하는 바와 같이 한국경제는 에너지 다소비 제조업이 비중이 높고, 온실가스 배출량은 사실상 경제활동의 대리지표 성격이 있어서 1998년 외환위기와 같은 심각한 경제위기 상황이 아니면 단기간 내 큰 폭의 감축이 쉽지 않다. 구체적으로 2030년 NDC의 감축 목표는 2018년 총배출량(7.27억 톤) 대비약 40%에 준하는 배출 목표(순배출량 4.36억 톤)를 약속한 것으로 2030년 목표

---

23) 공식 및 잠정 통계에 따르면 2018년 이후 우리나라 배출량은 감소 추세다. 하지만 여기에는코로나19의 영향이 포함되어 있고, 아직 잠정수치이기는 하나 2021년 배출량은 다시 증가하고 있어 2018년이 우리나라의 배출 정점이 될지는 아직 두고 봐야 한다. 따라서 2018년배출량은 '잠정 배출 정점'이라고 할 수 있다.

〈표 2-2〉 국가별 2030년 NDC와 배출 정점 대비 연평균 감축률

(단위: 100만 tCO_2)

	배출 정점		2030년 NDC		연평균 감축률
	연도	배출량	기준 연도	감축량	
대한민국	2018	727.6	2018	291.0	4.17%
EU(전체)	1990	5,652.0	1990	2541.6	1.98%
캐나다	2007	742.0	2005	419.6	2.19%
영국	1991	807.2	1990	255.3	2.81%
미국	2007	7,416.5	2005	3622.0	2.81%
일본	2013	1,407.8	2013	760.2	3.56%

자료: 산업통상자원부.

배출량은 1998년 외환위기 때의 배출량과 유사하다. 이는 외환위기 이후 20년간의 증가 추세를 그 절반 기간에 그때의 수준으로 되돌려야 하는 정도의 부담이다.

이는 다른 나라와의 비교에서도 간접적으로 확인할 수 있는데 〈표 2-2〉는 각국이 자국의 기준 연도 배출량에서 2030년의 목표배출량에 도달하기 위한 연평균 감축률을 산정한 것이다. 2%대 범위의 대다수 나라들에 비해 우리나라는 그 두 배인 4%대로 세계에서 가장 빠른 속도다. 〈그림 2-2〉는 우리나라가 약속한 '배출 정점 대비 40% 감축 조건'(2018년을 우리나라 배출 정점으로 가정)을 다른 나라에 동일하게 적용했을 경우 각 나라들이 이를 달성하는 데 걸리는 소요 기간을 산정한 것이다.

이에 따르면 온실가스 감축 여건이 한국에 비해 좋은 미국이나 EU 주요국들도 '배출 정점 대비 40% 감축'에 대략 24~35년 정도의 기간이 소요되었거나 될 것으로 전망된다(영국은 2018년에 이미 달성). 이에 비해 우리나라는 주요국의 소요 기간의 1/3~1/2인 12년 만에 40%를 감축해야 한다. 영국처럼 제

<그림 2-2> 주요국의 배출 정점 대비 40% 감축 달성 소요 연수

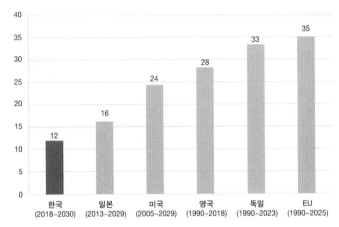

주: 괄호 안은 정점 연도와 도달 연도를 표시한 것임.
자료: 한국환경정책평가연구원(2021).

조업 비중이 그리 높지 않은 나라도 배출 정점에서 40% 감소까지 28년이 걸렸다는 점은 시사하는 바가 많다. 한국경제의 입장에서는 여러모로 상당히 도전적인 감축 속도와 소요 기간이 아닐 수 없다.

둘째, 이러한 어려움은 '산업구조와 설비 효율' 측면에서도 확인할 수 있다. <표 2-3>에서 알 수 있듯이 주요 OECD 국가들의 제조업 비중은 10~15%대인데, 한국은 28%로 개도국인 중국과 동일하다. 높은 제조업 비중에 더하여 우리나라는 제철, 정유 및 석유화학, 시멘트 등 중후장대형 에너지 다소비업이 많고, 대부분 우리의 주력 산업이자 수출 품목이다. 또한 이 산업들은 우리나라의 다른 주력 산업(자동차, 조선, 전자제품, 화학 소재) 등과 소재적으로 밀접하게 연관이 되어 있어서 이 산업들을 쉽게 포기하기도 어렵다. 현재의 제조업 비중을 불과 10년 만에 대폭 줄이고 서비스업 비중을 획기적으로 높이기도 어렵다. 더구나 대규모 설비투자가 이루어진 중후장대형 산업의 구조조정은 장기간이 필요하다.

〈표 2-3〉 주요 국가의 제조업 및 서비스업의 비중

(단위: %)

	한국	미국	EU	일본	중국
제조업	28.4	11.0	16.4	20.3	29.3
서비스업	60.7	80.6	73.7	70.5	51.8

자료: 정은미(2021).

2030년 목표 달성 기간인 약 10년 이내에 이 산업들을 포기할 수 없다면 그 대안은 이 산업설비들의 에너지 효율을 개선하여 온실가스를 줄이는 것이다. 하지만 우리나라 중후장대형 산업은 미국이나 EU 등 선진국에 비해 늦게 시작하여 상대적으로 최신 설비이기 때문에 물량 단위 기준의 에너지 효율은 세계 최상위권이다. 남은 기간 동안 지속적으로 효율개선에 노력해야겠지만 그 한계는 명백하다.[24]

한 발 더 나가서 우리나라가 기후위기 방지라는 대승적인 차원에서 이 산업들을 포기한다고 해서 세계 온실가스 배출이 줄어드는 것도 아니다. 오히려 더 증가한다. 이 산업들은 주로 중국과 경쟁하는 상황으로 중국 제품보다 우리나라 제품의 에너지 효율이 비교되지 않을 만큼 좋기 때문이다. 따라서 한국이 이 산업들을 포기하고 우리나라를 포함해 세계 각국이 중국이나 타국 제품을 수입하여 사용하면 한국의 탄소배출량은 줄어들지만, 세계 전체의 배출량을 증가한다(이른바 'carbon leakage').

셋째, 우리나라에서 단일산업으로 온실가스 배출량이 가장 많은 전력부문도 우호적인 여건이 아니다. 우선 가장 강력한 감축 수단인 수요 절약이 정부

---

24) 세계 최고 수준의 우리나라 제조업의 설비효율 분석과 그 수치에 대해서는 정은미(2021) 참고.

의 전력 요금 통제로 작동하지 않는다. 이러한 시장통제 상황에서는 수요절약은 물론이고 신산업 및 고용 창출도 어렵다. 대부분 OECD 국가에서 탄소중립으로 활성화되고 있는 ESCO 사업이 유독 우리나라에서만 역주행하는 것은 그 단적인 사례다.

전력 공급 측면에서 기여할 수 있는 재생에너지 부존 여건 역시 좋은 편이 아니다.[25] 극히 일부 지역을 제외하고 우리나라 육지 풍력의 적합 지역은 대부분 산림보호구역인 생태자연도 1등급 지역과 겹친다. 삼면이 바다이지만 해상풍력의 적합지는 모두 주요 어업지역과 겹쳐 지금도 심각한 사회갈등을 유발하고 있다. 직전 5년간 정부가 전력을 다해 추진한 재생에너지 보급에도 풍력 설비 보급은 거의 제로였던 이유다. 게다가 북해에 비해 해상 풍속이 낮아 경제성이 떨어지고 저풍속 기술을 개발해야 한다. 설비만 대량 보급한다고 문제가 해결되는 것이 아니다. 이른바 분산형이라고 하는 태양광과 풍력이 우리나라에서는 모두 수도권에서 멀리 떨어진 곳에 집중되고 있어 사회적 갈등을 유발하는 대규모 송전망 건설이 필요하다. 또한 우리나라는 다른 나라와 전력망이 연결되어 있지 않은 고립계통망이기 때문에 유럽이나 미국과 달리 재생에너지로 인해 주파수와 전압 유지에 장애가 많고, 유사시 전력과부족 해결도 어렵다. 이미 제주 지역은 계통 여건을 고려하지 않고 무분별하게 태양광을 보급해서 매년 봄, 가을로 위기를 맞고 있다.

한편 우리나라의 태양광이나 풍력 모두 외국에 비해 발전 단가가 비싸다.

---

25) 전력 공급에서 저탄소를 달성한 선진 국가들은 태양광과 함께 풍력, 수력, 바이오매스 자원 등이 매우 높은 비중을 차지한다. 하지만 우리나라는 풍력, 수력, 바이오매스 모두 열악한 조건이다. 태양광 비중만 놓고 보면 우리나라가 유럽 국가들에 비해 비중이 아주 낮은 것은 아니다. 그럼에도 2030년 NDC는 2030년 발전량의 30%를 재생에너지로 의욕적으로 설정한 바 있다. 2030년 NDC 목표의 실현 가능성 문제에 대해서는 한국에너지학회·한국자원경제학회(2021) 참고.

이는 그동안 기술개발과 산업화에 소홀히 한 측면도 있지만, 민원이나 규제 등 행정 비용이 높기 때문이다. 외국의 경우 재생에너지 보급이나 RE100이 활성화되는 이유 중 하나는 판매사업자의 전력 요금보다 자가용으로 재생에너지를 설치하거나 직접 PPA(power purchase agreement)로 하는 것이 더 경제적이기 때문이다. 그러나 우리나라의 전력 요금은 정부의 요금 및 물가통제와 높은 재생에너지 단가로 인해 당분간 자가용 설비 비용보다 더 높아지기 어렵다.[26]

한편 무탄소로서 원자력도 전력 공급상 배출 감축 수단이기는 하지만, 건설이 중단된 신한울 3, 4호기 이외의 대형 원전의 추가 건설은 입지와 송전망, 사회적 수용성 측면에서 여의치 않다. 오히려 SMR처럼 신기술개발을 통해 미래의 옵션을 확보하는 것이 바람직하다. 다만 기존의 원전 설비는 호불호를 떠나 안전성을 전제로 계속 운전을 고려할 필요가 있다. 이는 무리한 감축목표 설정으로 인해 전력부문의 탄소감축을 넘어 한국경제가 2030년 NDC에 최대한 근접하기 위해 택할 수밖에 없는 불가피한 옵션 중 하나라고 판단된다.

물론 이상의 세 가지 추론은 현재까지 한국경제의 상황을 토대로 한 것이고, 2030년에 한국경제가 실제 국제사회에 약속한 NDC 목표를 달성할 수 있을지는 2030년에 근접해야 최종적으로 확인할 수 있을 것이다. 다만 현재 한가지 분명한 것은 한국판 그린 뉴딜이 NDC의 과감한 상향을 주장하면서 내세운 방안은 객관적 근거도 미약하고 실현 가능성도 낮다. 이처럼 2030년 NDC도 과거 중기감축계획과 마찬가지로 문제가 있다면, 정치적 성향이 다른 역대 정부의 감축계획에서 왜 이런 문제점이 동일하게 반복되는지를 정치적

---

26) 탄소비용은커녕 발전연료비도 전력요금에 반영하지 못하고, 기존 사업자의 판매독점으로 중소업자의 시장 진입이 큰 어려움을 겪는 이런 상황에서 '전력요금의 공공적 통제'와 '정부·공공 주도의 정의로운 전환'은 논리적으로나 현실적으로 매우 어색하다.

측면에서 진단해 볼 필요가 있다.

2) 우리나라 감축계획의 진단: 정치적 측면

정치적 성향이 완전히 다른 정부임에도 두 가지 감축계획은 차이점보다 공통점이 더 많다. 전력부문에 국한해서 살펴보면 우선, 두 가지 계획 모두 중복 산정이나 재생에너지 보급 등에서 허수가 포함되어 있다. 또한 두 감축계획 모두 우리나라의 어려운 감축 여건에도 국제사회에서 최고 수준의 감축 목표를 설정했다. 즉 중기감축계획은 당시 비부속서 국가에 대한 국제사회의 최대 권고치인 BAU 대비 30%를 그대로 표방한 것이고, 2030년 NDC는 전술한 바와 같이 전 세계 국가 중에서 감축 속도나 소요 기간에서 세계 최고다. 이러한 과감한 목표 상향에 대해 선진국과 개도국 간의 가교적 역할이라는 정치외교적 효과를 대대적으로 홍보하는 것 역시 동일하다.[27]

두 가지 감축계획에 이렇게 공통점이 존재하는 이유는 대체로 세 가지로 추측된다. 첫째, '단기 정치주의'의 요인이다. 중기감축계획은 당시 저탄소 녹색성장의 영향을 강하게 받았고, 2030년 NDC는 탈원전과 에너지 전환의 영향을 강하게 받았다. 원전 중심의 저탄소 녹색뉴딜이나 재생에너지 중심의 한국판 그린 뉴딜 모두 과감한 온실가스 감축 목표를 내세울 정치적 동기가 강하게 작용한다. 5년 임기 집권정부의 '단기 정치구호'가 한국경제의 '탄소중립 구현'에서 경제적 부담과 정치적 후유증을 남긴 것이다.[28]

---

27) 외교적으로 우리 위상이 높아진 것은 사실이나 한국이 과연 미국·EU와 중국·러시아 간의 입장 차이를 줄일 수 있는 교섭력을 지니고 있는지에 대해서는 냉철한 평가가 필요하다.

28) 감축 목표는 국제적으로 한번 선언하면 절대로 낮출 수 없다는 점(no-backsliding), 한국경제의 최적 탄소중립 경로와 달리 무리한 경로에 의한 탄소중립은 한국경제의 추가적인 부

둘째, '배타적 진영 논리'이다. 역대 정부는 모두 자신이 선호하는 발전원을 그것도 계통 운영상 불가능한 수치로 정부계획에 무리하게 반영했다. 저탄소 녹색뉴딜은 발전량의 59%를 원전으로 채우고, 한국판 그린 뉴딜은 2030년 발전량에서 원전·석탄을 무리하게 축소해 그 자리를 재생에너지 30%로 채웠다. 둘 다 고립계통망인 현재의 여건하에서 계통운영상 기술적으로 불가능하거나 천문학적 비용이 수반되는 전원 구성이다.

셋째, 기후문제와 관련하여 우리 사회에 여전히 남아 있는 '추상적 코스모폴리타니즘'이다. 기후위기를 극복해야 한다는 당위와 한국이 어느 경로로 감축 목표를 수행할 것인가라는 현실은 차원이 다른 문제다. 더구나 기후위기의 열쇠는 미국, EU, 중국, 인도 등 세계 배출량의 대부분을 차지하고 국제외교상 영향력이 큰 나라들이 쥐고 있다.

한국의 경우 현재 기준이든 과거 누적배출량 기준으로 보든 전 세계 배출량의 1.5% 내외 수준이다. 물론 이것이 우리나라가 탄소중립에 신경 쓰지 않고 감축을 소홀히 해야 한다는 뜻은 전혀 아니다. 그린 뉴딜과 탄소중립에 가장 중요한 실현 가능성과 사회적 수용성은 무시한 채 추상적인 코스모폴리타니즘으로 접근해서는 안 된다는 의미다. 설령 국내외의 환경단체는 그런 포지션을 취할 수 있지만, 정부는 한국 현실에 부합하는 전략적 포지션을 제대로 설정해야 한다. 더구나 배출량 산정 기준과 산업구조 및 국제분업구조, 2050년의 탄소중립 기한 등 모든 기준이 미국과 EU에 유리하게 설정되어 있고 2030년 NDC 상향 압박 역시 기후위기 대응과 미국의 패권 전략의 일환이라는 이중성이 있다.[29]

담이라는 점, 그리고 만약 중기감축계획과 마찬가지로 2030년 목표 달성을 하지 못했을 때 국제적 신뢰 손상이 크다는 점이 우리가 앞으로 지게 될 부담이자 후유증이다.

29) 선진국에 유리한 기준과 미국 패권전략의 일환으로서 탄소중립에 대해서는 한국에너지학회·한국자원경제학회(2021) 참고. 한국의 현대사에서 제국주의에 대해 비판적 입장을 지닌

요컨대 역대 정부가 추진한 두 번의 그린 뉴딜과 감축계획은 선호하는 발전원(원전 대 재생에너지)만 다를 뿐 단기적 정치주의에 입각하여 감축 목표를 과도하게 설정하고, 특정 발전원을 배타적으로 온실가스 정책에 반영한 것은 동일하다. 양자 모두 '탄소신호' 대신 '정치구호'를 중시하고 '탄소비용의 내부화' 대신 '진영논리의 내부화'만 한 셈이다.[30]

이런 의미에서 한국경제의 그린 뉴딜에서 정작 중요한 것은 '탄소중립'이 아니라 '진영중립'이다. 이 글이 정치적 측면의 진단과 반성을 강조하는 이유 역시 과거는 물론이고 앞으로도 이 점이 한국경제의 그린 뉴딜과 탄소중립에 가장 큰 걸림돌이라고 판단하기 때문이다. 탄소중립은 5년 임기의 정부에 국한된 문제가 아니라 수십 년이 걸리는 과제로서 사회적 합의에 의한 장기 지속성이 무엇보다 중요하다. 집권정부가 바뀔 때마다 온실가스 정책이 급변침(원전 올인 → 탈원전 → 최강원전)을 반복하면 탄소중립은 어렵다.[31]

3) 플랜B의 대안전략: 진영중립의 거버넌스와 전력부문의 선도적 역할

이와 같은 우리나라의 경제적 및 정치적 문제점을 언급한다고 해서 한국경

그룹에서 선진국에 유리한 NDC 감축 상향을 주장한 것은 역설적이다.

30) 이러한 평가에 대해 재생에너지 편향이 그래도 세계 추세에 더 부합하고 바람직하다는 주장이 있을 수 있지만, 결과론적으로 본다면 양자 간의 차이는 크지 않다. 30년 NDC 상향론이 강조했던 전원이 의도상으로는 재생에너지였지만, 현실적으로 원전 계속 운전이었기 때문이다. 현실의 정책 평가에서 중요한 것은 '의도'가 아니라 '결과'다.

31) 후술하는 바와 같이 이 글이 한국경제의 탄소중립에서 '무지개전략'으로서 원전의 역할(계속운전)을 고려하면서도 최근 출범한 윤석열 정부의 "최강원전"이라는 정치 슬로건을 경계하는 이유도 바로 여기에 있다. 역대 정부처럼 5년 임기의 정부가 한국경제의 현실을 고려하지 않고 진영 논리에 따라 50년 한국경제의 구체적인 탄소중립의 경로와 방식을 정하는 것은 정치적 오만이자 정책상 오류가 될 가능성이 높다.

제의 그린 뉴딜과 탄소중립의 고삐를 늦추자는 것은 전혀 아니다. 감축을 위한 제도적 기반과 여건을 갖추지 않고 단기적·배타적·당위적 논리만 내세워서는 탄소중립을 달성하기 어렵다는 점을 지적하는 것이다. 따라서 과거 십여 년간의 혼선을 되풀이하지 않으려면 2030년 NDC와 탄소중립을 위한 플랜B로서 현실적인 전략과 제도를 준비해야 한다.

우선, 가장 중요한 것은 사회적 합의를 위한 '진영중립적인 거버넌스 구축'이다. 지난 십여 년처럼 정부와 정치 주도로 일관하는 한 한국경제의 그린 뉴딜과 탄소중립은 계속해서 혼선을 빚을 것이다. 탄소중립을 위한 사회적 합의 거버넌스에 대한 구체적인 논의는 이 글의 주제를 벗어나는 것이나 세 가지 원칙만 언급하면 첫째, 정치와 독립적이면서 전문성·수용성·일관성을 담보하는 거버넌스를 구축하고, 둘째, 분야별 전문가(전문성), 다양한 이해관계자(수용성), 집행 부처(일관성) 등으로 위원을 구성하며, 셋째, 위원 임기를 정부집권기와 엇갈리게 배치하여 위원회의 정치적 쏠림현상을 방지하는 것이다.

이러한 거버넌스 개선하에서 한국경제가 2030 NDC에 최대한 근접하기 위해서는 2030년 NDC에 대한 새로운 플랜과 전략이 필요하다. 우선, 한국경제의 현실을 감안하여 산업부문은 2030년대 이후의 신기술 상용화 이전까지는 현재 기술을 최대한 활용하면서 새로운 기술개발에 매진해야 한다. 둘째, 산업부문을 대신해 전력부문이 감축의 선도적 역할을 하는 것이다. 셋째, 그럼에도 미달하는 감축량은 해외 감축을 활용하는 것이다.[32]

---

[32] 문재인 정부 출범 이후 해외 감축분을 줄이고 국내 감축을 더 높이는 기조를 취한 것 역시 논리적으로나 현실적으로 이해하기 어렵다. 온실가스는 한국이든 해외든 우리가 투자하여 줄이면 되는 것이다. 과거 CDM의 경우 인증 방식과 산정 방식상 논란이 있었지만, 파리체제가 이를 보완하기 위해 윤곽을 잡아가는 상황에서 해외 감축 옵션을 버릴 이유가 없기 때문이다. 또한 배출권거래제는 용인하면서 해외 감축을 배제하는 것은 논리적으로도 어색하다. 현실적 측면에서 전력부문이 국내감축의 선도적 역할을 하더라도 2030년 NDC가 매우

여러 가지 어려운 여건 속에 있는 전력산업이 선도적인 역할을 담당해야 하는 이유는 크게 두 가지다. 첫째, 산업부문과 달리 원전 계속운전, 석탄발전 및 가스복합의 저탄소 혼소, 전력시장 개혁에 의한 수요 절약 등 수급의 양 측면에서 동원할 수 있는 옵션들이 있기 때문이다(이른바 '무지개전략'). 특히 상향된 NDC 목표에 조금이라도 근접하기 위해서는 안전성 전제하에 원전의 계속운전은 불가피하다.

둘째, 전술한 바와 같이 에너지 전력화가 온실가스 감축으로 연결되기 위해서는 전력부문의 저탄소화 내지 탈탄소화가 선행될 필요가 있기 때문이다. 석탄발전에 의한 전력으로 난방을 하거나 전기차를 운행하면 감축 효과가 별로 없다. 따라서 향후 가속화될 화석연료의 전력화에 선제적으로 대비하기 위해서는 전력부문의 저탄소 내지 탈탄소가 선행되어야 한다. 이하에서는 전력부문의 선도적 역할에 필요한 우리나라 전력부문의 개혁 과제를 살펴보기로 하자.

4. 탄소중립을 위한 전력부문의 개혁 과제: '3+2 개혁전략'

1) 탄소가격신호의 정립: 정책거버넌스와 전력시장의 개혁

전력부문의 선도적 역할에 필요한 개혁 과제를 모두 언급하기에는 지면상 제한이 있어서 전술한 그린 뉴딜에서의 세 가지 정부 역할에 국한해 개혁 과제의 개선 방향만 다루기로 한다. 단 세 가지 역할 중 '녹색금융'과 'R&D'는 전력부문에 국한하기 어려워 포괄적인 일반론으로 다룬다.

도전적인 과제라는 점에서 해외 옵션을 최대한 활용하는 것이 바람직하다.

먼저 전력소매시장을 살펴보기로 하자.[33] 전술한 바와 같이 우리나라가 이른 시기에 배출권거래제를 도입했지만, 아직 전력 요금에 탄소비용을 제대로 반영하지 못하고 있다. 이는 소매시장이 판매 독점과 정부 통제로 일관되었기 때문이다.[34] 전력요금에 탄소비용과 연료비 등 시장원가를 제대로 반영하기 위해서는 대부분의 선진국처럼 판매시장을 개방하여 시장가격체제로 이행하고 독립규제위원회가 이를 감시하는 체제가 적합하다. 하지만 우리나라의 경우 단기간에 이런 구조로 전환하기 어렵기 때문에 단계적으로 진행할 필요가 있다.

첫째, '전력요금 결정의 거버넌스'를 개선하는 것이 최우선 과제다. 현재 결정 과정이 외형상 한전, 관계 부처, 전기위원회로 분리되어 있지만, 사실상 집권정부가 정하는 구조다. 따라서 집권정부는 정치적 성격과 무관하게 탄소비용이나 시장원가보다 정치적 득표를 우선시하는 결정을 하게 된다. 따라서 이는 '집권정부(government)'를 바꾸는 문제가 아니라 정책의 '거버넌스(governance)'를 바꾸는 문제이다. 즉 오랜 기간 전문가들이 주장한 바와 같이 현재 전기위원회의 독립성을 강화하여 독립규제위원회로 전환하는 방안이 그것이다. 물론 이 경우 현재 판매 독점인 한전의 비용 절감 유인이 약해지기 때문에 이에 대한

---

33) 전력시장의 기본이론과 우리나라의 문제점 개관에 대해서는 한국전력거래소(2018) 참고.
34) 탄소중립의 중요한 수단인 배출권거래제(혹은 탄소세)와 재생에너지공급의무화제도(RPS) 그리고 수요관리(DR)는 모두 시장기반형 제도로서 전력부문의 도·소매시장이 정상적으로 작동한다는 전제하에서 효과가 있다. 하지만 우리나라 소매시장은 판매독점으로 정부의 강한 규제를 받고 있으며, 도매시장 역시 이로 인해 심각하게 왜곡되어 있다. 이러한 상황에서는 배출권거래제 등 탄소중립에 유용한 제도들이 도·소매시장의 가격신호를 통해 작동하지 않는다. 우리나라의 경우 이러한 제도들이 오히려 역효과를 낼 가능성이 높다. 조영탁(2013: 제8장 및 제9장)이 우리나라에서는 탄소세 도입이 오히려 탄소 배출을 증가시킨다는 '탄소세의 역설'을 주장하고 전력시장의 개선 없는 배출권거래제 도입을 비판한 것도 바로 이러한 맥락이다. 한국경제와 전력부문의 현실을 무시하고 이론적으로 이러한 제도들만 도입하면 문제가 해결될 것으로 생각해서는 곤란하다.

감시와 유인 규제 등 다양한 보완책을 도입해야 할 것이다.

둘째, 이러한 정책거버넌스의 개선하에 전력요금을 '전압별·계절별·지역별 요금제'로 이행하여 수요자 간의 교차보조를 제거할 필요가 있다. 그래야 탄소저감을 위한 시장신호가 효과적으로 전달되기 때문이다. 물론 이 과정에서 에너지빈곤층이나 열악한 중소업체에 대한 직접 보조 형태의 지원은 필수적이다. 또한 전력요금에서 망 이용료에 대한 투명성과 객관성을 강화할 필요가 있다. 이는 외국에서 RE100의 수단으로 활성화되어 있는 직접 PPA 확대를 위해서도 필요하며, 가장 좋은 방법은 한전의 송전 부문을 자회사로 분리하거나 별도의 전력망공사로 분리하는 것이다.

한편 소매시장의 통제로 인해 왜곡되어 있는 도매시장 역시 탄소비용 반영 등을 위한 제도 개선이 필요하며, 기본 방향은 하루전 시장만 존재하는 도매시장을 기간별·전원별로 다양화하고 가격입찰이나 경매 방식을 도입하는 것이다.

첫째, 현재 도매시장은 하루전 시장만 존재하고 선진국에서 일반화되어 있는 중장기 계약시장과 당일 및 실시간 시장이 없다. 이로 인해 최근 논란이 되고 있는 한전의 적자 문제에서 알 수 있듯이 도매시장 구입이 하루전 시장에만 의존하게 되어 가격위험 관리 자체가 불가능하다. 또한 실시간 시장의 부재로 발전사업자의 책임성이 약화되고 유연한 저탄소 설비들이 상대적으로 불이익을 보게 된다. 따라서 현재의 하루전 시장에 더하여 중장기 계약시장과 실시간 시장을 도입하여 기간별로 시장을 다양화할 필요가 있다.

둘째, 하루전 시장에서 원가구조가 다른 모든 발전원을 동일한 도매시장가격(이른바 SMP)으로 정산하기 때문에 판매사업자인 한전의 전력 구입비가 도매시장가격 변동 위험에 그대로 노출되어 있다. 이를 조정하기 위해 도입된 한전과 발전자회사 간의 정산조정계수는 시장거래라기보다 재무 균형을 위한 모회사와 자회사 간의 내부거래에 가깝다. 또한 연료비가 들지 않는 재생가능에너지가 화석연료비에 따라 수익이 변동하는 등 연료비 제로인 재생에너지의 장점을 제대로 살리지 못하고 있다. 따라서 원가구조가 다른 설비들을 전원별로 처리하는 방안을 고려할 필요가 있다. 일례로 원전은 정부규제하에 규제금융계약으로 전환하고, 석탄 발전은 탄소제약하의 선도시장, 재생에너지는 중앙경매시장으로 전환하면서 입찰 방식을 도입하는 것이다.

셋째, 현재의 하루전 시장에는 탄소비용의 합리적 반영이 가능한 가격입찰이 없이 규제변동비 기반하에 물량입찰만 존재한다. 최근 변동비에 배출권비용을 반영하는 제도를 도입했으나 변동비 규제의 변형에 불과하고, 산정 방식상 논란이 있다. 따라서 가격입찰을 도입하여 탄소비용을 합리적으로 반영하고 동종설비 간 경쟁을 유도할 필요가 있다.

넷째, 보조서비스시장 역시 정부 통제로 인해 유연한 저탄소 예비력 자원에 대한 충분한 보상이 되지 않고 있다. 원전 및 재생에너지 등 경직성 및 변동성 설비의 발전 증가에 대비하기 위해서 유연한 속응성 자원을 안정적인 계약으로 확보하여 계통안정성을 제고할 필요가 있다. 이상에서 언급한 도매시장구조 개선은 가격신호의 효율성을 증대시킬 뿐만 아니라 탄소비용 반영 등 온실가스 감축에도 도움이 되는 일석이조의 효과를 지니고 있다.

2) 녹색금융 갭의 축소: 녹색금융의 기준 정립과 활성화

녹색금융의 경우 제2절에서 언급한 두 가지 요인 중에서 우선 '금융건전성' 문제는 미국발 금융위기 이후 금융건전성 기준이 강화되고 있는 상황에서 녹색금융 확대 시 이에 따른 리스크를 BIS(은행)나 RBC(보험) 기준에 반영하는 새로운 기준 확립이 필요하다는 점만 언급한다.

한편 '위험기피 요인'의 경우 정부는 우선 녹색기술에 대한 정보와 불확실성부터 제거할 필요가 있다. 최근에 우리나라에서도 원전과 가스발전의 녹색기술 여부를 둘러싼 논란과 혼선이 발생한 바 있다. 따라서 정부는 우리나라 '녹색분류체계', 즉 'K-택소노미(K-Taxonomy)의 올바른 정립과 중립적 운용'에 만전을 기할 필요가 있다. 녹색분류체계는 녹색기술의 정확한 분류를 통해 금융권의 기술전망에 대한 불확실성을 줄이고 기업의 ESG에 기여하는 것으로 사실상 녹색금융의 출발점이자 대전제라고 할 수 있다.

둘째, 'K-택소노미' 작성 시에는 국제표준을 참고하되 한국경제 현실과 에너지부존 여건을 감안하는 것이 중요하다. 에너지는 현재 기준하의 탄소 유무만으로 녹색 여부를 판단하기 어려운 측면이 있고, 저탄소 기술도 국가에 따라서는 탄소중립의 과도기적 수단으로 필요하기 때문이다. 따라서 이전 정부처럼 재생에너지를 제외한 다른 기술을 모두 배제하는 오류를 범해서는 곤란하다. 이를 방지하기 위해서는 'K-택소노미 운영 개선'이 필요하다. 특정 전원이나 특정 이해를 가진 위원 중심으로 특정 부서에서 운용하기보다는 중립성과 전문성을 갖춘 위원회에서 한국 현실과 기술 진화 상황에 따라 운영하는 방안을 고려할 필요가 있다.

셋째, 녹색금융의 불완전정보 문제에 대해서는 투자자들이 활용할 수 있는 '환경정보의 체계적 구축'을 선행할 필요가 있다. 투자자들에게 녹색투자에 대한 정확한 가이드라인과 정보가 제공되어야 녹색금융의 불확실성이 줄어들고 이른바 '그린워싱(greenwashing)'도 방지할 수 있기 때문이다. 또한 녹색금융과 관련하여 '기업의 내부정보 공개'가 제대로 되어야 위험 기피를 줄일 수 있다. 현재 대기업은 이에 대한 준비 여력이 있으나 중소기업 등 여력이 없는 기업들은 정보공개 준비에 어려움을 겪고 있어 정부의 체계적인 지원이 필요하다.

3) 정부 R&D 개혁: 추진 거버넌스와 제도개선

현재 에너지 기술이 갖고 있는 한계를 감안할 때 우리나라를 포함한 전 세계적으로 탄소중립의 신기술개발은 필수적이다. 이는 단순히 기술개발을 넘어 에너지 신산업의 주도권까지 달린 매우 중요한 문제다. 기술개발에서 정부의 역할은 결국 R&D 문제로 직결된다.

정부 R&D에서 에너지 분야의 비중을 높이는 것도 중요하지만 운영 방식을 개선하는 것 역시 중요하다. 이는 오랜 기간 우리나라 R&D에 대해 제기된 문제(이른바 'Korea R&D Paradox')로서 우리나라 R&D가 한국경제의 고도성장과 선진국을 추격하는 과정에서 큰 역할을 했지만, 한국경제가 그린 뉴딜은 물론이고 4차 산업혁명을 통해 선진국을 추월해 나가기 위해서는 R&D의 추진 거버넌스를 개혁할 필요가 있다. 즉, 이를 위해서는 정부 주도의 추격형 R&D에서 민간 주도의 창의형 R&D 체제로 전환해야 한다(신은정 외, 2021). 이 문제 역시 이 글의 주제 범위를 넘어서는 것이기는 하지만, 일반적인 내용을 정리하면 다음과 같다.

첫째, 기획의 측면에서 정부 주도보다는 전문가 주도의 전략적 기획과 자원배분이 가능하도록 개선할 필요가 있다. 물론 정부가 중점 과제로 생각하는 분야는 반영하는 통로를 만들면 될 것이다. 이 과정에서 산업체와 대학, 국책연구기관 간의 역할을 재정립할 필요가 있다. 국책연구기관의 PBS 제도는 장점보다 단점이 더 큰 것으로 판단되며 대학과의 정확한 역할 분담이 필요할 것으로 보인다. 선정하는 과제 역시 분야별 연계와 융합형 과제를 지금보다 더 촉진하는 방향으로 개선할 필요가 있다.

둘째, 과제의 진행과 평가 측면에서는 과도한 성공률과 상대적으로 낮은 실용성이 논란되었듯이 향후 정부 규제에 의한 성공적인 성과 관리보다 자율과 협력에 의한 문제 해결 및 프로세스 평가에 중점을 두고 실패에 대한 용인제도도 마련할 필요가 있다. 다만 연구자에게 자율을 주되 도덕적 해이가 발생하지 않도록 하는 안전장치는 필수적이다. 일례로 과제기획과 평가기구를 완전히 분리하거나 해외 전문가를 포함한 글로벌 평가체제를 마련하는 것도 하나의 방법이다.

끝으로 탄소중립과 관련 신기술이 21세기에 매우 중요한 과제인 만큼 가능하다면 미국의 NREL(National Renewable Energy Laboratory)처럼 민간이 담당하기 어려운 에너지 기술이나 범용 기술을 전담하는 '국가에너지기술개발기관(가칭)'을 신설하는 것도 하나의 방안이다.[35]

4) 사회적 수용성 제고: 고용안정과 에너지복지 확충

과거 전통적 뉴딜과 마찬가지로 그린 뉴딜에서도 제도개혁을 둘러싼 사회적 합의는 뉴딜의 성패를 좌우하는 중요한 요소다. 특히 탄소중립은 단기간의 집권정부를 넘어 수십 년 동안 안정적이고 지속가능한 방식으로 진행되어야 하기 때문이다. 따라서 그린 뉴딜의 경우도 이러한 사회적 합의와 수용성 제고에 정부가 적극 노력할 필요가 있다.

첫째, 탄소중립 과정에서 발생할 수 있는 좌초설비나 좌초산업에 대한 정부의 지원과 대책이다. 일례로 석탄발전 등 전통 설비의 조기 퇴진이 필요한 경우해당 산업 및 설비에 대한 보상제도를 마련해야 한다(독일의 「석탄법」 사례). 이에 따른 고용 문제 역시 고용조정이나 재교육 등의 체계적인 지원이 필요하다.

---

35) 미국의 NREL은 약 2000명의 인원으로 에너지 분야의 기술개발을 전담하고 있는 데 비해, 한국의 경우 이와 유사한 기능을 하는 전기연구원이나 에너지기술연구원은 각각 50명 정도이다.

둘째, 탄소비용의 전력요금 반영 시 경제적 부담이 가중되는 에너지빈곤층과 열악한 중소업체 및 자영업자에 대한 지원이 필요하다. 연료비부터 탄소비용까지 제반 비용을 전력요금에 점진적으로 반영하고 우리나라에서 비싼 재생에너지 보급이 확대되면 향후 전력요금은 추세적으로 상승할 가능성이 높기 때문이다. 특히 우리나라에는 130만 내외의 에너지빈곤층이 존재하기 때문에 이 계층들에 대한 에너지바우처 등 직접 보조의 예산과 적용 범위를 확대할 필요가 있다. 또한 전력에 많이 의존하는 산업에 종사하는 중소업체들의 경우 고효율기기나 FEMS 분야에 저리의 설비효율화 자금 지원을 병행할 필요가 있다.

5) '3 + 2 개혁전략'과 전력시장 개혁의 중요성

이상의 세 가지 영역에서 정부가 적극적으로 역할을 하여 시장과 산업의 전환을 유도하고 두 가지 영역에서 수용성을 제고하면서 이들을 유기적으로 결합하면 전력부문 전반에 걸쳐 시너지 효과를 창출할 수가 있다. 즉 전력시장의 거버넌스와 제도개혁으로 강건한 탄소가격신호가 정립이 되면 이는 녹색금융 등을 통한 민간 부문의 투자를 촉진할 가능성이 높다. 당연히 이러한 녹색투자는 정부와 민간의 연구개발을 더욱 촉진할 가능성이 높고 이를 통해 돌파형 신기술이 개발되면 탄소중립의 소요 비용을 저감하여 전력요금 상승을 완충할 수 있다.

즉, '탄소비용에 의한 전력시장신호 정립 → 녹색금융 활성화 → 연구개발에 의한 신기술개발 → 전력시장의 탄소저감 비용 축소'의 환류 메커니즘이다. 이러한 환류 메커니즘의 출발점이 바로 전력시장의 개혁이다.

이는 지금까지의 우리나라 전력부문의 온실가스 감축이 부진했던 상황을

<그림 2-3> '3+2 개혁전략'의 시너지 효과

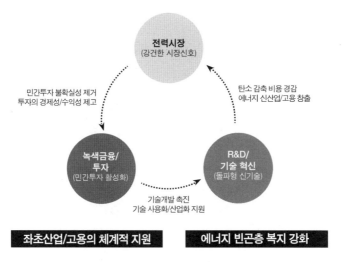

자료: 한국에너지학회·한국자원경제학회(2021).

통해 거꾸로 논증해 볼 수 있다. 즉 판매독점으로 인한 정부의 정치적 시장개입으로 인해 탄소비용은 물론 연료비도 반영하지 못할 정도로 전력요금이 과도하게 억압되었고, 이는 전력부문 내의 한전을 비롯한 모든 사업자 및 관련 산업생태계로 하여금 저탄소 설비 및 기술 투자를 기피하고 저렴한 원전과 석탄발전에 집중하도록 만들었다. 그 결과 우리나라 발전원 및 기술은 모두 원전과 석탄발전에 '록인(lock-in)'되는 악순환이 발생했다. 이러한 악순환 구조를 유발한 가장 근본 원인은 바로 전력시장에 대한 정부 통제에 있다. 이런 의미에서 한국경제 및 전력부문 탄소중립의 핵심 과제는 판매독점과 정부통제하의 전력시장을 다양한 사업자 진입과 공적 규제하의 유연한 전력시장으로 개혁하는 것이다. 요컨대 그린 뉴딜과 탄소중립의 핵심은 '탈원전'이나 '탈석탄'이 아닌 전력시장의 '탈정치'에 있다.

5. 요약과 정리

이상에서 21세기 그린 뉴딜의 개념을 정립하고 이를 토대로 한국경제의 그린 뉴딜과 탄소중립을 개념과 정책 면에서 검토하고 그 문제점을 개관했다. 이를 토대로 한국경제의 탄소중립과 효과적인 온실가스 감축을 위한 전력부문의 선도적 역할과 이에 부응하는 정책과제를 '3+2 개혁전략'으로 제안했다.

우선, 한국경제의 그린 뉴딜 개념은 초기에 전통적 뉴딜에서 이후 그린 뉴딜에 부합하는 쪽으로 진화해 왔다. 하지만 핵심적인 제도개혁은 여전히 소홀히 한 채 정부계획과 정부 주도만 강조하여 그린 뉴딜에서 시장과 기술의 중요성을 간과한 측면이 있다. 특히 그린 뉴딜의 핵심인 탄소가격신호의 정립은 거의 진전이 되지 않고 있다.

한편, 두 차례의 온실가스감축계획은 모두 도전적인 감축목표 설정하에 정부계획과 정부 주도만 강조한 경향이 있다. 그린 뉴딜에서 정부 역할은 시장을 대신하는 것이 아니라 '시장실패의 교정'을 통해 시장 및 기술혁신을 촉진하고, 그 과정에서 발생하는 역진성이나 문제점을 개선하여 '사회적 합의'를 제고하는 것이다. 따라서 한국경제의 그린 뉴딜과 탄소중립을 위해서는 단기적이고 배타적이면서 당위론적인 진영편향을 지양하고 우리나라의 제약 조건을 감안하여 실현 가능한 전략을 구사해야 한다. 그 핵심은 '전력부문의 선도적 역할과 이를 위한 전력시장 개혁'이다.

이러한 관점하에 우리나라 탄소중립에 필요한 개혁 과제를 전력부문에 국한하여 정리하면 최우선 과제는 '탄소비용에 의한 전력부문의 시장신호 정립'이다. 이를 위해서는 먼저 전력 요금 결정의 거버넌스 개선을 선행하고, 이를 기반으로 전력부문의 도소매시장을 개혁하는 것이다. 그 핵심은 탄소가격신호하의 유연한 전력시장 구조로의 전환이다. 이러한 탄소가격신호의 정립 하에서 정부는 전력 등 저탄소·무탄소 관련 투자에 대한 녹색금융이 활성화되도록 '녹색금융'상 애로 요인을 해결할 필요가 있다. 또한 탄소중립에 부응하는 새로운 기술개발이 이루어지도록 '정부 R&D'에서 탄소중립 기술 관련 분야의 비중을 높이는 것과 함께 R&D의 추진 방식을 과거 정부 주도의 추격형에서 민간 주도의 창의형으로 전환할 필요가 있다.

이상의 전력시장, 녹색금융, R&D의 개혁 과제와 함께 좌초산업 및 고용안정과 에너지복지 등 역진성 보완제도를 통해 그린 뉴딜에 대한 사회적 수용성을 제고해야 한다. 정부의 이러한 '3+2 개혁 과제'는 하나하나가 모두 중요하지만, 이 정책들 간의 시너지 효과를 창출하면 한국경제는 시장과 기술의 대전환을 통해 그린 뉴딜과 탄소중립에 한 걸음 더 다가갈 수 있을 것이다.

참고문헌

관계부처합동. 2021. 「2030 국가온실가스 감축목표(NDC) 상향안」. 대한민국 정부.

김수현·김창훈. 2020. 「유럽 그린 딜의 동향과 시사점」. 에너지경제연구원.

신은정 외. 2020. 『혁신성과 제고를 위한 정부 R&D 개선방안』. 과학기술정책연구원.

에너지신산업활성화포럼. 2022. 「에너지신산업 활성화 컨퍼런스 자료집」. 스마트그리드협회.

임재규. 2021. 「2050 탄소중립을 위한 에너지부문 과제」. 2050 탄소중립에 따른 전력산업 도전
과 기회. 대한전기학회 하계학술대회 전체 패널세션 자료집.

정은미. 2021. 「산업부문 탄소중립과 주요과제」. 2030년 NDC 목표상향과 한국경제. 한국자원
경제학회·한국에너지학회 제1차 공동세미나 자료집.

조영탁. 2006. 「지속가능한 발전과 한국경제: '생태적 뉴딜'을 위한 문제제기」. 『한국환경보고서
2006』. 녹색사회연구소.

_____. 2009. 「이명박정부의 '녹색뉴딜'과 한국경제의 '생태적 뉴딜': 지속가능한 발전과 관류혁
신을 위한 문제제기」. 『경제위기와 현 정부의 경제정책 평가』. 한울엠플러스.

_____. 2013. 『한국경제의 지속가능한 발전전략: 생태경제학의 기획』. 한울엠플러스.

_____. 2015. 「우리나라 온실가스 감축계획의 평가와 쟁점」. 포스코경영연구원 자문보고서.

_____. 2021a. 『생태경제학자 조영탁, 생태경제와 그린 뉴딜을 말하다』. 보고사.

_____. 2021b. 「탄소중립을 위한 전력산업의 과제와 개선방향」. ≪한밭경상연구≫, 제21권.

최지연. 2020. 「미국의 그린 뉴딜이행을 위한 정책 및 법제 동향」. 법제연구원.

한국에너지학회·한국자원경제학회. 2021. 「합리적인 온실가스 감축을 위한 차기정부의 과제」.
제2차공동세미나 자료집.

한국자원경제학회·한국에너지학회. 2021. 「2030년 NDC 목표상향과 한국경제」. 제1차 공동세
미나 자료집.

한국전력거래소. 2018. 『전력시장의 이론과 과제: 에너지전환시대 전력시장의 역할과 발전방향』.

한국환경정책평가연구원. 2021. 『KEI 포커스』.

Acemoglu, D. et al. 2012. "The Environment and Directed Technical Change." *American
Economic Review*, 102(1), pp.131~166.

Aghion, P. et al. 2014. "Path Dependence, Innovation and the Economics of Climate Change."
Policy Paper. Centre for Climate Change Economics and Policy.

Aghion, P. et al. 2021. *The Power of Creative Destruction: Economic Upheaval and the
Wealth of Nations.* Cambridge: The Belknap Press of Harvard University Press.

Daly, H. 1996. *Beyond Growth.* Boston: Beacon Press.

Daly, H. and J. Farley. 2006. *Ecological Economics: Principle and Application.* Island

Press.

Friedman, T. 2007.1.19. "Opinion: A Warning From the Garden." *The New York Times*.

_____. 2007. "The Power of Green." *The New York Times Magazine*.

IEA. 2021. *Net Zero by 2050: A Roadmap for the Global Energy Sector*. International Energy Agency.

Mazzucato, M. 2013. *The Entrepreneurial State: Debunking Public vs. Private Sector Myths*. Anthem Press.

OECD. 2017. *OECD Environmental Performance Reviews: Korea 2017*. Paris: OECD Publishing.

OECD·IEA·NEA·ITF. 2015. *Aligning Policies for a Low-carbon Economy*. Paris: OECD Publishing.

Perez, C. 2002. *Technological Revolutions and Finacial Capital: The Dynamics of Bubbles and Golden Ages*. Cheltenham: Edward Elgar.

_____. 2014. "A Green and Socially Equitable Direction for the ICT Paradigm." Globelics Working Paper Series 2014-01. The Global Network for Economics of Learning, Innovation, and Competence Building Systems.

_____. 2017. "Is Smart Green Growth the Solution? Lesson from History." Working Paper Series 2017-01. The Research Project BTTR(Beyond The Technological Revolution).

Stern, N. and A. Valero. 2021. "Innovation, Growth and the Transition to Net-Zero Emissions." *Research Policy*, 50.

UNEP. 2009. *Global Green New Deal*.

제3장
녹색채권을 통한 기후변화 대응 자금조달의 현황과 과제*

박복영 | 경희대학교 국제대학원
안지연 | 경희대학교 국제대학

1. 녹색채권의 정의와 효과

1) 정의와 유형

　2015년 파리협정은 지구 평균기온 상승을 산업화 이전 대비 2℃보다 낮은 수준으로 유지하고, 1.5℃로 제한하는 것을 목표로 모든 국가가 2020년부터 기후행동에 참여할 것을 규정하고 있다. 또한, 모든 국가가 스스로 결정한 온실가스 감축 목표를 5년 단위로 제출하고 이행토록 하고 있으며, 재원 조성과 관련한 선진국의 선도적 역할과 여타 국가의 자발적 참여를 요구하고 있다. 이로써 선진국에만 온실가스 감축 의무를 부과하던 기존의 교토의정서 체제가 아닌 모든 국가가 자국 상황을 반영한 온실가스 감축 활동을 수행하게 되

＊　이 글은 박복영·안지연 외, 「글로벌 기후금융의 현황과 발전방향: 녹색채권을 중심으로」 (대외경제정책연구원 연구보고서 21-37)의 내용 중 제2장 및 제5장을 수정한 것이다.

었으며, 이러한 온실가스 감축 목표 달성을 위해 에너지와 수송부문에 대규모 투자가 필요한 상황이다. 특히 EU가 파리협정 목표 이행을 위한 녹색사업 재원 조성의 중요성을 강조하면서 장기 투자가 쉽고 전환 위험을 증가시키지 않는 녹색채권(green bond)에 대한 관심이 전 세계적으로 크게 증가하고 있다.

녹색채권은 친환경프로젝트 혹은 녹색프로젝트 투자에 필요한 재원을 조달하기 위해 발행된 채권이다. 국제금융공사(International Finance Corporation, IFC)의 정의에 따르면, 녹색채권은 "기후 완화, 적응 및 친환경 프로젝트를 위한 자금을 조달하는 데 사용되는 유동적 금융 상품"이다(IFC, 2018: 8). 녹색채권에 대해 국제적으로 구속력을 가진 정의는 아직 없다고 할 수 있다. 다만 무분별한 발행을 억제하기 위해 국제적 협회 등이 통일된 원칙이나 가이드라인을 제시하고 있는 상황이다. 그리고 한 나라 단위에서도 이런 기준을 활발히 마련하고 있는 단계에 있다. 국제자본시장협회(International Capital Market Association, ICMA)에서는 녹색채권 원칙(Green Bond Principles, GBP)과 네 가지 핵심 구성요소에 부합하는 채권을 녹색채권으로 정의하고 있다. 가장 중요한 기준은 조달된 자금이 기후변화 완화 및 적응, 천연자원의 보존, 생물 다양성 보전, 그리고 오염방지 및 억제 등 환경 목적의 프로젝트, 즉 녹색 프로젝트에 사용되어야 한다는 것이다. 우리나라 환경부는 녹색채권을 "발행 자금이 환경개선 목적을 위한 녹색 프로젝트에 사용되며 녹색채권으로서의 유효성 성립을 위한 네 가지 핵심요소를 충족하는 채권"으로 정의하고 있다(환경부, 2021: 6).

녹색채권의 발행자는 민간기업뿐만 아니라 국가 및 지방자치단체, 공공기관, 금융기관 등이 될 수 있다. 그리고 세계은행과 같은 국제금융기구도 녹색채권을 발행한다. 세계 최초의 녹색채권은 2007년 다자개발은행인 유럽투자은행(European Investment Bank, EIB)이 재생에너지와 에너지효율 사업

지원을 위해 6억 유로화 규모로 발행한 기후인식채권(Climate Awareness Bond)
이었다.

2) 녹색채권의 효과에 관한 연구

(1) 그린워싱

녹색채권 도입의 궁극적 목적은 친환경 사업에 대한 투자를 촉진해서, 탄
소저감 등 환경적 목표를 달성하기 위한 것이다. 하지만 녹색채권 발행이나
더 높은 범주에서 녹색 '라벨링' 그 자체가 환경 효과를 곧 창출하는 것은 아
니다.

녹색채권의 발행 증가와 함께 이른바 그린워싱(greenwashing)에 대한 우려
도 함께 커지고 있다. 녹색채권은 기업의 그린워싱 도구로 사용될 가능성이
있으며, 이러한 그린워싱은 소비자와 채권 이해관계자의 신뢰도를 저하시키
고 기업 이미지 하락에 영향을 미칠 수 있다(Berrone et al., 2017; Lyon and
Montgomery, 2015; Marquis et al., 2016). 최근 미국 ≪월스트리트저널≫의 보도
에 의하면, 녹색채권 시장의 급격한 성장으로 인해 그린워싱 채권에 대한 기
피 현상도 강해지고 있는 추세이다.[1) 무엇보다 신재생에너지, 에너지 효율화
를 위한 녹색 프로젝트와 기업의 친환경 활동에는 큰 규모의 자금이 투입되기
때문에 그린워싱으로 인한 사회적 문제에 대한 우려 역시 간과할 수 없다. 이
러한 그린워싱 위험은 공공 혹은 전 세계적으로 통용되는 녹색채권 거버넌스
의 부재로 발생된다. 현재까지는 대부분 국가가 ICMA-GBP나 CBI-CBS와 같

---

1) "Bond Investors Challenge Wall Street Greenwashing"(2021.11.2), https://www.wsj.
   com/articles/bond-investors-challenge-wall-street-greenwashing-11635850800(검색일:
   2021.11.15).

은 민간 거버넌스 체제에 의해 녹색채권을 발행하고 있는 실정이다. 강력한 규제나 의무 제도가 없는 상황에서 기업은 사회적 책임을 다한다는 이익은 취하면서, 실질적으로는 친환경적 활동을 하지 않을 가능성이 커질 수 있다. 따라서 녹색채권의 친환경 효과 향상과 시장 활성화, 투명한 자금 사용을 위해 그린워싱을 방지하는 것은 필수적이다.

녹색채권과 관련한 그린워싱 사례를 몇 가지 살펴보면, 세계에서 가장 규모가 큰 ESG 펀드 20개 중 6개는 기후변화와 위기를 초래하는 석유회사와 석탄 채굴 회사에 투자한 사례를 포함하고 있다.[2] 댐 자금조달을 위해 발행한 녹색채권이 결과적으로 열대우림의 홍수 문제를 초래하기도 했으며, 녹색채권 발행으로 인한 자금이 친환경 프로젝트에 실질적으로 투입되지 않고 기업의 친환경 시설 구입 대금 차환 목적으로 사용된 사례도 있다.

그린워싱에 대한 학문적 연구는 최근에 이루어지고 있다. 아로리 외(Arouri et al., 2021)는 2005년부터 2015년 기간의 패널데이터를 분석해 시장 내 경쟁이 심화되면 기업의 친환경 마케팅을 부추겨 그린워싱을 발생시킬 가능성이 높고, 기업의 환경 비용이 높을수록 그린워싱 경향이 높음을 보였다. 녹색채권 발행을 통한 그린워싱에 대한 연구는 거의 이루어지지 않았지만, 플래머(Flammer, 2021)의 연구는 이에 관한 시사점을 제공한다. 이 연구는 2013년부터 2018년까지의 패널데이터를 활용하여 녹색채권을 발행한 회사와 그렇지 않은 회사의 다양한 기업 성과지표들을 비교했다. 예를 들어 두 기업군의 자산수익률(Return on Asset, ROA), ESG 등급, 기관투자자의 비중, 탄소 배출량 등을 비교했다. 분석 결과 녹색채권 발행 기업의 탄소 배출이 녹색채권 미발

---

[2] "Germany proves 'greenium' theory with green bond demand"(2020.9.4). https://esgclarity.com/germany-proves-greenium-theory-with-green-bond-demand/(검색일: 2021.12.1).

행 기업의 탄소 배출량보다 감소해 환경적 성과가 개선되었음을 발견했다. 이용 가능한 데이터의 제한으로 다소 한계가 있지만, 이 결과는 녹색채권으로 인한 그린워싱 위험이 있음에도 불구하고 전체적으로 탄소저감 효과가 있음을 시사한다.

(2) 그리니엄

녹색채권이 발행 기업의 경영성과에 기대한 이익을 실제로 발생시키고 있는가도 중요한 논점이다. 대표적인 기대 이익이 이른바 그리니엄(greenium)이다. 그린(green)과 프리미엄(premium)의 합성어인 그리니엄은 녹색채권의 차입금리가 일반채권에 비해 낮게 형성되어 발행자의 자금조달 비용이 절감되는 효과를 의미한다. 즉 친환경 투자를 선호하는 투자자들이 같은 발행자의 채권일지라도 일반채권에 비해 녹색채권 투자로부터의 낮은 위험 조정 수익을 감수하겠다는 뜻으로 해석될 수 있다. 증가하는 녹색 투자 수요로 인해 채권 발행자는 낮은 차입금리의 녹색채권으로부터 혜택을 받을 수 있다.[3]

프랑스 자산운영사 아문디(Amundi)의 보고에 따르면, 팬데믹 기간 중 기업과 정부는 일반채권을 통해 자금을 조달했을 때보다 녹색채권을 통해 자금을 조달했을 때 약 0.11%p의 차입 비용 절감 효과를 누린 것으로 나타났다(한국금융연구원, 2021: 26). 그리니엄 현상은 독일 정부가 발행한 녹색채권에서도 확인되었다.[4] 독일 정부는 녹색채권의 그리니엄 존재를 확인하기 위해 기존 채

---

[3] 그리니엄의 존재 자체가 바람직하지 않으며 도입 초기의 일시적 현상이라는 견해도 있다. 그리니엄은 지속적으로 존재할 이유가 없으며, ESG 투자나 녹색투자에 대한 초기의 과도한 열풍에서 비롯된 일시적인 현상에 불과하다고 보는 견해이다. 그리니엄의 존재는 기업의 신용위험이 금리에 적절하게 반영되지 않는 왜곡을 초래할 수 있다는 것이다.

[4] "Sustainable Finance is Rife with Greenwash Time for More Disclosure"(2021.5.22), https://www.economist.com/leaders/2021/05/22/sustainable-finance-is-rife-with-greenw

권의 쿠폰 등을 공개했으며, 투자자들이 판단해 투자할 수 있도록 했다. 결과적으로, 녹색채권은 일반채권에 비해 낮은 금리로 발행되었음에도 불구하고 일반채권에 비해 높은 투자 수요를 보였다. 이는 녹색채권 발행자가 채권 발행을 통해 그리니엄 효과를 기대할 수 있음을 시사한다. 카프라운 외(Kapraun et al., 2019)도 녹색채권과 일반채권을 비교해 녹색채권의 그리니엄 존재 여부를 확인했다. 투자자들은 발행 기업의 신용도가 높을수록, 그리고 녹색채권의 녹색 라벨이 제3자에 의해 인증을 받은 채권일수록, 일반채권에 비해 낮은 금리로 발행되는 녹색채권일지라도 투자 수요가 더 높은 것으로 나타났다.

하지만 그리니엄의 존재를 확인할 수 없다는 연구들도 많이 있다. 라커와 와츠(Larcker and Watts, 2020)는 지방채를 중심으로 분석했는데, 녹색지방채와 일반지방채 수익률 사이에 유의한 차이를 발견하지 못했다. 플래머(Flammer, 2021)는 녹색채권 회사채를 중심으로 녹색채권을 발행한 기업과 유사한 재무적 특성을 가진 녹색채권 미발행 기업을 비교했다. 그 결과 녹색채권과 미발행 기업의 일반채권 사이에 유의미한 가격 차이는 확인되지 않았다.

2. 녹색채권 시장 현황

1) 세계 시장

녹색채권은 2007년과 2008년을 전후하여 유럽투자은행과 세계은행과 같은 다자개발은행이 처음 발행하기 시작했다. 이후 녹색채권의 전 세계 총발행

---

ash-time-for-more-disclosure(검색일: 2021.10.31).

규모는 연간 2007년 약 8억 달러에서 2020년 3200억 달러로 급증했다. 2021년에는 녹색채권 시장규모가 특히 빠르게 증가했는데, 2021년 1월부터 10월까지의 녹색채권 발행 규모는 약 4582억 달러에 이르렀다. 특히 2015년 파리협정 이후 기후변화에 대한 인식 증가와 기업의 ESG 경영에 대한 관심 증대로 회사채 비중이 늘어나면서 녹색채권 시장 전체가 빠른 성장세를 보였다.

(1) 발행 국가 및 지역

〈그림 3-1〉는 국제기구를 제외한 발행자의 국가별 현황을 보여준다. 특히 누적 발행액 기준으로 상위 10개 국가를 제시하고 있다. 프랑스가 전 세계 녹색채권 시장에서 가장 큰 규모로 발행한 국가이며, 2021년 10월까지의 누적 발행 규모는 약 1726억 달러로 전체 시장의 약 12.4%를 차지한다. 중국과 독일은 각각 1602억 달러(11.5%)와 1574억 달러(11.3%) 규모의 녹색채권을 발행하

〈그림 3-1〉 녹색채권 누적 발행 규모 상위 10개 국가

(단위: 십억 달러)

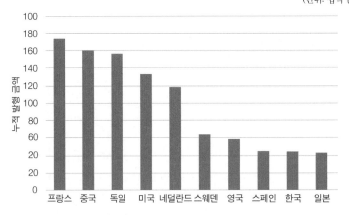

주: 2007.1~2021.10 기간의 발행 자료임.
자료: Datastream 통계 자료를 참고하여 저자 작성(검색일: 2021.11.1).

〈표 3-1〉 발행 주체별 녹색채권 누적 발행액

(단위: 십억 달러, %)

공공 발행			민간 발행		
상위 10개국	누적발행액	비중(%)	상위10개국	누적발행액	비중(%)
1 독일	92.2	23.0%	1 중국	142.9	14.4%
2 프랑스	77.5	19.3%	2 미국	133.4	13.5%
3 스웨덴	25.8	6.4%	3 프랑스	95.0	9.6%
4 네덜란드	22.4	5.6%	4 네덜란드	94.8	9.6%
5 영국	21.2	5.3%	5 독일	65.2	6.6%
6 중국	17.3	4.3%	6 스웨덴	37.7	3.8%
7 이탈리아	16.3	4.1%	7 영국	37.6	3.8%
8 캐나다	14.0	3.5%	8 스페인	31.0	3.1%
9 한국	13.6	3.4%	9 한국	30.0	3.0%
10 스페인	13.4	3.3%	10 일본	28.8	2.9%
기타 국가	87.5	21.8%	기타 국가	292.5	29.6%
총 40개국	401.2	100.0%	총 65개국	989.1	100.0%

주: 2007.1~2021.10 기간의 발행 자료임.
자료: Datastream 통계 자료를 참고하여 저자 작성(검색일: 2021.11.1).

〈그림 3-2〉 부문별 녹색채권 발행 국가 수 추이

(단위: 국가 수)

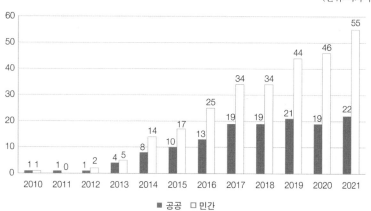

주: 2007.1~2021.10 기간의 발행 자료임.
자료: Datastream 통계 자료를 참고하여 저자 작성(검색일: 2021.11.1).

며 녹색채권 시장 성장을 이끌고 있다. 중국은 2015년 최초로 3건을 발행했고, 2016년 34건, 2017년 92건으로 급격히 발행 규모를 늘려서 누적 발행액이 전체 국가 중 2위를 기록하고 있다. 미국의 경우 1339억 달러(9.6%)로 전체 누적 발행액 4위이다. 그러나 공공발행과 민간발행으로 나누어서 살펴보면 미국의 민간발행(회사채) 금액은 중국 다음으로 2위를 차지한다(〈표 3-1〉 참조).

발행자 유형별 현황을 살펴보면 지금까지 녹색채권 시장은 민간 주도로 성장이 이루어졌음을 알 수 있다. 〈그림 3-2〉은 공공 및 민간 부분이 녹색채권을 발행한 국가 수의 추이를 보여준다. 녹색채권의 최초 발행은 2007년이나 민간 및 공공이 발행한 녹색채권은 2010년부터 시작되었다. 프랑스의 국영 철도망 회사 에스엔시에프 레조(SNCF Reseau), 노르웨이 지방정부 자금조달 공공기관 케이비앤(KBN)을 시작으로 녹색채권을 민간 및 공공에서 발행하는 국가 수가 급격히 증가했다. 2021년의 경우 55개국에 민간발행이, 22개국에서 공공발행이 이루어졌다.

(2) 증권거래소 상장 여부

녹색채권의 증권거래소 상장 여부를 살펴보면, 누적 녹색채권 4765개 중 약 68.6%에 해당하는 3269개의 녹색채권이 상장되었으며, 약 31.4%의 녹색채권은 상장되지 않았다. 〈표 3-2〉는 발행된 누적 녹색채권의 상장 여부를 나타낸다.

증권거래소별로 살펴보면, 프랑크푸르트, 룩셈부르크, 뒤셀도르프 등 유럽의 증권거래소에 녹색채권이 가장 많이 상장되었다. 아시아 증권거래소의 경우 상하이, 싱가포르, 홍콩, 한국 등에서 녹색채권이 주로 거래되고 있다. 최근 발행되는 녹색채권들의 증권거래소 상장은 더욱 늘어나고 있다. 2020년 공공, 민간, 국제기구에서 발행한 녹색채권 모두 70% 이상 증권거래소에 상

<표 3-2> 녹색채권의 증권거래소 상장 현황

(단위: 개, 십억 달러, %)

여부	발행 건수	비중(%)	발행 규모	비중(%)
상장	3,269	68.6	1,305.0	84.4
비상장	1,496	31.4	241.9	15.6
총합	4,765	100	1,546.8	100

주: 2007.1~2021.10 기간의 발행 자료임.
자료: Datastream 통계 자료를 참고하여 저자 작성(검색일: 2021.11.1).

장되었고, 2021년은 모두 80% 이상 상장되었다. 증권거래소에 상장함으로써 녹색채권 발행의 홍보 효과를 기대할 수 있다. 또한 녹색채권을 다수의 증권거래소에 상장함으로써 글로벌 투자자를 유인하고, 녹색채권의 거래를 활성화할 수 있다. 상장된 증권거래소가 대부분 유럽으로 녹색채권 거래시장이 유럽을 중심으로 발전하고 있음을 알 수 있다.

(3) 발행통화

녹색채권은 일반채권과 동일하게 자국 통화 또는 외화로 발행할 수 있다. 녹색채권은 자국통화뿐 아니라 글로벌 통화인 유로화와 미국 달러로 많이 발행된다. <표 3-3>과 같이 유로화로 발행된 녹색채권은 전체의 약 44.5%로 가장 큰 비중을 차지하고 있으며, 프랑스, 독일, 네덜란드 등이 유로화 녹색채권의 주요 발행국이다. 다음으로 미국 달러가 27.7%를 차지한다. 중국 위안화는 전체 발행 통화의 약 9.5%를 차지한다. 위안화의 비중이 높은 것은 중국의 녹색채권 발행이 활발하기 때문이다. 스웨덴 크로나와 영국 파운드가 누적 녹색채권 규모의 각각 4.5%와 3.3%를 차지하고 있으며, 캐나다 달러(2.2%)와 일본 엔화(1.8%)가 뒤를 잇는다. 한국 원화로 발행된 녹색채권은 누적 규모의 약 0.7%를 차지한다.

〈표 3-3〉 발행 통화별 녹색채권 분포

(단위: 개, 십억 달러, %)

발행 통화	발행 건수	비중(%)	발행 규모	비중(%)
유로(EUR)	1,136	23.8	687.6	44.5
미국 달러(USD)	1,019	21.4	427.8	27.7
중국 위안(CNY)	628	13.2	147.2	9.5
스웨덴 크로나(SEK)	628	13.2	69.4	4.5
영국 파운드(GBP)	76	1.6	51.4	3.3
캐나다 달러(CAD)	70	1.5	34.2	2.2
일본 엔화(JPY)	277	5.8	28.2	1.8
기타*	931	19.5	101.0	6.5
합계	4,765	100	1,546.8	100

주: 1) *는 호주 달러(1.5%), 노르웨이 크로네(0.9%), 스위스 프랑(0.8%), 한국 원화(0.7%) 외 30종이 포함됨.
    2) 2007.1~2021.10 기간의 발행 자료임.
자료: Datastream 통계 자료를 참고하여 저자 작성(검색일: 2021.11.1).

(4) 산업별 발행 규모

회사채의 산업별 발행 현황은 〈표 3-4〉와 같다. 전 세계에서 발행된 녹색 회사채를 산업별로 살펴보면 금융, 보험 및 부동산(60~67)의 비중이 58.7%로 가장 높다. 세부 분류로는 예금금융기관인 상업은행(602), 투자사무소(672)에 서 녹색채권을 주로 발행했다. 금융기관들이 투자자금 조달을 위해 녹색채권 을 활발히 이용하고 있음을 의미한다. 두 번째로 높은 산업은 전기, 가스 및 위생서비스업(49)로 전체의 20.3%를 차지한다. 세부 분류로 살펴보면 전기서 비스산업(491)의 기업에서 녹색채권을 대부분 발행했다. 특히 전기서비스는 CO_2 배출이 높아 기후변화 대응을 위해 탄소가스 배출 감축을 적극적으로 해 야 하는 산업이다. 운송 및 통신(40~48), 특히 운송산업 역시 CO_2 배출 비중과 녹색채권 발행의 관련성을 보여준다. 그러나 제조업(20~39)은 전 세계 배출의 26.2%를 차지하지만, 녹색채권 발행 비중은 7.0%에 불과해 타 산업에 비해 녹색채권 발행이 아직 활발하지 않은 편이다. 제조업 중 전자 및 기타 전기

〈표 3-4〉 산업별 녹색채권 발행 현황

표준산업분류(SIC)	누적 발행 금액		CO_2 배출 2015~2019년 평균	
	십억 달러	비중(%)	mt	비중(%)
농림수산(1~9)	2.1	0.2	65.6	2.4
광업(10~14)	3.1	0.3	8.4	0.3
건설(15~17)	39.4	4.0	322.3	11.6
제조(20~39)	69.7	7.0	729.5	26.2
전자 및 장비업(361~369)	19.6	2.0		
운송 및 통신(40~48)	44.3	4.5	258.8	9.3
전기, 가스 및 위생 서비스(49)	200.3	20.3	456.4	16.4
전기서비스(491)	188.1	19.0		
가스 및 위생서비스(492~495)	12.2	1.2		
도소매 무역(50~59)	9.4	0.9	219.4	7.9
금융, 보험 및 부동산(60~67)	580.4	58.7	120.7	4.3
상업은행(602)	270.5	27.4		
투자사무소(672)	120.0	12.1		
기타	189.9	19.2		
서비스(70~89)	39.8	4.0	494.8	17.8
행정(91~97)	0.5	0.1	104.8	3.8
합계	989.0	100.0	2,780.6	100.0

주: 1) 산업분류는 Datastream에서 제공한 표준산업분류(Standard Industrial Classification, SIC) 코드를 기
준임. 산업별 CO_2 배출은 유럽연합의 최근 5년간 평균치임.
2) 2007.1~2021.10 기간의 발행 자료임.
자료: Datastream, Eurostat ENV_AC_IO10코드(2022년 2월 17일).

장비업(36)의 발행이 활발한 편으로 전체 규모 중 2.0%를 차지했다. 해당 업
종에 속한 녹색채권 발행 기업은 테슬라, 애플, LG 디스플레이, SK 하이닉스
등이 있다.

(5) 녹색채권 인증 여부

녹색채권은 외부의 인증을 받기도 하는데, 237개의 녹색채권이 국제 NGO
인 CBI(Climate Bond Initiative)에 의해 인증을 받았으며, 누적 발행 규모의 약

구분	발행 건수	비중(%)	발행 규모(십억 달러)	비중(%)
CBI 인증 녹색채권	237	5.0	143.8	9.3
CBI 연계 녹색채권	2,725	57.2	966.6	62.5
자체 라벨이 붙은 녹색채권*	1,039	21.8	296.6	19.2
정보 없음	764	16.0	139.9	9.0
합계	4,765	100	1546.4	100

주: 2007.1~2021.10 기간의 발행 자료임. *의 영문은 self-labelled green bond임.
자료: Datastream 통계 자료를 참고하여 저자 작성(검색일: 2021.11.1).

〈그림 3-3〉 CBI 인증 여부별 녹색채권 발행 금액 추이

(단위: 십억 달러)

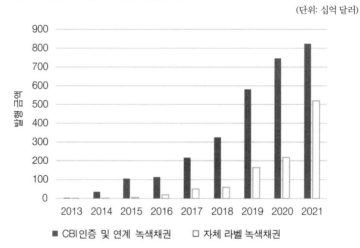

주: 2007.1~2021.10 기간의 발행 자료임.
자료: Datastream 통계 자료를 참고하여 저자 작성(검색일: 2021.11.1).

9.3%를 차지한다. 비록 인증을 받지는 않았지만 CBI의 심사 요건을 충족하는 것으로 간주된 CBI 연계 녹색채권은 CBI 인증 채권 다음으로 많다. 전체 누적 발행 녹색채권의 약 57.2%에 해당하는 2725개의 녹색채권이 CBI 연계 녹색채권으로 분류되며, 누적 발행 규모 대비 가장 큰 발행 규모(62.5%)이다. 인증을 받지 않고 자체 라벨이 붙은 녹색채권은 1039개(21.8%)로 CBI 연계

녹색채권 다음으로 큰 비중을 차지하고 있다. 764개의 녹색채권이 인증 여부에 대한 정보를 제공하고 있지 않다. 〈표 3-5〉은 녹색채권의 인증 여부 현황을 나타낸 표이다. 〈그림 3-3〉는 CBI 인증 또는 연계 녹색채권이 증가하고 있으나, 자체 라벨이 붙은 녹색채권도 증가하고 있음을 보여주고 있다.

2) 한국 시장

한국에서 녹색채권은 2013년 수출입은행이 글로벌시장에서 5억 달러 규모로 발행한 것이 첫 사례다. 앞서 세계 전체 현황 자료에서 사용한 Datastream 자료에 따르면 2013년부터 현재(2021년 10월 30일)까지 국내 금융 및 비금융 기업, 공기업·공공기관, 국가 등 72개 기관이 194건, 약 437억 달러 규모의 녹색

〈그림 3-4〉 전 세계 녹색채권 연도별 발행 추이

[단위: 십억 달러(좌), 건(우)]

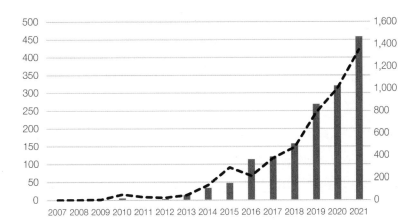

주: 2007.1~2021.10 기간의 발행 자료임.
자료: Datastream 통계 자료를 참고하여 저자 작성(검색일: 2021.11.1).

<표 3-6> 한국의 주체별 녹색채권 발행 현황

(단위: 건, 100만 달러, %)

	국채	특수채	회사채	금융채	합계
발행 건수	2 (1.0%)	36 (18.6%)	130 (67.0%)	26 (13.4%)	194 (100%)
발행 금액	1,814 (4.2%)	11,820 (27.1%)	25,893 (59.3%)	4,143 (9.5%)	43,670 (100%)

주: 2007.1~2021.10 기간의 발행 자료임. 특수채는 지방정부 및 공공기관의 발행 채권을 지칭함. 괄호 안의 값은 비중임.
자료: Datastream 통계 자료를 참고하여 저자 작성(검색일: 2021.11.1).

<표 3-7> 한국의 통화별 녹색채권 발행 현황

(단위: 건, 100만 달러, %)

	원화 (KRW)	미국 달러 (USD)	유로 (EUR)	스위스 프랑 (CHF)	중국 위안화 (CNY)	인도네시아 루피아 (IDR)	인도 루피 (INR)	호주 달러 (AUD)
발행 건수	125 (64.4%)	50 (25.8%)	9 (4.6%)	3 (1.5%)	2 (1.0%)	2 (1.0%)	2 (1.0%)	1 (0.5%)
발행 금액	11,555 (26.5%)	24,150 (55.3%)	6,631 (15.2%)	784 (1.8%)	235 (0.5%)	192 (0.4%)	100 (0.2%)	24 (0.1%)

주: 2007.1~2021.10 기간의 발행 자료임. 괄호 안의 값은 비중임.
자료: Datastream 통계 자료를 참고하여 저자 작성(검색일: 2021.11.1).

채권을 발행했다. 국내에서 발행된 녹색채권은 <그림 3-4>와 같이 2013년 첫 발행 이후 잠시 주춤하다가 2016년부터 다시 발행되기 시작했다. 녹색 회사채와 금융채가 2016년과 2017년 각각 처음 발행되었으며, 2018년까지 총발행 건수가 10건 이하로 유지되다가 2019년 25건으로 증가했다. 같은 해 6월 우리나라 정부가 발행하는 녹색 국채도 첫 발행되었다. 2021년 들어 녹색채권을 발행하는 신규 기업들의 양적 증대와 함께 녹색채권을 발행하는 주체들이 다양화되고, 발행량도 급속도로 증가하고 있는 모습을 보이고 있다. 2021년에는 10월 말까지 137건의 녹색채권 발행이 있었다.

발행 주체별로는 <표 3-6>과 같이 회사채가 가장 높은 비중을 차지하고 있으며(건수 기준 67.0%, 규모 기준 59.3%), 특수채(건수 기준 18.6%, 규모 기준 27.1%),

금융채(건수 기준 13.4%, 규모 기준 9.5%)의 순이며, 국채는 2019년과 2021년에 각 1건씩 발행되었다(건수 기준 1.0%, 규모 기준 4.2%).

〈표 3-7〉과 같이 발행화폐도 다양한 양상을 보인다. 국내 기업들은 한국, 미국, 스위스 및 글로벌시장에서 녹색채권을 발행하고 있으며, 발행화폐는 원화로 125건을 발행하여 발행 건수 기준으로 64.4%를 차지하며, 다음으로는 미국 달러(50건, 25.8%), 유로(9건, 4.6%)의 순이다.[5] 발행 규모로 살펴보면, 미국 달러 발행의 경우 1건당 규모가 상대적으로 크게 발행되어 원화발행의 규모보다 큰 것이 특징이다.

3. 녹색채권 규제체계

1) 규제체계의 구조

녹색채권은 일반채권과 구분되어 녹색(green)이라는 명칭(label)을 붙이고 있다. 이 명칭이 의미를 갖기 위해서는 일반채권과는 다른 일정한 요건을 갖추고 있어야 하며, 그 요건이 준수될 때만 녹색채권이라는 명칭을 사용할 수 있어야 한다. 이처럼 녹색채권이 되기 위한 요건, 그 요건의 확인 방법, 요건 위반 시의 제재 방법 등에 관한 제도적 틀을 녹색채권의 규제체계라고 할 수 있다. 그런데 녹색채권은 개별 국가 차원에서나 국제적인 차원에서 이런 규제체계가 만들어지기 전에 먼저 다양한 형식으로 발행되었다. 그래서 그 후

---

5) 이 외에 스위스 프랑(CHF)이 3건, 중국 위안화(CNY), 인도 루피(INR), 인도네시아 루피아(IDR)이 각 2건, 호주 달러(AUD)가 1건을 기록했다.

녹색채권에 대한 통일된 원칙이나 기준을 마련하려는 시도가 나타났다. 이런 시도는 국제적 차원에서 민간단체를 통해 먼저 진행되었다. 앞에서 설명한 ICMA나 CBI의 녹색채권 원칙 제시가 대표적이다. 그 후 이런 원칙을 구체화하려는 노력이 개별 국가 단위 혹은 EU와 같은 국가 간 연합체를 통해 나타나고 있다. 현재 우리나라를 비롯한 각국에서 이런 노력이 매우 활발히 이루어지고 있다. 또한 녹색채권의 발행자 단위에서도 녹색채권 발행 및 관리 기준을 수립하고, 자신이 발행한 녹색채권에 대한 신뢰를 높이기 위해 내부 기준을 마련하고 있다. 나아가 다소 추상적인 기준을 구현하기 위한 세부지침 마련도 이루어지고 있다. 예를 들어 녹색채권의 환경적 영향의 평가 방법과 구체적 보고 내용에 대한 기준을 마련하는 노력이 이루어지고 있다.

이처럼 녹색채권의 규제체계는 아직 미완일 뿐만 아니라, 매우 다양한 층위에서 이루어지고 있다. 그리고 많은 기준이 법적 집행력을 지닌 정부가 아니라 민간 기구가 마련했다는 점, 강제 조항이 아니라 권고 조항이라는 점, 국가 사이에 내용과 구속력에서 차이가 있다는 점 등 때문에 일목요연하게 파악하기가 쉽지 않다.

이 절에서는 규제체계에 대한 현재 상황을 비교적 명확하게 설명하기 위해 우선 관련된 주요 용어들을 간략히 정의하고자 한다. 현재 혼용되고 있는 다양한 녹색채권 기준 관련 용어를 '기준 수립의 주체'에 따라 〈그림 3-5〉와 같이 네 가지 수준으로 구분했다.

우선 '녹색채권 원칙'은 전 세계녹색채권 시장의 다양한 이해관계자가 참여하여 수립한 녹색채권의 가장 상위 원칙으로서, 현재 녹색채권 시장에서 가장 널리 인정받고 있는 기준이다. 이 절에서는 ICMA가 2014년 발간한 '녹색채권원칙(GBP)'과 CBI가 2010년 발행한 '기후채권기준(CBS)'을 녹색채권원칙으로 부른다.

<그림 3-5> 녹색채권 규제체계

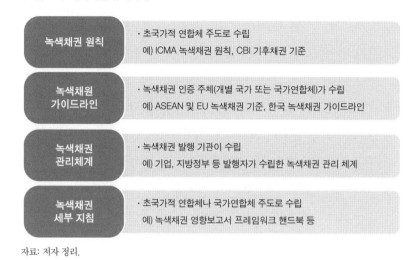

녹색채권 원칙	· 초국가적 연합체 주도로 수립 예) ICMA 녹색채권 원칙, CBI 기후채권 기준
녹색채원 가이드라인	· 녹색채권 인증 주체(개별 국가 또는 국가연합체)가 수립 예) ASEAN 및 EU 녹색채권 기준, 한국 녹색채권 가이드라인
녹색채권 관리체계	· 녹색채권 발행 기관이 수립 예) 기업, 지방정부 등 발행자가 수립한 녹색채권 관리 체계
녹색채권 세부 지침	· 초국가적 연합체나 국가연합체 주도로 수립 예) 녹색채권 영향보고서 프레임워크 핸드북 등

자료: 저자 정리.

다음으로 '녹색채권 가이드라인(green bond guideline, GBG)'은 개별 국가 또는 EU와 같은 국가연합체가 수립한 것으로, 앞의 녹색채권원칙을 바탕으로 각 국가 또는 지역의 특성과 상황에 맞게 작성한 보다 구체적인 기준이다. 이 절에서는 EU의 녹색채권기준(EU-GBS)과 ASEAN의 녹색채권기준(ASEAN-GBS), 한국의 녹색채권 가이드라인과 같이 녹색채권 명칭 사용을 공적으로 승인하는 주체가 수립한 기준을 녹색채권 가이드라인으로 명명한다.

'녹색채권 관리체계'는 녹색채권 발행자가 녹색채권원칙이나 녹색채권 가이드라인을 바탕으로 수립한 것으로 각 기관의 특성을 반영한 독자적인 기준이다. 주로 조달자금의 사용처 및 선정 절차, 자금관리 방법, 사후 보고 형식 등에 관한 구체적인 지침을 담고 있다. 통상 영문으로 'Green Bond Framework'로 표현되는 녹색채권 관리체계는 대부분의 녹색채권 가이드라인이 정한 녹색채권 인증의 필수요소이기도 하다.

마지막으로 '녹색채권 세부지침'은 주로 ICMA와 같은 초국가 연합체나 EU

와 같은 국가연합체가 개발한 실무 지침이다. 녹색채권 발행기관이 녹색채권 관리와 보고 등 실무에 참고할 수 있는 양식과 구체적인 활용법을 소개하여 각 기관이 보다 일관성 있고 통일된 방식으로 관련 업무를 수행할 수 있도록 돕기 위한 목적이 있다. 앞서 언급된 녹색채권원칙과 녹색채권 가이드라인은 구속력이 없는 자발적인 지침이라는 한계를 띠고 있다. 이런 한계를 보완하기 위해 ICMA와 EU, 세계은행과 같은 국제기구 등 다양한 참여자가 협력하여 일부 항목에 대해 국제공통의 세부지침을 수립하려는 작업을 하고 있다. 그 결과 다양한 녹색채권 세부지침이 개발되고 있다.

2) 녹색채권원칙과 핵심 구성요소

2007년 녹색채권이 최초로 발행된 이후 녹색채권 발행 규모가 꾸준히 확대됨에 따라 ICMA와 CBI는 녹색채권의 투명성을 강화하고, 환경·사회적으로 지속가능한 발전을 위한 글로벌 금융시장의 자금 지원을 촉진하기 위해 녹색채권원칙을 수립했다. ICMA는 지속가능한 경제성장과 발전을 위한 자금조달에 필수적인 글로벌 자본시장의 원활한 운영과 촉진을 위해 조직된 기구로 은행, 증권사, 채권 및 자산운용사, 보험사 등이 참여하고 있는 협회이다. ICMA는 녹색채권 발행에 적용할 수 있는 모범(best practice) 제시를 통한 녹색채권시장의 투명성 강화 및 시장 확대를 위해 2014년 녹색채권원칙을 발표했고, 2021년에는 이를 개정했다. CBI는 탄소저감과 기후변화 대응을 위한 투자 촉진을 목적으로 설립된 비영리국제기관으로 투자자에 초점을 맞춘 기구이다. CBI는 2010년 '기후채권표준'을 발표한 이후 2019년까지 세 차례 개정했다. 이런 표준 수립의 목적은 녹색채권의 신뢰성 강화, 탄소저감과 기후변화 대응을 위한 자금 지원 확대, 그린워싱 위험성 경감, 기후채권 인증 기준

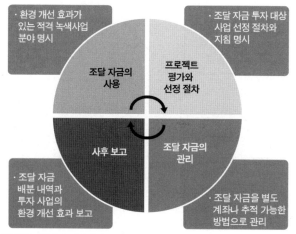

- 환경 개선 효과가 있는 적격 녹색사업 분야 명시

- 조달 자금 투자 대상 사업 선정 절차와 지침 명시

조달 자금의 사용

프로젝트 평가와 선정 절차

사후 보고

조달 자금의 관리

- 조달 지금 배분 내역과 투자 사업의 환경 개선 효과 보고

- 조달 자금을 별도 계좌나 추적 가능한 방법으로 관리

자료: ICMA(2021)을 바탕으로 저자 정리.

정립이다. 녹색채권원칙은 녹색채권이 갖추어야 할 핵심 구성요소로 〈그림 3-6〉과 같이 네 가지 요소를 명시했다.

각 구성요소를 간략하게 살펴보면, 첫째, '조달자금의 사용(use of proceeds)'은 발행자가 녹색채권 발행을 통해 조달한 자금이 어떤 사업에 사용되는지를 명확히 규정하고 있어야 한다는 내용이다. 둘째, '프로젝트 평가와 선정 절차 (process for evaluation and selection for projects)'는 발행자가 녹색채권 조달자금을 투자할 사업 선정과 관련된 명확한 절차와 지침을 가지고 있어야 한다는 내용이다. 셋째, '조달자금의 관리(management of proceeds)'는 발행자가 녹색 채권 조달자금을 다른 자금과 분리하여 투명하게 관리하기 위한 지침을 가지고 있어야 한다는 내용이다. 마지막으로 '사후보고(reporting)'는 발행기관이 녹색채권 조달자금의 배분 결과와 자금이 투자된 사업으로 인한 환경개선 효과를 적절히 보고하기 위한 지침을 가지고 있어야 한다는 내용이다.

현재 녹색채권 시장에서는 ICMA-GBP가 가장 널리 통용되고 있으나 법적

<그림 3-7> 녹색채권 시장의 구조

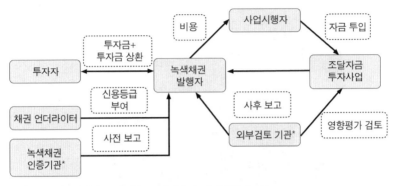

주: * 동일한 기관이 사전보고와 사후보고에 대한 검토를 수행할 수 있음.
자료: 미국 에너지부 자료를 참고하여 저자 작성. https://betterbuildingssolutioncenter.energy.gov/financing-navigator/option/green-bonds(검색일: 2021.12.28).

구속력을 가지는 원칙은 존재하지 않는다. 또한 녹색채권 발행기관, 투자자, 중개기관 등 녹색채권의 주요 이해관계자가 공통적으로 사용하는 표준화된 녹색채권 가이드라인과 관리체계 역시 수립되지 않은 실정이다.

녹색채권의 네 가지 핵심 구성요소를 살펴보기 전에 녹색채권 시장의 구조를 이해할 필요가 있다. 일반채권시장과 비교할 때, 녹색채권시장에는 추가적인 이해관계자가 존재한다. <그림 3-7>과 같이 녹색채권시장에는 채권발행 전에 발행자의 녹색채권 관리체계를 인증하는 녹색채권 인증기관과 채권발행 이후 조달자금 배분 결과와 사업으로 인한 환경적 영향을 사후에 검토하는 외부검토 기관이 존재한다. 바로 이 부분을 녹색채권시장과 일반채권시장의 구조적 차이로 볼 수 있다.

(1) 조달자금의 사용

녹색채권원칙의 네 가지 핵심 구성요소 중 첫 번째는 '조달자금의 사용'에 관한 것이다. '조달자금의 사용'은 각 발행자가 녹색채권 발행을 통해 조달한

<표 3-8> ICMA-GBP의 적격 녹색사업 분야

분야	세부 내용
재생 에너지	• 발전, 송전 관련 장치와 제품 등
에너지 효율	• 신축·리모델링 건물, 에너지 저장, 지역난방, 스마트 그리드 장치와 제품 등
오염 방지 및 억제	• 오염 물질 배출 감소, 온실가스 억제, 토양 정화, 폐기물 발생 억제, 폐기물 감소, 폐기물 재활용, 에너지·배출 방면에서 효율적인 폐기물 이용 발전
천연자원 및 토지이용 관리	• 환경적으로 지속가능한 농업, 축산업, 어업, 수산 양식업, 생물학적 곡물 관리, 점적관개와 같은 기후 스마트농업, 식림이나 삼림 재생과 같은 환경적으로 지속가능한 임업, 자연경관의 보전과 복원
생물다양성 보존	• 연안, 해양, 하천유형 환경의 보호를 포함
청정 운송	• 전기자동차, 하이브리드 자동차, 대중교통, 철도, 비동력 수송, 복합수송, 청정에너지 차량과 유해물질 배출 감소를 위한 인프라 등
지속가능한 수자원과 폐수 관리	• 청정 수자원이나 음수 확보를 위한 지속가능한 인프라, 폐수처리, 지속가능한 도시배수 시스템, 하천 치수 및 홍수 완화 대책 등
기후변화 적응	• 기후변화 충격 회복력을 가진 인프라 구축, 기후변화 관측 및 조기경보 시스템 등 정보지원 시스템 구축
환경효율적 생산기술	• 재활용, 지속가능한 친환경제품 개발과 도입, 자원효율적 포장 등
녹색 건물	• 환경적 성과에 대해 지역, 국가 또는 국제적으로 인정된 기준이나 인증을 획득한 건축

자료: ICMA(2021)을 참고하여 저자 작성.

자금의 적격 사용처에 관한 기준을 가지고 있어야 한다는 지침이다.

ICMA-GBP에 따르면 조달자금은 적격 녹색사업, 다시 말해 명확한 환경개선 효과가 있는 사업에만 사용되어야 하며, 이 내용이 채권 발행에 필요한 공식문서에 명시되어야 한다. ICMA-GBP는 기후변화 완화, 기후변화 적응, 천연자원의 보존, 생물다양성 보존, 오염방지와 억제 등 환경적 목적을 가진 사업을 녹색사업으로 인정하며, <표 3-8>과 같이 적격 녹색사업 분야를 제시한다. 한편 ICMA-GBP는 적격 녹색사업의 상위 영역과 일부 예시만 제시하고 있는데, 이는 산업분야나 지역에 따라 녹색사업에 대한 정의와 환경적 성과에 대한 견해가 다를 수 있다는 점을 반영한 것이다. 이에 따라, 녹색채권 시장참여자들은 ICMA-GBP와 다른 녹색기준을 활용하여 자체적인 녹색사업 기준을 마련해야 한다.

(2) 프로젝트 평가와 선정 절차

녹색채권원칙의 네 가지 핵심 구성요소 중 두 번째는 '프로젝트 평가와 선정 절차'에 관한 것으로 각 발행자가 녹색채권 조달자금의 투자대상 프로젝트 선정을 위한 절차와 지침을 가지고 있어야 한다는 내용이다. 녹색채권원칙에 따르면, 발행자는 녹색채권 발행을 통해 조달한 자금이 사용될 프로젝트를 평가하고 선정하는 데 필요한 절차와 지침을 명확하게 규정하고 있어야 한다. 발행자가 투자자에 알려야 할 정보는 지속가능한 환경적 목표, 사업의 적격성 판단을 위한 의사결정 과정, 녹색사업과 관련된 사회적·환경적 위험 식별을 위한 내부절차 등이 포함된다.

(3) 조달자금의 관리

녹색채권원칙의 핵심 구성요소 중 세 번째는 '조달자금의 관리'에 관한 것이다. 발행자는 녹색채권 발행을 통해 조달한 자금의 관리에 대한 지침, 특히 기관의 다른 자금과 분리하여 투명하게 관리하기 위한 지침을 가지고 있어야 한다. ICMA-GBP에 따르면, 발행자는 녹색채권의 순 조달자금 또는 그 상당액을 별도 계정을 통해 관리해야 한다. 별도 계정이 없는 경우, 발행자가 조달자금을 적절하게 추적·관리하고 있다는 사실을 발행자의 공식적인 내부 프로세스를 기반으로 증명해야 한다. 또한 발행자는 녹색채권의 조달자금이 모두 배분될 때까지 정기적인 조정을 통해 순 조달자금과 배분액, 미배분액 수치를 정확하게 기록해야 한다. 특히 미배분액의 경우 이에 대한 임시 운용방법을 투자자에게 알려야 한다. 이와 함께 녹색채권원칙은 조달자금의 관리 관련 절차와 지침에 대해 외부기관의 검토를 받을 것을 권고하고 있다.

(4) 사후보고

녹색채권원칙의 핵심 구성요소 중 마지막 요소는 '사후보고'에 관한 것으로 발행자가 녹색채권 조달자금의 배분 결과와 자금이 투자된 사업으로 인한 환경적 효과를 적절히 보고하기 위한 지침을 가지고 있어야 한다는 내용이다. ICMA-GBP에 따르면 발행자는 조달된 자금의 사용내역에 대한 최신 정보를 생성하여 유지해야 한다. 또한 발행자는 연간보고서 작성을 통해 자금이 사용된 사업에 대한 정보와 배분금액을 보고해야 하며, 특히 정성·정량 성과지표를 활용하여 사업으로 인한 환경개선 효과를 투명하게 공개해야 한다.

(5) 외부기관의 검토

'외부기관의 검토'는 녹색채권원칙이 주요 권고 사항으로 제시하고 있는 항목으로 발행자가 자사의 녹색채권 관리체계와 녹색채권 결과보고서에 대해 외부기관의 검토를 받아야 한다는 내용을 담고 있다. 녹색채권 시장에서 외부검토 대상은 크게 두 가지로 구분되는데, 하나는 주로 채권발행 이전에 이루어지는 발행자의 녹색채권 관리체계이며, 다른 하나는 채권발행 이후 발행자가 발표하는 녹색채권 결과보고서이다. 그리고 녹색채권 결과보고서는 배분결과보고서와 영향평가보고서로 구분된다.

ICMA가 발행한 『외부검토 가이드라인(Guidelines for External Review)』[6]에 따르면 녹색채권에 대한 외부검토 유형은 제2자 검토의견(second party opinion, SPO), 검증(verification), 인증(certification), 등급평정(scoring/rating)으로 크게 네 가지 형태로 구분된다. 먼저, '검토의견'은 발행기관으로부터 독립성

---

6) 『외부검토 가이드라인』은 외부검토와 관련된 모범사례(Best Practice)를 촉진하기 위해 ICMA 주도로 개발된 것으로 채권 발행기관, 투자기관, 외부검토기관에 외부검토 프로세스에 관한 정보를 제공해 준다.

을 가진 외부기관이 발행자의 녹색채권 관리체계에 대해 녹색채권원칙의 네 가지 핵심 구성요소를 중심으로 검토하는 것으로 발행기관의 환경적 목표와 전략, 정책과 내부절차에 대해 평가한다. 주로 국제기후환경연구소(Center for International Climate and Environmental Research, 이하 CICERO), 서스테이널리스틱스(Sustainalytics)와 같은 전문 ESG 리서치기관이 수행하고 있다. 다음으로 '검증'은 검토기관이 미리 정의한 평가 항목을 바탕으로 발행자가 녹색채권 발행과 운용을 위해 수립한 내부적인 절차와 기준에 대해 평가하는 것으로 발행기관의 조달자금 추적방법이나 조달자금 배분 결과, 영향평가보고에 대한 검토를 포함한다. 주로 회계법인이 '검증'을 위한 평가기관으로 참여하고 있다. '인증'은 발행자의 녹색채권 관리체계나 발행된 채권이 외부기관이 수립한 일련의 인증 기준에 부합하는 경우 이를 공인받는 것이다. CBI의 기후채권인증을 그 예로 들 수 있다. 마지막으로 '등급평정'은 발행될 녹색채권이나 발행자의 녹색채권 관리체계를 평가하여 그 결과를 점수 혹은 등급으로 표시하는 검토 형태로, 주로 신용평가기관이 수행하고 있다. 다음에서는 '외부기관의 검토'와 관련된 기본 개념에 대한 이해를 바탕으로 녹색채권원칙과 녹색채권 가이드라인의 구체적인 사례를 살펴보고자 한다.

ICMA-GBP는 발행자의 녹색채권 관리체계가 녹색채권의 네 가지 핵심 구성요소의 적절한 반영 여부를 외부기관이 평가할 것을 권고한다. 채권발행 이후에는 발행기관의 자금추적시스템과 조달자금이 적격 녹색사업에 사용되었는지를 검증해야 한다. 녹색채권원칙은 이를 통해 발행사의 조달자금 관리를 보완하고자 한다. 한편 ICMA-GBP는 특정 외부검토 유형을 권고하지는 않으며, 발행기관 스스로『외부검토 가이드라인』을 참고하여 그 유형을 결정할 것을 권장한다. 다만 외부검토기관의 경우 기관의 전문성과 자격 요건을 공개하고, 외부검토의 범위를 명확하게 설정하여 이를 투명하게 밝힐 것을 권고한다.

녹색채권 시장의 외부기관 중 가장 대표적이며 권위 있는 검토기관으로 노르웨이 오슬로대학교의 CICERO가 있다. 1990년 노르웨이 정부가 설립한 CICERO는 기후환경 문제와 관련된 다양한 연구를 수행하고 있으며, 주요 업무 중 하나로 녹색채권 발행기관의 녹색채권 관리체계에 대한 '검토의견' 서비스를 제공하고 있다. CICERO는 세계은행이 첫 녹색채권을 발행한 2008년, 세계은행의 녹색채권 관리체계에 대해 외부검토를 수행한 바가 있으며, 세계은행과 IMF 등 국제기구, ADB와 같은 다자개발은행, 독일재건은행(KfW) 등 다양한 녹색채권 발행기관의 녹색채권 관리체계에 대한 검토 의견을 제공하고 있다.

또 다른 외부검토기관으로 신용평가기관을 들 수 있다. 신용평가기관은 주로 발행자가 녹색채권 발행으로 조달된 자금을 적격 프로젝트에 투입하는지와 이에 대한 관리체계를 평가하고, 해당 녹색채권에 대한 등급을 부여하는 방식으로 외부검토를 실시한다. 한 예로 국내 신용평가기관 A사는 자체 개발한 ESG 인증평가 방법론을 적용하여 녹색채권을 검토한 후, 평가등급(Green 1~5등급)을 부여한다. 등급결정을 위한 평가 요소로는 프로젝트의 적합성, 프로젝트 선정의 적정성, 자금관리의 적정성, 외부 공시의 충실성이 있으며, 각 평가요소별로 가중치를 부여하여 모델등급을 산정한다. A사는 그리고 나서 발행사의 친환경 및 사회공헌 활동, 논란이 되는 이슈, 그린워싱, 기타 특수성을 고려하여 최종등급을 결정한다.

3) 한국의 녹색채권 규제체계

기후변화 대응에 대한 세계적인 관심과 2050 탄소중립이 국제적인 패러다임으로 대두됨에 따라, 우리 정부 또한 탄소중립 및 기후변화 대응을 위한 국가 정책 수립에 속도를 내고 있다. 2020년 7월 그린뉴딜 종합계획 발표를 시작으로 같은 해 12월 발표된 「2050 탄소중립 추진전략」은 녹색산업과 녹색금융을 활성화하는 중요한 촉매제가 되었다. 2050 탄소중립 목표 달성을 위해서는 '녹색금융'의 역할이 중요하게 대두되었다. 녹색금융은 환경개선을 위한 상품 및 서비스에 자금을 공급함으로써 녹색성장을 위한 기반을 만드는 것이다. 이에 따라 금융위원회와 환경부가 2021년 1월 「2021년 녹색금융 추진계획(안)」을 발표했다. 우선 정부는 탄소중립 및 환경보전에 기여할 '녹색경제활동'의 판단 근거를 제공하고 녹색금융 활성화의 기반을 마련할 목적으로 K-택소노미(K-Taxonomy)라고 불리는 '한국형 녹색분류체계'를 마련해 2021년 12월 30일 최종안을 공개했다.

우리나라의 녹색분류체계에 따르면, 녹색경제활동은 크게 '녹색부문'과 '전환부문'으로 구성된다. '녹색부문'이란 탄소중립 및 환경개선에 필수적인 64개의 녹색경제활동이며, '전환부문'이란 탄소중립이라는 최종 지향점으로 가는 중간 과정에서 한시적으로 포함하는 5개 녹색경제활동을 가리킨다. '전환부문' 경제활동에 대해서는 2030년까지 한시적으로 일부 화석연료와 관련된 활동을 인정하게 되는데, 이는 타 국가 대비 제조업과 에너지 다소비 업종의 비중이 높고, 화석연료 의존도가 높은 국내 상황을 감안했기 때문이라고 밝힌다. 한편 원자력 발전에 대해서는 국제적인 합의가 미흡하다고 설명하며, 앞으로 사회적 합의를 통해 녹색경제활동에 포함할지를 지속적으로 검토하겠다고 밝혔다.

한편 녹색채권 발행과 관련한 논의와 그에 따른 활동도 활발히 진행되고 있다. 「2021년 녹색금융 추진계획(안)」이 발표되기에 앞서 환경부는 2020년 12월 30일 금융위원회가 공동 작업한 「녹색채권 가이드라인」(2020.12)을 발표했다. 동 가이드라인은 현재 국제 시장에서 통용되고 있는 가이드라인과

EU, 일본 등의 국가 단위의 가이드라인을 참고하여 작성되었다. 해당 가이드라인은 국내에서 발행되는 모든 녹색채권에 대해 법적구속력은 없으나 국제적으로 널리 인정받고 있는 ICMA-GBP와의 정합성을 고려했을 때 채권 발행의 이해관계자는 가급적 동 가이드라인을 준수할 것을 권고하고 있다. 단, 외화발행 채권의 경우에 해당 국가에서 별도로 요구하는 가이드라인이 있을 시 해당 국가의 가이드라인을 따를 것을 권고하고 있다.

한편 녹색채권의 발행자는 ICMA-GBP의 4가지 핵심 요소에 부합하는지에 대해 발행 전 외부검토를 받도록 권고한다. 그리고 녹색채권 발행 후에는 자금의 관리방법, 조달자금 사용처, 환경 개선 효과 등의 확인을 위해 발행자가 작성하는 자금배분보고서 및 영향보고서에 대해 외부검토를 받도록 권고하고 있다. 2021년 12월 한국의 녹색분류체계 최종안이 수립됨에 따라 정부는 「녹색채권 가이드라인」 개정안을 2022년 내에 마련하여 2023년부터 적용할 계획이다.

금융시장에서는 녹색채권 발행을 지원하는 움직임도 이루어지고 있다. 한국거래소는 공적 종합정보포털로서 2020년 6월 사회책임투자(Socially Responsible Investment, SRI) 채권 전용 세그먼트를 오픈하여 국내에서 발행된 녹색채권, 사회적채권, 지속가능채권을 보고/공시하고 있다.[7] 투자자는 해당 웹사이트를 통해 공신력과 투명성이 확보된 정보를 제공받을 수 있고, 발행자 입장에서는 신뢰성을 확보함으로써 녹색채권 투자 활성화와 안정적인 자금조달을 기대할 수 있다. 이 웹사이트는 공시된 채권들에 대해 준거원칙, 관리체계, 외부 평가, 사후보고 등의 정보를 제공하고 있으며, 채권 종류나 발행기관에 따라 조회도 가능하다. 해당 웹사이트의 전용 세그먼트에 발행 채권을 등록하

---

7) 사회책임투자채권, https://sribond.krx.co.kr/.

기 위해서는 한국거래소가 정한 등록 요건을 충족해야 한다. 한국거래소의 「사회책임투자채권 전용 세그먼트 운영지침」 제4조에 따르면, 등록을 위해서는 우선 유가증권시장에 상장된 채무증권이어야 하며, 그리고 사회책임투자채권에 관한 국제적 원칙이나 국내 가이드라인에 부합해야 한다.[8]

4. 정책 제언

1) 녹색채권 규제체계 정립

녹색채권의 규제체계에서 주요 이슈는 크게 두 가지다. 하나는 녹색채권의 정의 혹은 범위의 문제이며, 다른 하나는 녹색채권의 환경 효과성 문제다. 첫 번째 정의의 문제는 녹색채권이 갖추어야 할 조건에 대한 법적 구속력이 있는 기준이 없는 데서 발생한다. 녹색채권은 처음부터 국내적으로나 국제적으로 법적 혹은 규범적 기준에 따라 발행된 것이 아니라, 발행자가 스스로 정의한 기준에 따라 발행되었다. 따라서 발행자마다 그 기준이 다를 수밖에 없었고, 때로는 발행자 자신의 기준조차 불분명한 경우도 있을 수 있다. 이런 문제를 ICMA나 CBI와 같은 민간조직 혹은 비정부기구가 국제적 협의를 통해 구속력은 없지만, 권고하는 형식의 원칙 혹은 가이드라인을 제시하는 방식으로 해결하고 있다. 그리고 이런 녹색채권 원칙을 기초로 한 나라 혹은 EU나 ASEAN과 같은 한 지역 차원에서 더욱 구체화된 기준을 마련하는 방향으로 발전되고 있다.

---

8) "한국거래소 사회책임투자증권의 발행 및 등록에 관한 규정", https://sribond.krx.co.kr/contents/06/06010000/SRI06010000.jsp(검색일: 2022.1.7).

우리나라에서는 한국거래소가 2019년 사회책임투자채권 전용 세그먼트 운영지침을 제정한 것이 녹색채권의 정의 문제를 해결하기 위한 첫 번째 조치라고 할 수 있다. 즉 녹색채권이라는 라벨을 사용하기 위해서는 ICMA-GBP 등에 부합해야 한다는 조건을 명시하고, 이에 대해 사전 외부검토를 받도록 했다. 하지만 이 지침은 상장되는 채권의 분류를 위한 최소한의 지침에 불과할 뿐, 녹색채권에 대한 국가 차원의 통일된 기준 설정이라고 할 수는 없다. 이런 조치는 2020년 12월 환경부와 금융위원회가 녹색채권 가이드라인을 수립하면서 시작되었다. 하지만 이 가이드라인은 매우 중요한 부분인 녹색분류체계가 포함되지 않았다는 한계가 있었다. 2021년 12월 말에 정부가 한국형 녹색분류체계(안)을 발표한 것은 그 공백을 메우는 작업이라고 할 수 있다. 이 분류체계가 아직 확정되지 않았기 때문에 잠정적이기는 하지만, 이로써 국가 차원에서 녹색채권을 정의하는 작업은 틀을 갖췄다.

더욱 중요한 것은 두 번째 문제, 즉 녹색채권의 환경 효과성을 확보하는 것이다. 녹색채권의 라벨을 보유하지만 실제 환경 효과를 창출하는 방식으로 조달자금이 사용되지 않는 이른바 '그린워싱'의 방지가 최근 녹색채권의 가장 큰 이슈가 되었다. 그린워싱 방지를 위한 두 가지 핵심적 장치가 '정보공개를 통한 투명성 확보'와 '외부검토를 통한 검증'이라고 할 수 있다. 결국 이 두 장치를 얼마나 엄격하게 적용하느냐가 규제체계의 핵심이다. 우리나라 GBG의 특징은 ① 권고형 가이드라인, ② 관리체계의 사전 외부검토 의무, ③ 조달자금 사용처 고지 의무, ④ 차환사용 내용 공개 권고, ⑤ 자원배분보고서 및 환경영향보고서 공개 권고, ⑥ 사후 보고서에 대한 외부검토 권고로 요약할 수 있다.

현재의 GBG는 녹색채권에 대한 표준적 정의 설정을 주된 목표로 하는 것이며, 아직은 실질적 그린워싱 방지나 환경 효과 담보를 위한 장치로까지 발전하지 않았다고 할 수 있다. GBG가 다른 나라들과 마찬가지로 법적 구속력이 없는 권고이며, 실제 환경 효과를 담보하는 데 초점을 맞추기보다 기존의 많은 기준처럼 발행 절차에 초점을 맞추고 있기 때문이다. GBG 전체가 권고이기 때문에, 개별 항목에 의무사항이 포함되어 있어도 실질적 구속력을 갖지 못한다.

녹색채권에 대한 우리나라의 규제체계는 앞으로 이런 한계를 극복해야 한다. 앞으로의 방향을 가늠하는 데 있어 최근 EU의 녹색채권 기준 마련이 중요한 시사점을 줄 수 있다. EU-GBS는 유럽의회의 비준을 앞두고 있는데, 두 가지 특징에 주목할 필요가 있다. 첫째, 민간의 자율규제나 권고를 넘어 정부기관이 구속력 있는 규범을 제정한다는 점이다. 동 규정은 EU 녹색채권이라는 라벨을 사용하기 위해서 지켜야 하는 조건들을 명시하고 있다. 그리고 이 조건을 충족하지 않았을 경우 처벌의 내용과 규정 준수의 관리·감독 기관까지 규정하고 있다. 둘째, 녹색채권 발행을 위한 사전적 절차에 대한 규정보다는, 발행 후 자금의 실제 사용이나 환경에 미친 영향을 검증하기 위한 규정에 더 중점을 두고 있다. EU 규정의 궁극적인 목적은 녹색채권의 친환경 영향이 실제 발휘되도록 하는 것이다. 녹색채권의 정의나 발행 절차는 이미 10여 년간의 시장 자율규제를 통해 확립되었다고 판단하는 것으로 보인다. 이런 점에서 주목할 만한 규정은 자금배분보고서의 외부검토를 의무화하고 있다는 점이다. 그리고 환경영향보고서에 대해서는 외부검토를 권고하는 데 그치고 있지만, 앞으로 이에 대해서도 의무화할 가능성이 있다.

이처럼 최근 녹색채권에 대한 규범이 매우 빠르게 진화하고 있다. 시장자율규제, 사전적 절차 중심 규정에서 구속력 있는 법적 규제, 사후적 결과 및 영향 중심 규제로 변화하고 있다. EU는 EU-GBS를 장기적으로 국제적 표준으로 확립하겠다는 목표를 가진 것으로 판단된다. 녹색채권 외에도 환경에 관한 국제적 규범을 지금까지 EU가 선도하고 있다는 점, 그리고 EU 회원국들이 글로벌 녹색채권시장에서 절반에 가까운 정도의 큰 비중을 차지하고 있다는 점을 고려하면 EU-GBS가 장기적으로 국제규범이 될 가능성은 높다. 그러므로 우리나라도 녹색채권 규제체계를 발전시키는 과정에서 EU-GBS의 내용을 면밀히 검토하고 그와 같은 방향으로 움직이는 것이 중요하다. 우리나라 녹색채권에 대한 신뢰도 향상과 시장 활성화를 위해 필요할 뿐만 아니라, 향후 우리 기업들이 글로벌 시장에서 녹색 자금을 원활히 조달하기 위해서도 국제규범과의 격차를 점진적으로 줄여가는 것이 필요하다. 우선 가이드라인을 곧 구속력 있는 법규로 만들기는 어렵겠지만, 자금배분보고에 대한 외부검토 등 의무 조항을 확대할 수 있을 것이다. 그리고 외부검토를 내실화하는 방안도 조속히 마련해야 할 것이다.

2) 시장생태계 형성과 외부검토 내실화

녹색채권의 신뢰도 제고 및 시장 활성화를 위해서는 외부검토기관의 역할이 중요하기 때문에, 전문성과 객관성을 담보할 수 있는 외부검토기관을 어떻게 발전시킬 것인가는 중요한 과제다. 현재 외부검토에 참여하고 있는 기관은 회계법인, 신용평가기관, 기후변화나 녹색채권 등에 대한 전문연구기관 등이다. ICMA는 외부검토기관이 갖추어야 할 요건을 가이드라인 수준에서 제시하고 있지만, CBI는 CBI 기후채권 인증에 참여할 수 있는 외부검토기관을 심사해 승인하는 제도를 운영하고 있는데, 2021년 2월 현재 48개 기관이 승인을 받은 것으로 조사되었다(한국기업지배구조원, 2021).

우리나라 녹색채권은 글로벌 시장에서 외화표시로 채권을 발행하는 경우와, 원화 채권을 발행해 한국거래소 세그먼트에 상장하는 경우로 나눌 수 있다. 어느 경우든 발행 전 외부검토를 모두 받았는데, 해외발행의 경우 국제적으로 지명도 있는 기관의 외부검토를 받은 반면 국내 발행의 경우 대부분 국내 회계법인의 검토를 받았다. 그런데 외부검토의 형식과 내용은 통일된 기준이 있는 것이 아니라 기관에 따라 다양하다. 예를 들어 녹색채권관리체계가 ICMA-GBP 등과 부합하는지를 확인(assurance)하는 데 그치는 경우도 있고, 녹색자산의 적격성을 검토하고 나아가 자금사용 계획이 섹터 혹은 포트폴리오별로 ICMA나 CBI 등의 기준에 부합하는지까지 사전 검증(pre-issuance verification)하는 경우도 있다. 그리고 확인 결과도 부합 여부를 간단히 밝히는 경우도 있고, 기업의 친환경투자 관행과 규정, 자금 배분 세부 계획에 대해 심층적으로 검토하여 검토 결과를 등급으로 발표하는 경우도 있다. 국내 녹색채권 발행의 경우 어느 경우든 외부검토로 인정하고 있다. 하지만 국내 외부검토기관의 경우 아직 외부검토 경험이 1~2년으로 짧고 그 검토의 구체성이나 심도도 선진국 기관에 비해 떨어지는 것으로 평가되고 있다.

전문성과 신뢰성이 있는 외부검토기관의 성장을 위해서는 두 가지 다른 접근법을 생각할 수 있다. 하나는 투자자나 시장의 자연스러운 선택을 통해 장기적으로 전문성과 신뢰성을 가진 기관이 선별되도록 하는 방법이다. 이 방법은 시간이 오래 걸리고, 역선택이 발생할 수 있다는 단점이 있다. 즉 발행자가 외부검토기관을 선정하기 때문에 오히려 기준이 느슨한 기관이 시장에서 생존할 수 있다. 다른 방법은 정부가 외부검토기관 등록제를 실시하여 일정한 요건을 갖춘 기관만 외부검토에 참여할 수 있도록 하는 방법이다. 일본은 현재 이와 같은 등록제도를 운영하고 있다. 또한 EU의 녹색채권 규제(안)역시 외부검토기관 등록제도를 포함하고 있다. 동 규제(안)의 제3부(Title III)는 외부검토기관에 대한 규정을 담고 있는데, 모두 4개의 장(Chapter) 22개 조항(Article)으로 구성되어 있어 규제(안) 전체 내용 중 가장 중요한 부분을 차지하고 있다. 외부검토기관의 등록과 등록 조건, 역할 등에 대해 매우 상세히 규정하고 있다. 외부검토기관의 중요성 그리고 등록제도에 대한 국제적 동향 등을 고려할 때, 우리나라도 외부검토기관의 전문성과 신뢰도 향상을 위해 등록제도를 도입할 필요가 있을 것이다.

3) 녹색국채 발행과 모범 사례 제시

우리나라 녹색채권 발행의 특징을 다른 선진국들과 비교해 보면, 우선 해외시장에서의 발행 비중이 높다는 것이다.[9] 이것은 국내의 녹색채권 시장이 아직 제대로 발전되어 있지 않음을 시사한다. 둘째, 발행 주체별로 보면 제조기업의 비중, 즉 비금융 회사채의 비중이 다른 나라에 비해 월등히 높다는 것이다. 세계 전체로 보면 금융채 비중이 38%인 데 비해 우리나라는 5%에 불과한 반면, 비금융회사채 비중은 세계가 25%인 데 비해 우리는 60%에 이른다. 이런 차이는 우리경제의 제조업 비중이 상대적으로 높다는 데도 기인하겠지만, 다른 한편으로 에너지 다소비 혹은 탄소 다배출 기업에 의한 그린워싱 성격의 녹색채권 발행이 많이 이루어지고 있을 가능성도 크다.[10] 그리고 금융채의 비중이 작다는 것은 금융 및 자본시장에서 녹색채권에 대한 관심이 전반적으로 약하다는 것을 의미하기도 한다. 셋째, 우리나라 녹색채권 발행을 주

---

9) 우리나라의 정부, 기업, 금융기관 등이 2021년 10월까지 발행한 녹색채권 누적액은 약 435억 달러(52조 원)인데, 이 중 약 75%는 글로벌 시장에서 외화 표시로 발행되고, 나머지 약 25%는 국내에서 원화 표시로 발행되었다.

10) 2021년 11월까지 전체 채권 발행 중 녹색채권을 포함한 ESG 채권의 비중을 업종별로 보면 철강이 70.3%, 발전·에너지 45.5%, 석유화학 31.0%, 정유 27.6%, 시멘트 23.1% 등으로 나타났다. 전체 ESG 채권 비중이 10% 내외인 것을 감안하면 이런 탄소다배출 업종의 ESG 채권 비중이 특히 높다. "고탄소 기업, ESG채권 발행 주도"(2021.12.19), https://www.hankyung.com/finance/article/2021121985611(검색일: 2021.12.28).

도하고 있는 것은 한국수출입은행과 같은 공공기관, 발전회사, 제조 대기업이다. 소수의 대형 기관만 녹색채권을 발행하고 있어 아직 녹색채권 시장의 저변이 취약하다. 2020년 국내 상장 녹색채권의 발행자 수를 보면 민간기업 3개, 공공기관 1개에 불과했다. 넷째, 2021년에 녹색채권의 발행이 갑자기 급성장했다. 국내외 발행 전체를 보거나 국내 발행에 한정해서 보아도, 녹색채권 발행 규모는 1년 사이에 거의 10배 증가했다. 국내 발행기관의 수도 2020년 4개사에서 2021년에는 60개 사로 증가했다(한국거래소, 2022). ESG 경영에 대한 관심 고조, 공공기관 경영평가에서 ESG 경영 항목의 추가 등에 따라 녹색채권 발행 역시 일시적 유행에 따라 급증했을 가능성이 크다. 그리고 발행기관의 95% 이상이 A 등급 이상의 신용등급을 갖고 있다는 것은 아직 녹색채권에 대한 관심은 소수의 대기업과 금융기관, 공공기관에 한정되어 있음을 시사한다. 마지막으로, 정부의 녹색채권 발행 비중이 매우 낮다. 우리 정부는 2021년까지 2건, 약 18억 달러 규모의 녹색채권을 해외시장에서 발행했다. 이것은 전체 녹색채권 중 건수로는 1%, 발행액으로는 4%에 불과한 것이다. 세계 전체의 정부 및 지자체 발행액 비중 평균값인 13.6%에 비해서도 낮을 뿐만 아니라, 영국의 30%, 독일의 18%에 비해 매우 낮다.

결론적으로 우리나라의 녹색채권 시장은 2021년에 급성장하기는 했지만, 다른 선진국 심지어 일부 신흥국과 비교해도 경험이 매우 짧고 깊이도 얕으며 일부 공공기관과 민간 대기업의 발행에 한정되어 있다. 2021년의 발행 급증도 환경이나 기후변화에 대한 실질적 대응의 일환이라기보다 사회적 관심과 경영평가 기준 변경에 따른 일시적 유행의 결과일 수도 있다. 녹색채권이 실질적 환경 효과를 발휘하고 또 기후변화에 대응한 자금조달 방법으로 정착되기 위해서는, 근본적으로는 녹색 프로젝트에 대한 투자자의 인식과 관심의 증대가 필요하다. 기후변화 대응을 사회적 압력으로 받아들이고, 그것이 기업의 시장가치와 수익에도 영향을 미칠 때에만 녹색금융이 지속가능할 것이다. 녹색채권의 발행이 그리니엄의 창출을 통해 기업의 자금조달 비용을 실질적으로 줄이고 있는지는 아직 불분명하다.[11) 지금은 그리니엄 효과보다 기업의 사회적 평판 효과가 발행의 중요 동인으로 작용하고 있다. 그리고 투자자에 의한 양질의 녹색채권 선별 기능도 거의 작동하고 있지 않다.

녹색채권의 규제체계가 불완전하고 시장을 통한 선별 기능이 확립될 때까지 많은 시간이 필요할 것으로 판단되기 때문에, 시장의 조기 정착을 위해 녹색채권 발행과 관리의 모범적 사례를 만들어 다른 발행자가 따르도록 유도할 필요가 있다. 이를 위해 여러 나라가 사용하는 방법 중 하나는 정부가 녹색국채를 발행하여 모범적 기준을 제시하는 것이다. 제3장에서 설명한 영국이나 독일의 녹색국채 발행이 대표적인 사례다. 정부는 녹색국채 발행을 위해 중앙정부의 녹색국채 관리체계를 수립하고, 정보공개 및 외부검토에서 선도적으로 모범을 보이는 것이다.

또한 정부의 녹색채권 발행은 시장의 규모가 작고 깊이가 얕은 경우에 녹색채권 시장을 확대하고 투자대상 자산을 다양화하며, 녹색채권에 대한 관심을 고조하는 부수적 효과를 낳을 수 있다. 실제로 다수의 국가가 이런 목적으로 일반채권 대신 녹채채권을 발행하고 있다. CBI(2021)에 따르면 2020년 11월 말 현재 22개국 정부가 녹색국채를 포함한 GSS 국채를 발행했다. 이 중 19개국 정부를 대상으로 설문조사를 한 결과, 녹색국채 발행의 가장 중요한 목적이 기후변화 대응을 위한 자금조달이기는 하지만, 그것과 거의 같은 비중

---

11) 김필규(2021)는 국내 ESG 채권의 특징을 분석한 결과 "국내 ESG채권에 대한 수요는 아직까지 높지 않으며, 투자 매력도도 크지 않은 것으로 보인다. 투자자들은 일반채권과 동일하게 개별 ESG채권의 특성과 조건을 반영하여 투자하기 때문에 현재까지는 ESG채권의 유의한 프리미엄이 존재하지 않는다"라고 설명한다. 반면 이태훈(2020)은 국내 녹색채권에 대해 아주 작지만(약 0.5bp), 그리니엄이 존재한다고 보고한다.

으로 국내 녹색채권 시장의 성장 유도를 지적하고 있다. 그다음 평판 제고 (reputation benefits) 효과와 시장에 대한 신호 제시(market signal) 효과를 꼽고 있다(CBI, 2021: 4). 녹색국채 발행은 다양한 경로를 통해 국내 녹색채권 시장을 촉진할 수 있다. 응답자들에 따르면 투자자 유인, 다른 이해관계자와의 협력 확대, 모범 사례(best practice)의 확립, 녹색채권 벤치마크 가격 기능 등을 녹색국채 발행의 부가적 편익으로 지적했다(CBI, 2021: 21).

그런 점에서 독일 정부가 일반국채와 쌍둥이 형식의 녹색국채를 발행하는 것은 시사하는 바가 매우 크다. 동일한 일반국채를 발행하여 녹색국채 가격이 상응하는 일반국채 가격 이하로 내려갈 경우 일반국채로 전환할 수 있는 권리를 주고 있는데, 이것은 녹색국채 발행을 촉진하기 위한 조치라고 할 수 있다. 또한 이런 쌍둥이 접근법은 일반채권과 녹색채권 사이의 수익률 스프레드를 정확히 측정할 수 있게 함으로써, 시장에 가격 신호를 제공하기도 한다.

여러 나라가 녹색채권 시장의 발전을 위해 녹색국채 발행을 통해 정부가 선도적 역할을 하고 있음을 참고하여, 우리 정부도 녹색국채를 국내 시장에서 발행하는 방안을 추진할 필요가 있다. 발행을 위해 정부는 녹색채권가이드라인과는 별도로 정부의 녹색국채관리체계를 마련해야 할 것이다. 그리고 이에 대해 외부검토를 받고, 예산지출과의 연계를 통해 조달자금의 사용을 추적해야할 것이다. 발행 후에는 실제 자금배분 내역 및 환경영향을 공개해야 할 것이다. 이런 과정을 통해 정부는 다른 민간 회사에 비해 훨씬 더 엄밀한 사업 집행과 절차 준수를 할 수밖에 없을 것이다. 그리고 보고나 평가 역시 더 투명하고 객관적인 방식으로 진행하게 될 것이다. 이런 정부의 사례는 다른 민간기업에게 중요한 벤치마크가 될 것이다.

4) 녹색채권 발행 저변 확대

녹색채권 시장의 발전을 위해서는 궁극적으로 기후변화 대응에 대한 국민과 투자자의 인식 제고가 필요하다. 이를 바탕으로 투자자가 녹색채권을 더욱 엄격히 선별하고, 선별된 채권에 대해 수요 증가가 시장의 발전을 이끄는 기본 동력으로 작용할 것이다. 그런 점에서 녹색채권시장의 발전은 발행량 증대라는 공급 주도보다는 투자자 선호 증대라는 수요 주도로 이루어지는 것이 바람직하다. 하지만 공급 측면에서도 개선해야 할 과제들이 있다.

우선 녹색채권 발행자의 저변을 확대하는 것이 필요하다. 현재는 일부 대기업과 공공기관, 그리고 탄소 다배출 업종의 일부 기업만 녹색채권을 발행하고 있다. 그나마 2021년 한 해에 발행자 수가 크게 증가했을 뿐, 그 전에는 국내 시장의 신규 발행기관 수가 매년 5개 미만에 그쳤다. 이처럼 발행자의 범위가 좁은 이유는 우선은 녹색채권 혹은 기후변화 대응에 대한 기업의 인식이 여전히 약하기 때문일 것이다. 그리고 녹색채권을 발행했을 때의 재무적 이익이 거의 없거나 오히려 발행 비용이 증가하기 때문이다. 기업이 녹색채권을 발행하기 위해서는 내부의 녹색채권관리체계를 마련해야 하고, 그에 대해 외부검토를 받아야 하며 결과에 대한 공개의 부담도 져야 한다. 따라서 그리니엄이 없는 상태에서는 일반채권에 비해 추가적인 발행비용이 발생할 수밖에 없다. 마지막으로 평판 제고 효과도 아직은 크지 않은 것으로 판단된다. 소비자나 투자자가 기업의 기후변화 대응 활동에 대해 민감하게 반응할수록 평판 제고 효과도 커질 것이다. 유럽을 비롯한 다른 선진국에 비해 우리가 이 효과에서 더 높다고 보기는 어려울 것이다.

이런 상황에서 더 많은 기업이 녹색채권 발행에 관심을 갖도록 유도하는 한 방법은 녹색채권 발행을 위한 추가 비용을 지원하는 방안이다. 예를 들어 외부검토 비용을 정부가 지원하거나 세금에서 공제하는 방안을 검토할 수 있다. 외부검토 비용은 녹색채권 발행의 가장 대표적인 추가 비용이기 때문에, 시장에서 그리니엄이 형성될 때까지는 이 비용을 지원할 수 있을 것이다. 다만 이 비용을 모든 기관에 대해 지원하기보다는 중견기업 이하 기업에 대해서만 지원하는 것이 적절할 것으로 판단된다. ESG경영에 대한 사회적 관심 증대 등에 따라 대기업은 중견기업에 비해 평판 제고 효과가 추가적 외부검토 비용을 초과하는 것으로 판단되기 때문이다. 그리고 실제 외부검토 비용도 대기업이 지불하는 데 실질적으로 부담이 되지 않는 수준이기 때문이다. 공기업이나 대형 공공기관 역시 마찬가지이다. 하지만 중견기업 이하 규모의 기업은 평판 제고에 비해 추가 부담이 더 클 가능성이 있기 때문에, 이 비용을 지원함으로써 녹색채권 시장으로 유도할 필요가 있다.

그리고 외부검토 비용 지원을 외부검토기관 등록제도와 연계할 필요가 있다. 즉 일정한 등록요건을 갖춘 기관에서 외부검토를 받을 때만 비용을 지원하는 것이 적절하다. 이를 통해 외부검토 기관의 역량과 검토 보고서의 질적 제고도 같이 유도할 수 있을 것이다. 일본, 싱가포르, 홍콩, 말레이시아 등 다른 나라도 외부검토 비용에 대한 지원 제도를 도입하고 있다(한국기업지배구조원, 2021).

규모가 작은 기관들이 녹색채권 발행을 위한 부가적 절차나 비용을 절감하는 다른 한 방법은 소규모 기관들이 공동으로 녹색채권을 발행할 수 있는 플랫폼을 형성하는 것이다. 예를 들어 지방자치단체는 실제로 녹색프로젝트 수요가 많지만 녹색채권 발행 역량이 부족하다. 북유럽 국가들은 이런 문제를 해결하기 위해 다수 지방자치단체가 녹색채권 공동 발행을 지원하는 기관을 통해 발행하고 있다. 이런 발행 지원 기관을 지방정부금융공사(Local Government Funding Agency, LGFA)라고 하는데, 지방정부 녹색채권의 절반 이상이 이 기관을 통해 발행되고 있다(CBI, 2018). 소규모 발행자를 위한 이런 공동 플랫폼은 민간에서도 활용되고 있다. 가장 대표적인 사례는 스웨덴의 민간 부동산 투자 회사의 녹색채권 발행 플랫폼인 SFF다(SSF, 2021). 5개 부동산 투자회사가 친환경 빌딩 건축 등 녹색 프로젝트에 필요한 자금을 녹색채권 발행을 통해 조달하려고 할 때 SFF를 이용한다. 이처럼 공동 발행 플랫폼이 있을 경우 개별 지자체나 기업은 스스로 녹색채권 관리체계를 만들거나 외부검토를 받을 필요가 없다. 플랫폼이 단일한 관리체계만 갖고 있으면 되고, 외부검토 역시 플랫폼을 통해 이루어져 발행 비용을 절감할 수 있다. 우리나라도 앞으로 이런 공동발행 방식을 참고하여 소규모 기관의 녹색채권 발행 비용을 줄이고 발행 주체를 다양화할 수 있는 방안을 마련할 필요가 있다.

참고문헌

"고탄소 기업, ESG채권 발행 주도"(2021.12.19). https://www.hankyung.com/finance/article/
    2021121985611.

금융위원회·환경부. 2021. 『2021년 녹색금융 추진계획(안)』

김필규. 2021. 「ESG채권의 특성 분석과 활성화 방안」. ≪자본시장포커스≫, 2021-11. 자본시장
    연구원.

「사회책임투자채권 전용 세그먼트 운영지침」(일부개정 2021.11.23, 지침 제755호, 시행일:
    2021.11.29), 제4조(등록 요건).

이태훈. 2020. 「원화 ESG채권에서 녹색 프리미엄을 찾아보자」. 크레딧코멘트, 이베스트투자증권.

한국거래소. 2022. 「2021년 SRI채권시장 주요 성과 및 특징 분석」. 보도자료(2022.1.17).

"한국거래소 사회책임투자증권의 발행 및 등록에 관한 규정". https://sribond.krx.co.kr/
    contents/06/06010000/SRI06010000.jsp(검색일: 2022.1.7).

한국금융연구원. 2021. 「녹색채권과 그리니엄(greenium)」.

한국기업지배구조원. 2021. 『한국형 녹색채권 외부검토기관 인증 및 녹색채권 발행자 지원체계
    구축 연구』(용역보고서).

「환경기술 및 환경산업 지원법」[시행 2021.12.30. 법률 제17799호, 2020.12.29. 타법 개정], 제
    10조의4(환경책임투자 지원 및 활성화).

환경부. 2021. 『한국형 녹색분류체계 가이드라인(K-Taxonomy)』.

환경부·금융위원회·한국환경산업기술원·한국거래소. 2020. 『녹색채권 가이드라인(2020.12)』.

Arouri, Mohamed, Sadok El Ghoul and Mathieu Gomes. 2021. "Greenwashing and Product
    Market Competition." *Finance Research Letters*, 42, 101927.

Berrone, Pascual, Andrea Fosfuri, and Liliana Gelabert. 2017. "Does Greenwashing Pay Off?
    Understanding the Relationship between Environmental Actions and Environmental
    Legitimacy." *Journal of Business Ethics*, 144(2), pp.363~379.

"Bond Investors Challenge Wall Street Greenwashing"(2021.11.2). https://www.wsj.com/
    articles/bond-investors-challenge-wall-street-greenwashing-11635850800(검색일: 2021.
    11.15).

CBI(Climate Bonds Initiative). 2018. *The Green Bond Market in the Nordics.*

_____. 2021. *Sovereign Green, Social, and Sustainability Bond Survey: The Ultimate
    Power to Transform the Market.*

Eikon Datastream(검색일: 2022.11.1).

"Fact Sheet: Green Bonds." Better Buildings Soluation Center of U.S. Department of Energy.

https://betterbuildingssolutioncenter.energy.gov/financing-navigator/option/green-bonds (검색일: 2021.12.28).

Flammer, Caroline. 2021. "Corporate Green Bonds." *Journal of Financial Economics*, 142(2), pp.499~516.

"Germany proves 'greenium' theory with green bond demand"(2020.9.4). https://esgclarity.com/germany-proves-greenium-theory-with-green-bond-demand/(검색일: 2021.12.1).

ICMA(International Capital Market Association). 2021. *Green Bond Principles*. ICMA.

IFC(International Finance Corporation). 2018. *Emerging Market Green Bonds Report 2018*.

Kapraun, Julia, Carmelo Latino, Christopher Scheins, and Christian Schlag. 2021. "(In)-Credibly Green: Which Bonds Trade at a Green Bond Premium?" in Proceedings of Paris December 2019 Finance Meeting EUROFIDAI-ESSEC. April.

Lyon, Thomas P. and A. Wren Montgomery. 2015. "The Means and End of Greenwash." *Organization and Environment*, 28(2), pp.223~249.

Marquis, Christopher, Michael W. Toffel, and Yanhua Zhou. 2016. "Scrutiny, Norms, and Selective Disclosure: A Global Study of Greenwashing." *Organization Science*, 27(2), pp.233~504.

Larcker, David F. and Edward M. Watts. 2020. "Where's the Greenium?" *Journal of Accounting and Economics*, 69(2-3), 101312.

SFF(Svensk FastighetsFinansiering AB). 2020. *SSF Green Bond Framework*.

"Sustainable Finance is Rife with Greenwash. Time for More Disclosure"(2021.5.22). https://www.economist.com/leaders/2021/05/22/sustainable-finance-is-rife-with-greenwash-time-for-more-disclosure(검색일: 2021.10.31).

세계경제질서 전환

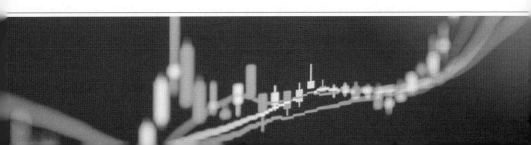

제4장

글로벌 공급망 재편과 우리의 대응

동아시아 관점

김계환 | KIET 산업통상연구본부

1. 공급망 위기의 이해

세계화의 가장 중요한 구조적 특징 중 하나인 글로벌 공급망이 근본적인 구조 변화기에 있다. 글로벌 공급망 재편은 2008년 세계 금융 및 경제 위기 이후 시작되어 미국의 트럼프 집권과 함께 본격화되었고, 코로나19 위기로 더욱 가속화되었다. 여기에 러시아-우크라이나 전쟁으로 첨단기술과 부품은 물론이고 에너지, 식량과 같은 원자재로 확산되는 등 글로벌 공급망의 블록화 경향이 심화되고 있다.

이러한 변화는 경제와 안보의 융합, 경제정책의 재정렬을 초래하는 대전환으로 이해해야 한다. 첨단 기술/산업의 주도권을 차지하기 위한 산업 강국 간 경쟁이 국제무역체제의 특징을 규정하고, 경제와 안보의 통합이 국가 산업 전략과 경제정책의 특징을 규정하는 새로운 시대로의 이행이다. 여기에 더해 환경, 노동, 인권 등 비경제적 가치 중심의 통상정책이 확산되면서 가치 중심 블록화도 강화될 것으로 예상된다.

1) 동아시아 발전에 대한 이해: GVC와 세계체제론 통합의 관점

이 장에서는 기존의 경제학적 접근에 세계체제론 접근을 통합해 GVC(global value chain) 구조와 변화를 이해하고자 한다.

세계체제론에서 주목하는 것은 세계경제를 구성하는 국가 간 위계구조와 세계경제의 역사적 동학이라는 두 가지 측면이다. 세계체제론에 따르면 국가의 경제발전은 국가 간 위계구조 속에서 상방으로의 이동을 주요 측면으로 한다.

기존의 GVC 접근법과 세계체제론은 보완성이 높다. 중심-반주변-주변으로 위계화된 세계경제를 핵심 개념으로 포함하는 세계체제론도 국제 분업 관계를 분석의 중심에 놓고 있기 때문에 GVC 문제의식과 자연스럽게 맞닿아 있다. 또 세계체제론의 국가 간 위계구조는 글로벌 가치사슬의 문제의식과도 밀접하게 연관된다. GVC 분석이 가치사슬의 수직 분할과 산업 내 수직분업(vertical division of labour) 관계를 분석의 중심에 두기 때문이다. 중심-반주변-주변의 위계구조가 주변과 반주변의 발전에 기회와 제약을 부과하듯이, GVC도 기업 발전에 기회와 제약으로 작용한다.

그런데 세계체제론은 국가 간 위계화된 구조를 분석의 수준으로 하고, GVC는 개별 산업 내 기업 간 가치사슬 분업구조(task division of labour)를 분석의 수준으로 하기 때문에 상호보완적이라고 할 수 있다. 세계체제론에서 세계경제는 국가 간, 지역 간, 초국적 분업을 의미(inter-state, inter-regional and transnational divison of labour)(Li, 2021; 532)하므로, 국제 분업의 최신 형태인 GVC 분업에 대한 분석으로 보완될 필요가 있다. 또한 국가 간 위계화된 분업 구조를 보여줄 수 있는 방식으로 GVC 분업에 대한 분석 역시 필요하다.

반대로 산업 수준의 GVC는 다국적 기업의 투자와 무역이 동력이기 때문에 시장 메커니즘에 의한 설명에 머무르는 경향이 있다. 그렇기 때문에 다국적 기업의 무역과 투자 전략에 가장 중요한 영향을 미치는 세계체제 수준의 제약이나 동력에 대한 분석은 부족하다. 지금과 같이 국제무역 질서가 완전히 새롭게 재편되는 시기에는 세계체제 수준의 기술, 정치의 변화가 무역과 투자의 흐름에 미치는 영향이 미시적 수준의 GVC 분석과 결합되어야 한다.

또 세계경제와 GVC의 역사적 동학 측면을 간과할 수 없다. 세계경제의 위계구조도, GVC 구조도 고정되어 있지 않고 끊임없이 변화한다. 기업 간, 국가 간 경쟁의 동학이 끊임없이 작동하는 한 GVC 틀에서는 가치사슬 고도화의 동학이, 국가 수준에서는 중심-반주변-주변의 위계구조의 재편 동학이 작동할 수밖에 없다. 다만 이 고도화와 재편이 서서히 일어나는 시기가 있는가 하면, 지금과 같이 빠르게 일어나는 시기가 있는 것이다.

이 장에서 공급망 재편 분석은 동아시아에 초점을 맞추려고 한다. 동아시아를 분석의 초점에 두는 것은 단순히 중국과 이웃이라는 우리나라의 지리적 위치 때문만이 아니다. 그보다 GVC 확장이 동아시아의 경제적 부상과 밀접히 연관되기 때문이다.

세계체제론에서 세계경제는 중심-반주변-주변으로 위계화된 구조를 갖는 국제분업 체제다. 20세기 후반 이후 국제분업 체제는 GVC 또는 GSC(global supply chain)형으로 변모한 것이 가장 큰 특징이며, 이 변화는 서구 선진국은 제조업 가치사슬 전체에 특화하고 주변은 소비 시장, 자원 공급에 특화하던 중심-주변 양극 구조에서 동아시아로 제조업 공급망, 가치사슬의 일부가 이전된 데 그 원인이 있다. 일본의 부상, NIEs의 부상, 중국의 부상, 아시아의 부상의 역사적 의미가 바로 여기 있다. 지난 30여 년에 걸친 중국의 경제적 부상은 자본주의 역사에서 가장 큰 사건 중 하나이며, 이로 인한 공급망의 변화가 국제정치의 근본적 변화를 초래하고 있다.

(1) 미국 주도의 GVC형 생산방식의 확산과 중국의 부상

아시아에서 유독 이 GVC형 무역이 빨리 대규모로 발전한 이유는 무엇인지 두 가지 이유를 들 수 있다. 하나는 아시아, 특히 동아시아의 인구 잠재력으로, 중국 인구가 13억, 아세안의 인구 6억을 합하면 약 20억에 육박할 정도로 인구 규모가 매우 큰 지역이라는 것이다. 이렇게 상대적으로 저임금의 노동력이 대규모로 집적한 지역은 인도 등 서남아시아를 제외하고는 당분간 지구상에 없다.

다른 하나는 국가 간의 이질성이다. 동아시아는 국가 간, 하위 지역 간 발전 수준 격차가 매우 크다. 이렇게 동아시아의 국가 간, 지역 간 이질성이 높다는 것은 생산단계별 이질성에 맞는 비교우위 국가를 발견하기 쉽고, 동아시아 지역 내에서 공급망의 더 많은 부분이 완결될 수 있음을 뜻한다.

(2) 무역세계화와 글로벌 가치사슬 생산방식의 한계

현재 일어나고 있는 GVC 구조 재편은 지난 30~40여 년간 진행된 공급망 글로벌화의 누적된 효과가 가장 중요한 원인이기 때문에 향후 방향을 이해하기 위해서는 GVC가 어디서 왔고, 그 효과는 무엇인지 알아야 한다. 생산과정의 수직분할에 기초하는 GVC형 생산방식은 수직통합(vertical integration)이 핵심인 20세기형 생산방식의 해체가 가장 중요한 동력이었다. 신흥국 정부와 선진국 다국적 기업의 이해가 수렴해 만들어진 합작품인 것이다. 이 과정에서 신흥국 국가의 발전 전략은 외국인 직접투자 유치와 저임금 노동력을 이용한 수출산업화로 옮겨 간 반면, 선진국 기업의 비즈니스 전략은 수직 해체와 아웃소싱, 오프쇼어링을 통한 GVC형 생산방식으로 이행했다. 이 두 변화가 미국과 동아시아 사이에 맞물려 일어나면서 GVC형 생산방식이 확산된 것이다.

그런데 여기에 기술적 조건, 정치적 조건이 뒷받침되었다는 점을 놓쳐서는 안 된다. 기술적 조건으로 ICT 혁명에 의한 조정 비용, 컨테이너 혁명에 의한 무역 비용의 하락 등이 긴요했다면, 정치적 조건으로는 냉전의 종식, 중국 등 인구 대국의 개혁·개방과 국제무역 참여, 무역과 투자의 자유화를 빼놓을 수 없다.

(3) GVC형 생산방식의 한계와 구조 변화

그렇다면 이러한 공급망 세계화의 누적된 효과는 무엇인가? 새로운 생산방식으로서 GVC 확장이 가져온 영향을 다음 세 가지 정도로 요약할 수 있다. 공급망 세계화가 동반하는 불균등 발전, 상호의존에서 오는 취약성, 사회·생태 위기의 누적이 그것이다.

다음에서는 국가 간 불균등 발전, 제조 생산의 중심 이동이 세계경제의 위계구조 재편에 제기하는 도전, 그리고 상호의존의 심화와 상호의존의 무기화 가능성 증대와 이에 대한 대응을 좀 더 자세히 살펴보고자 한다.

2) 국가 간 불균등 발전과 제조와 생산의 중심 이동

공급망 세계화의 효과 중 가장 중요한 것은 **제조와 생산의 중심 이동**(global shift)이다. 1990년에서 2010년 사이 G7의 글로벌 GDP 비중은 66%에서 50%로 17%p 하락했다. '떠오르는 11개국(Rising Eleven)'의 비중은 11%에서 25%로 14% 포인트나 상승했고, 그중 절반은 중국 때문이다(〈그림 4-1〉).[1]

세계 재화 수출의 국별 구조에는 더욱 극적인 변화가 있었다. 재화 수출 비중에서 미국, 일본, 프랑스, 영국, 독일 등 서구 선진국의 비중이 급락하는 사

---

1) 떠오르는 11개국(Rising Eleven)에는 중국, 인도, 인도네시아, 한국, 브라질, 나이지리아, 오스트레일리아, 멕시코, 베네수엘라, 폴란드, 튀르키예이다(Baldwin, 2016: 89~96).

<그림 4-1> 지역, 국가별 세계 GDP 비중 변화(1960~2013)

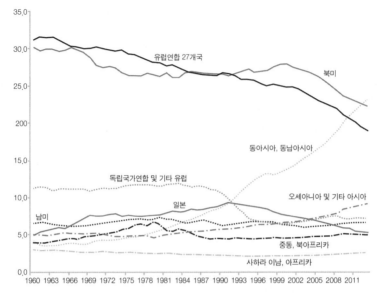

주: 2005년 구매력 기준.

<그림 4-2> 10대 재화 수출국 수출 비중* 변화(1967~2010)

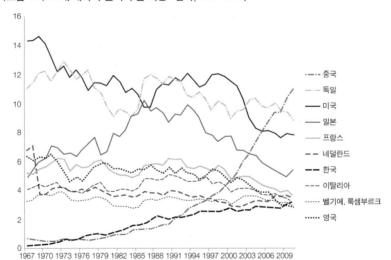

주: * 는 글로벌 재화 수출에서 각국이 차지하는 비중을 가리킴.
자료: CEPII(2012.12).

이 중국의 비중이 급등했다(〈그림 4-2〉).

3) 상호의존의 심화, 상호의존의 무기화 가능성

공급망 글로벌화의 또 하나의 효과는 국가 간 상호의존성의 확대와 심화다. 그 결과로 공급망 취약성이 증가했고, 공급망 의존이 정치적 무기로 전환될 가능성이 높아지면서, 공급망 취약성에 대한 인식이 급속도로 확산되었다.

(1) GVC로 연결된 미국과 동아시아

앞에서 서술한 대로 공급망 글로벌화에서 핵심인 미국과 아시아, 특히 미국과 중국 사이의 관계 변화를 보여주는 중요한 지표는 무역수지의 변화다. 제조와 생산을 아웃소싱, 오프쇼어링하는 선진국 다국적 기업과 국내 산업을 발전시키기 위해 FDI 주도 발전 전략으로 이행한 신흥국 정부의 합작이 공급망 글로벌화의 동력이라면, 이 관계는 무역구조의 변화로 나타날 수밖에 없다.

〈그림 4-3〉는 세계 주요 지역의 장기에 걸친 무역수지 변화를 보여주는 그림이다. 1980년대에 미국과 나머지 세계의 무역수지 격차가 벌어지기 시작했지만, 그 격차가 폭증한 것은 1990년대 이후다. 그리고 미국을 포함한 북미의 적자가 급격히 증가하는 사이, 흡사 거울 이미지처럼 흑자가 급격히 증가한 것이 중국을 포함한 동아시아 및 동남아시아다.

미중 양자 간 재화 무역에 초점을 맞추면 이러한 관계는 더 분명해진다. 〈그림 4-4〉에서 볼 수 있듯이 미국의 대중국 재화 수출입이 1990년대에는 매우 낮은 수준에서 출발해 2000년대에 들어 눈에 띄게 폭증했다. 특히 미국의 대중국 수입이 급증하면서 재화의 무역수지 적자도 따라서 급증했다.

〈그림 4-3〉 지역별 무역수지 변화(재화와 서비스)(1967~2010)

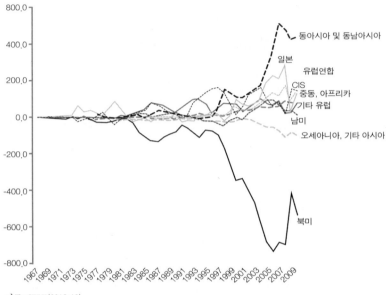

자료: CEPII(2012.12).

〈그림 4-4〉 미국의 대중국 재화 수출, 수입, 무역수지(1990~2021)

(단위: 100만 달러)

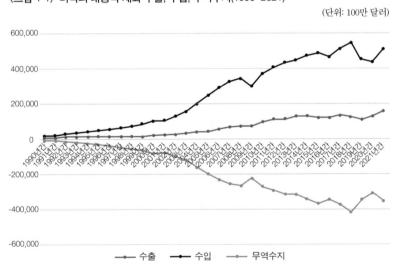

자료: US Census Bureau.

〈표 4-1〉 미국의 제조업 무역적자의 무역 상대국별 비중(1990, 2010, 2017)

	CAN	JPN	4 Asian NICs	DEU	MEX	ASEAN 9	CHN	Rest of OECD	ROW	G7
1990	7.5	49.4	25.7	10.2	-1.9	6.1	10.3	-6.7	-0.5	70.4
2010	-5.9	15.1	-0.2	7.9	8.1	11.0	67.1	9.7	-12.8	22.9
2017	-4.7	10.5	1.2	8.5	8.1	14.9	56.1	12.8	-7.2	20.1

자료: Li et al(2019).

이 관계를 미국과 동아시아 전체로 확대해 보면 공급망 글로벌화와 함께 일어난 미국과 동아시아 개별 국가 간 관계의 변화를 재차 확인할 수 있다. 〈표 4-1〉은 미국이 제조업 무역적자의 상대국별 비중을 1990, 2010, 2017년을 기준으로 비교한 것이다. 1990년에 미국 제조업 무역적자의 약 70%가 일본과 아시아 NICs에 대한 적자였고, 중국과 아세안의 비중은 16% 남짓이었다. 반면 2017년에 미국 제조업 무역적자의 약 70%가 중국 및 아세안에 대한 적자였고, 일본과 아시아 NICs의 비중은 12% 남짓으로 축소되었다.

그런데 이 두 시기에 변하지 않은 것과 변한 것이 있다. 변하지 않은 것은 미국과 동아시아 전체에 대한 무역 관계다. 1990년이나 2017년이나 미국의 제조업 무역적자의 80% 이상이 동아시아에 대한 적자다. 반면 변한 것은 적자의 대상국이다. 일본·동북아 NICs의 비중이 크게 낮아지고, 그 대신 중국과 아세안의 비중이 크게 증가했다. 미국의 제조업 무역적자에서 G7의 비중이 70%에서 20%로 낮아진 것도 이 변화를 반영한다.

(2) 지역 기반 블록화 경향

향후 공급망구조의 재편 방향에 중요한 영향을 미칠 또 하나의 변화는 지역 기반 블록화의 경향이다. 국가 간, 지역 간 무역구조를 보면 무역의 지역 블록화는 이미 상당히 진전되었고, 특히 유럽과 아시아에서 특징적으로 나타

〈표 4-2〉 주요 대륙 간 수출입 비중 추이

(단위: %)

수입국	북미			아시아			유럽		
수출국	북미	유럽	아시아	북미	유럽	아시아	북미	유럽	아시아
1965	37.4	23.3	14.5	30.2	16.7	30.6	14.8	57.8	4.9
1970	40.4	23.1	17.9	30.8	15.7	29.4	13.8	62.8	4.7
1975	36.0	18.0	16.4	23.4	12.1	30.1	10.8	61.0	5.4
1980	27.2	17.7	21.0	19.8	10.9	33.7	10.2	60.2	6.6
1985	29.8	21.7	29.7	20.9	13.2	38.4	9.6	64.8	7.9
1990	28.1	21.0	31.5	21.2	17.5	43.5	9.1	70.6	10.1
1995	28.8	19.2	34.6	19.3	18.2	49.6	8.7	72.3	11.4
2000	27.7	20.2	31.4	16.5	15.9	52.0	9.2	70.3	13.0
2005	23.7	19.9	33.0	11.5	15.7	55.1	6.3	71.4	14.5
2010	21.0	18.6	34.5	9.7	15.3	51.7	6.1	68.6	17.0
2015	20.3	20.8	37.7	10.1	16.2	54.0	6.4	69.0	17.6
2020	17.3	23.2	39.4	9.2	16.5	55.2	6.0	69.2	19.2

주: 표의 수치는 총수출(gross export)을 기준으로 한 것이기 때문에 부가가치 수출을 기준으로 한 것과 다름.
자료: UN Comtrade에 근거해 저자가 작성함(김계환·김바우, 2022).

난다. 유럽의 역내 수입(유럽 내부 국가로부터 수입)은 1990년이나 2020년이나 약 70%로 변화가 없고 비중이 매우 높다. 변한 것은 북미로부터 수입 비중이 줄고 아시아 비중이 높아진 것이다. 아시아에서는 지역 내 수입 비중이 43%에서 55%로 크게 증가하는 사이 북미로부터 수입 비중이 21%에서 9%로 크게 줄었다. 그런데 유럽의 비중은 16~17%로 큰 변화가 없다. 이와 반대로 북미에서는 지역 내 수입 비중이 오히려 줄어들고, 아시아로부터 수입 비중이 늘어난 것을 확인할 수 있다.

〈표 4-3〉은 대륙 간 무역관계의 변화에서 아시아 개별 국가의 역할을 보기 위해 북미와 아시아 수입에서 한·중·일, 인도, 아세안의 비중 변화를 살펴본 것이다. 역시 앞의 다른 데이터에서도 확인했듯이 북미 수입에서 중국·아세안의 비중 확대, 아시아 수입에서는 중국·한국의 비중 확대가 두드러진다. 반

<표 4-3> 북미, 아시아 대륙의 주요 수입 상대국별 비중 추이

(단위: %)

수입국	북미					아시아				
수출국	한국	중국	일본	인도	ASEAN	한국	중국	일본	인도	ASEAN
1965	0.2	0.0	9.4	1.2	2.7	0.3	3.9	9.5	2.1	12.1
1970	0.9	0.0	13.3	0.5	2.0	0.9	2.2	12.3	1.8	10.8
1975	1.4	0.1	9.9	0.4	3.9	1.6	3.0	11.9	0.9	11.3
1980	1.7	0.4	12.8	0.4	4.6	1.9	3.9	11.1	0.6	15.3
1985	2.9	1.1	19.8	0.6	3.9	2.6	6.4	12.6	0.8	14.8
1990	3.7	3.0	18.1	0.6	5.0	3.8	8.5	15.0	0.8	11.8
1995	3.2	6.0	16.1	0.7	7.6	5.1	11.6	17.6	0.8	13.4
2000	3.2	8.0	11.9	0.8	6.6	5.4	14.7	14.3	0.9	15.6
2005	2.6	15.2	8.3	1.1	5.6	6.4	18.6	12.5	1.3	15.1
2010	2.5	19.1	6.4	1.4	5.0	6.2	17.3	10.6	1.6	14.7
2015	3.1	21.3	5.9	1.8	6.1	6.6	21.9	8.0	1.4	15.1
2020	3.3	19.9	5.2	2.1	9.2	7.1	21.8	7.9	1.3	16.7

자료: UN Comtrade에 근거해 저자가 작성함(김계환·김바우, 2022).

면 일본은 미국 수입에서나 아시아 수입에서나 그 비중이 크게 낮아졌다.[2]

(3) 공급망의 중국 초집중

앞에서 살펴본 무역구조 변화의 연장선에서 공급망 재편과 밀접히 관련된 변화는 한마디로 요약해 공급망의 중국 초집중으로 볼 수 있다. 아시아에서 중국이 일본을 대체해 글로벌 공급망 허브 국가로 부상한 것이다. 멍보(Meng et al., 2019)는 국가 간 무역 네트워크의 매핑 결과를 보여준다. 세계를 62개

---

[2] 그러나 여기서 주의할 것은 이 데이터가 국가 단위의 총수출(gross export)을 기준으로 한다는 점이다. 부가가치를 기준으로 할 경우 국가별 위상이 달라질 수 있다. 또 기업의 해외 시장 진출이 수출에서 해외투자를 통한 방식으로 변화하면서 수출만으로 해당국의 공급망 역할을 판단하는 데 어려움이 있다는 점이다. 따라서 이 데이터와 분석은 큰 방향성에 대한 것으로만 이해할 필요가 있다.

〈그림 4-5〉 공급허브: 전통적 무역(2000)

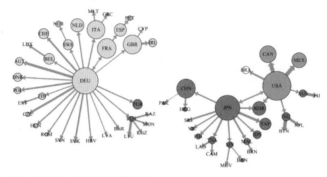

〈그림 4-6〉 공급허브: 전통적 무역(2017)

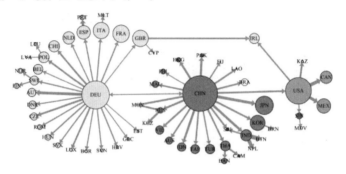

주: 세계를 62개 국가, 산업을 35개 산업으로 구분; 무역 형태를 전통무역, 단순 GVC, 복잡 GVC로 구분
　해 지형도 작성.
자료: Meng et al.(2019).

국가, 산업을 35개 산업으로 구분하고, 무역 형태를 전통 무역, 단순 GVC, 복
잡 GVC로 구분해 작성한 무역 지형도를 제시한다(Meng et al., 2019). 〈그림
4-5〉, 〈그림 4-6〉은 이 변화를 시각적으로 요약해 잘 보여주는 예시로 적절하
다. 2000년과 2017년 사이에 최종재 무역(전통 무역)에 관한 한 유럽과 북미에
는 큰 변화가 나타나지 않는다. 여전히 독일이 공급망 허브이며 유럽 내 국가
들과의 관계에도 큰 변화를 찾아볼 수 없다. 반면 아시아에서는 일본을 대체
해 중국이 허브로 부상했고, 미국에 대해서도 공급망 역할이 강화되었다. 공

<표 4-4> 주요국의 대중국 전략적 의존도 분석결과 요약(2020년 기준)

		한국			미국			일본			독일		
		중간재	소비재	전체	중간재	소비재	전체	중간재	소비재	전체	중간재	소비재	전체
대중 수입의존도		23.9	24.5	25.1	12.9	29.8	21.4	23.0	39.8	32.8	8.0	16.8	13.5
품목 수	관심품목	604	264	1,088	185	241	575	475	385	1,048	114	107	281
	취약품목	366	164	653	86	127	281	268	226	598	55	33	107
수입 비중	관심품목	25.1	46.6	34.0	16.8	67.6	56.3	34.5	71.9	62.9	14.8	28.2	34.9
	취약품목	17.5	32.2	22.8	10.3	47.8	43.6	13.8	38.5	37.7	2.6	6.1	15.8
	중국 세계시장 점유율 30% 미만 관심 품목	13.0	11.8	11.4	1.5	0.7	0.5	16.4	17.8	15.4	1.1	1.5	0.6
	대세계 수입특화도 낮은 관심 품목	8.5	8.1	10.5	3.7	3.6	3.2	13.2	1.2	8.9	12.2	24.4	27.8

자료: 김바우·김계환(2021).

급망 허브로서 중국과 아시아 국가들 사이의 관계도 크게 강화된 것을 확인할 수 있다.

　중국의 공급망 허브로의 부상은 결국 다른 나라의 중국에 대한 무역 의존도 증가를 의미한다. 한국을 비롯해 미국, 일본, 독일 등 주요 제조업 강국의 대중국 의존도를 보기 위해 대중국 수입의존도가 50% 이상인 품목을 **관심 품목**으로, 수입의존도 70% 이상 품목을 **취약 품목**으로 정의해 그 개수를 조사했다. 〈표 4-4〉는 UN 컴트레이드(Comtrade) 데이터를 이용해 HS 6단위 수준에서 조사한 대중국 의존도 조사 결과다.

　한국의 대중국 취약성은 미국과 일본의 대중국 취약성과 판이한 양상을 보인다. 미국과 일본의 대중국 취약성 중 상당 부분이 소비재에 있는 반면, 한국은 중간재에 집중되어 있다. 품목 수 또한 1000개를 상회하고 중간재 관심

품목이 600개를 넘는 등 한국은 미국이나 일본보다 다양한 품목에 걸쳐 대중국 취약성이 높다. 미국의 경우 대중국 관심 품목의 대부분이 중국의 세계시장 지배력이 압도적이거나 미국의 무역구조가 수입에 특화된 것이다. 반면 한국은 중국의 세계시장 지배력이 비교적 낮거나 한국의 수입특화 정도가 크지 않은 취약 품목이 비교적 많다(김계환 외, 2021.12: 196).

공급망의 높은 의존도가 곧바로 취약성과 위험으로 전환되는 것은 아니지만, 국가 간 갈등이 증가하는 상황에서는 언제든지 무기화될 가능성이 있다. 이 때문에 공급망 리질리언스와 공급망 안보가 기업은 물론 국가의 주요 정책 이슈로 부상하고 있는 것이다.

2. 공급망 재편의 도전

앞에서 보았듯이 공급망의 글로벌화를 이끈 가장 큰 힘은 글로벌 투자 자금이 중국으로 대거 유입된 것이다. 1993년 이후 개도국에 대한 FDI에서 중국이 제1의 투자유치국이 되었다. 그러나 중국의 이러한 산업적 부상은 글로벌 수준의 탈산업화를 야기했다. 선진국('중심')은 물론이고 개도국('주변')의 탈산업화도 동반했다.[3] 선진국은 중국의 저임금 노동력과 낮은 비용을 이용하기 위해 자본과 생산을 중국으로 이전하면서 탈산업화가 가속화되었다. 이것은 선진국 정부가 자국이 하이테크 혁신산업에 특화되고 금융, 서비스 등 소프트 경제 중심으로 구조를 재편해야 한다고 보는 정책적 선택의 결과이기도 하다. 개도국, 특히 자원에 비교우위가 있는 개도국 경제는 중국의 제조업 발

---

3) 세계체제론에서 중심과 주변이라는 용어는 세계체제론 선진국과 개도국을 지칭한다.

전으로 수요가 급증한 원료와 상품 수출이 증가하고 이 부문에 특화하면서 탈산업화가 일어났다. 개도국 정부가 상품 가격의 상승으로부터 경제적 이득을 획득하는 쉽고 빠른 길을 선택한 결과이기도 했다(Li, 2021: 541).

이 과정에서 중국을 새로운 North로 하는 North-South 축이 형성되었다 (Li, 2021: 543). 이것은 중국이 산업적으로 부상하기 전 선진국과의 공급망 분업을 통해 반주변 역할을 하던 나라가 중국의 강력한 경쟁 압력에 노출된다는 것을 뜻한다. 이 나라들 중 상당수가 중국 제조업의 성장으로 수요가 급증하는 원료 및 상품의 생산과 수출 중심으로 산업구조를 재편했다. 산업 고도화의 관점에서 보면 개선이 아니라 후퇴가 일어난 것이다(Li, 2021: 544).

지금 글로벌 공급망 구조의 재편과 맞물려 일어나는 중국 성장모델의 또한 번의 전환은 결국 세계경제의 또 한 번의 전환점으로 볼 수 있다. 세계경제의 국가 간 위계구조가 변화하는 전환적 위기의 시기다. 중국의 경제적 부상에 의한 세계경제 위계구조 변화의 핵심은 중국이 주변에서 반주변을 거쳐 글로벌 차원의 새로운 North로 부상했고(글로벌 South에 대하여), 동시에 새로운 중심으로 진입하고 있다는 데 있다(기존 중심과 글로벌 South에 대하여). 그리고 중국의 인구 및 경제 규모 때문에 이러한 변화는 세계경제와 세계체제에 대한 심각한 도전으로, 과거 NIEs의 경제적 부상과 비교할 수 없는 도전이다.

중국의 성장모델 전환은 국내 소비, 제조에서 서비스 중심으로의 변화, 자체 기술과 혁신, 고부가가치 중심으로의 이행을 뜻한다. 이 변화는 세계체제론의 용어로 말하자면 주변에서 반주변을 거쳐 중심으로의 이행을 의미한다.

중국 경제의 부상이 공급망 재편에 미치는 영향을 보는 방식 중 하나는 중국 경제를 자체 내에 중심-반주변-주변을 품고 있는 세계경제로 보는 시각이다. 즉, 중국 경제의 특징 중 하나가 중심, 반주변, 주변에 속하는 모든 경제를 품고 있다는 것이다. 세계체제의 각 층위에 속하는 중국 내 지역경제가 각

〈표 4-5〉 중국 국내 경제와 세계경제의 대응 관계

	중심	반주변	주변
관련 산업	첨단산업	전통산업	전통산업
공급망, 가치사슬 상 중국의 위치	기술, 지식 집약적 첨단 산업, 서비스	숙련, 자본 집약적 중간재	노동집약적 가공 조립
파트너 또는 경쟁 국가	글로벌 코어 국가	글로벌 반주변 국가	글로벌 주변 국가
고도화 방향	기술자립	중국 중심의 독자적 공급망 구축	글로벌 주변으로 생산기지 이전
re-stratification	글로벌 중심 국가와 경쟁	글로벌 반주변 국가와 경쟁 또는 새로운 North-South 관계 형성	글로벌 주변 국가와 새로운 North-South 관계 구축
국제정치적 함의 (세계체제론 관점)	첨단기술산업의 주도권 경쟁	글로벌 South를 두고 기존 중심 국가와 경쟁, 갈등 불가피	

자료: Li(2021) 내용을 참고해 필자가 작성함.

각 다른 생산 관계에 참여하고, 다른 성격의 가치사슬에 참여한다는 것이다.

중국의 성장모델 전환은 중국의 고도 산업화기에 탈산업화를 겪은 주변과 반주변의 경제 중 일부에서 중국의 투자와 생산 재배치의 영향으로 재산업화가 일어날 수 있다는 함의를 갖는다. 중국의 일대일로, 중국제조 2025 정책은 글로벌 자본 이동과 생산 재배분의 새로운 사이클이 시작되었다는 것을 시사한다. 이 과정을 통해 중국은 글로벌 공급망과 가치사슬에서 더 높은 위치로 고도화를 계속하면서, 노동집약적이고 저기술산업은 해외로 이전하고자 한다(Li, 2021: 546).

중국이 경제적으로 부상한 지난 30여 년간을 회고해 보면, 아세안 일부 국가는 중국이 본격적으로 안행형 국제분업에 참여하기 전인 1970년대와 1980년대에 산업화를 개시했다가, 중국이 본격적으로 국제분업에 참여하면서 오히려 탈산업화나 산업고도화의 지체를 겪었다. 이제 중국이 반주변이자 중심의 위치를 선점하면서 아세안 국가를 자신이 주도하는 공급망에 통합하는 변화가 일어나는 것으로 볼 수 있다.

반주변·주변과의 위계구조 변화 대상이 되는 산업부문은 노동 및 자본 집약적인 산업이 될 것이다. 중국 정부의 관련 정책은 이 산업들의 고도화정책으로 그동안 수입이나 외국계 기업의 중국 현지 생산에 의존하던 중간재를 중국계 기업의 생산으로 대체하고, 내수시장에서 경쟁력을 확보한 후 수출산업으로 발전시키는 정책이다. 이른바 홍색공급망 정책, 스몰 챔피언(small champions) 정책 등은 이 정책에 해당한다.

또한 중심에서도 비슷하게, 재산업화를 위한 중심 국가 간 경쟁이 치열하게 일어나고 있다. 트럼프 정부가 시도한 리쇼어링 정책을 비롯해 글로벌 중심 국가들이 자국 내의 첨단산업을 발전시키기 위한 산업정책을 부활시키는 현상이 그것이다. 다만 여기서 위계구조 변화를 둘러싼 경쟁은 '첨단산업' 분야에서 일어나고 있으며, 중국의 정책 방향은 자연스럽게 첨단기술 자립화가 될 것이다. 따라서 반도체, 배터리는 물론이고 5G, AI, 양자 컴퓨팅, 바이오 등 첨단기술의 개발과 혁신에 대한 투자 확대가 주요 정책으로 부상하고 있다. 주변, 반주변과 위계구조 재편만큼 성공적이지는 않지만, 일부 산업에서 이미 선진국과 위계구조 변화가 일어나고 있다고 보아야 하며, 이것이 미국을 비롯한 선진국(중심 국가)과 갈등을 피하기 어려운 이유다.[4]

세계체제론의 관점에서 보면 중국의 경제적 부상은 글로벌 중심은 물론이고 글로벌 반주변, 주변과의 관계 재설정을 동반하는 다차원적인 변화다. 중

---

4) 세계체제론은 자본주의가 역사적으로 출발부터 세계경제, 세계 체제를 동반하고 있고, 필요조건으로 한다는 가설에서 출발한다. 이 세계 체제는 소수의 중심, 소수의 반주변, 매우 광범위한 주변으로 이루어진다고 가정한다. 이러한 위계화된 체제는 각 수준의 개별 구성 국가는 변할 수 있지만, 구조 자체는 크게 변하지 않는다고 가정한다. 국가 간 갈등은 주변, 중심의 자리를 어떤 나라가 차지할 것인지를 놓고 벌이는 경쟁이다. 주변에서 반주변으로 다시 중심으로 상방 진입은 점점 더 좁아지는 문을 통과해야 하는 어려운 길이다. 더욱이 이미 중심이나 반주변을 차지하는 나라가 있기 때문에 추락과 추월을 둘러싼 국가 간 경쟁이 치열하게 전개되는 갈등을 동반하는 과정일 수밖에 없다.

국이 새로운 North로 부상해 글로벌 South와 관계를 재설정하고 있다. 산업적으로는 전통산업에서 중국이 공급망 허브로 부상해 글로벌 성장을 무역과 투자를 통해 이끄는 역할을 담당하는 것을 뜻한다. 그런데 이것은 미국이 글로벌 North로서 금융과 서비스를 중심으로 글로벌 South와 관계를 형성하는 방식과 차별적인데, 중국이 글로벌 헤게몬(hegemon)으로 부상하는 초기 단계의 현상으로 볼 수 있을 것이다. 19세기 말에서 20세기 초에 걸쳐 미국이 글로벌 헤게몬으로 부상하는 초기 단계에 미국식 제조 시스템이라는 새로운 생산방식을 무기로 글로벌 South와 관계를 재설정했던 것과 유사하다. 이렇게 보면 중국은 미국과 다른 것이 아니라 미국이 왔던 길을 그대로 재현하고 있는 셈이다.

그런데 현시점에서 보면 중국식 세계화는 미국식 세계화와는 다른 점이 있다. 금융이 아니라 전통산업의 우위와 거대한 국내시장을 기반으로 한다는 점이다. 미국의 세계화가 제조와 생산의 아웃소싱을 동반하기 때문에 반주변이 산업적으로 성장할 수 있는 기회를 제공한 반면, 중국의 세계화는 전통산업을 기반으로 하기 때문에 반주변의 탈산업화와 자원수출국화를 동반한다는 점에서 차이가 있다. 다만 최근까지 중국이 반주변으로 급부상하는 사이 반주변의 상층을 이미 차지한 아시아 NIEs 국가들이 중국의 부상에 편승해 산업을 빠르게 성장시킬 기회가 있었다. 그럼에도 중국 내 주변과 직접 경쟁해야 하는 글로벌 주변은 탈산업화가 일어났고, 우리나라의 저임금·저기술 업종이나 기능, 다른 선진국의 중기술 기반 제조업도 그 영향에서 자유롭지 못했다.

그러므로 미중 갈등은 양자 간 문제로 협소하게 이해할 성질이 아니다. 세계체제론의 관점에서 보면 글로벌 중심, 특히 글로벌 헤게몬 자리를 차지하기 위한 경쟁이자 글로벌 South를 자신이 주도하는 공급망과 가치사슬로 통합하려는 갈등이다. 이 과정에서 미국은 금융이나 서비스에 우위가 있기 때문에 제조업의 공급망과 가치사슬을 미국 중심으로 구축하기 위해서는 제조 생산에 우위가 있는 파트너가 반드시 필요하며, 한국·대만의 첨단 제조기업이 필요한 이유가 여기에 있다. 반면 중국은 자신이 우위에 있는 전통산업 제조 경쟁력을 기반으로 기술 취약성을 보완하고, 가치사슬을 주변국으로 확장해 자국 중심의 글로벌 공급망과 가치사슬을 확장하고자 한다.

따라서 디커플링과 이 개념이 암시하는 양자 간의 접근법은 이 재편의 주요 쟁점을 너무 협소하게 이해하도록 하는 한계가 있다. 연결되었던 것을 끊는 것이 다가 아니라 연결되는 방식, 즉 구조를 재편하는 것이 중요하다. 다시 말해 중국과의 부분적 디커플링 후에도 연결이 여전히 변하지 않고 유지될 수밖에 없음을 깨닫는 것이 중요하다. 그러기 위해서는 양자 간 틀에서 접근할 것이 아니라 구조적·시스템적 접근이 필요하며, 여기에 더해 세계체제론적 접근도 유용할 것이다. 세계체제론은 개별 국가나 국가 간 양자 관계에 초점을 맞추기보다 중심-반주변-주변으로 이어지는 성층화된 구조에 초점을 맞춘다. 반주변, 중심으로 상방 이동하려는 국가 간 경쟁을 세계경제의 동학을 결정하는 매우 중요한 차원으로 본다. 지금과 같이 국가 간 위계구조의 재편이 일어나는 전환기에 매우 유용한 접근이다.

즉, 세계체제론 관점은 중심, 반주변, 주변에 있는 개별 국가의 전략적 포지셔닝을 단순화하지 않고 그 복잡성을 이해하는 데 유리하다. 미중 양자 간 대결을 중심으로 한 이해에서 다른 나라는 양자택일이라는 선택 상황에 내몰린 구경꾼의 입장으로 전락한다. 그러나 세계체제론의 관점에서 주변은 개별 국가로는 아니더라도 집단으로서는 미국과 중국을 옵션으로 놓을 수 있는 전략적 위치에 설 수 있다. 반주변이 중국과 더 직접적인 경쟁관계에 노출된 반면, 금융과 서비스 주도로 세계화를 이끄는 미국과 일종의 보완 관계에 설 수 있게 되는 것이다. 중국과 주변의 관계도 훨씬 복잡해졌다. 중국이 글로벌 공급망의 허브로 부상하면서 중국을 제1의 무역 파트너로 삼는 국가가 120개 이상으로 증가했다. 글로벌 South에 가장 많이 투자하는 나라가 중국이라는 복잡한 관계망 구조를 결코 간과해서는 안 된다.

3. 공급망 재편의 전망

1) 세계화 이후 국제경제질서: 지역 기반 다극체제와 가치기반 블록화의 경쟁

글로벌 공급망 구조의 변화에 가장 결정적으로 영향을 미칠 국제경제질서 재편 방향에 대해서는 여러 가지 가설이 가능하지만, 현시점에서 실현 가능성이 높은 방향(시나리오)은 지역 기반 다극체제와 가치기반 블록화 두 가지다. 20세기 세계 대공황과 제2차 세계대전 사이에 보호무역 확산기와 유사한 완전 탈세계화, 트럼프 집권 이전으로 돌아가는 재세계화, 중국이 미국의 역할을 대체하는 중국 주도의 세계화는 적어도 현재로서는 실현 가능성이 낮다고 볼 수 있다. 따라서 순수한 형태로 실현되지는 않더라도 가능성이 가장 높은 두 가지는 지역 기반 다극체제와 가치기반 블록화라고 어렵지 않게 예측할 수 있다.

앞서 보았듯이 지역 다극체제는 냉전 종식 이후 어느 정도 실질적으로 진행되고 있다. 이미 유럽, 아시아, 북미 등 각 지역이 역내 국가 간 통합을 강화하는 제도가 확대되었다. 특히 아시아로 눈을 돌려보면 중국이 글로벌 사우스에 대해 새로운 중심 국가로 부상하는 다양한 변화도 관측되었다.

〈표 4-6〉 국제경제질서 재편 시나리오

국제경제질서 유형	주요 특징	실현 가능성
(탈세계화)	- 단일 헤게모니 권력이 약화되면서 개방 국제무역 시스템 와해. - 예: 1929~1945년과 유사.	하
(재세계화)	- 현 체제의 주요 구성원들이 다자간 협력 체제의 유지에 협력·개방된 국 제무역 시스템을 유지.	중하
(중국 주도의 세계화, G 3.0)	- **중국의 쌍순환 전략**은 이 방향으로 가는 길. 중국이 글로벌 경제의 중심 에 않고, 기술 사다리의 정점에 선다는 목표를 추구.	하
(지역 블록화)	- 냉전 종식과 함께 이 방향으로 변화가 시작. 유럽은 공동 시장(마스트리 히트 조약, 1992), 북미는 NAFTA 체결(1994), 아시아 국가들 사이의 자 유무역 협정이 증가. - 시장 밀착형 공급망. 공급망의 취약성 축소를 위한 지역화 경향도 지역 블록화 촉진.	중상
(가치기반 블록화, G 2.5)	- 아시아, 유럽, 북미 **민주주의국가**가 자유무역지역과 **경제블록**을 형성. 냉 전기에 미국이 주도해 구축한 시스템과 유사. - 중국에 대해서는 중국이 중상주의적 정책이나 산업정책을 수정하지 않 는 한 이 공동 시장에 대한 접근을 거부.	상

자료: Friedberg(2022: 113~118)의 내용 요약.

이에 대응한 또 하나는 가치기반 블록화라고 불리는 방향이다. 이것은 미국, 유럽 선진국 민주주의 국가를 중심으로 경제블록을 형성하는 것으로, 냉전기에 미국 주도로 형성된 체제와 유사성이 있다.

이 두 가지 방향은 지난 30여 년간 진행된 세계화의 위기 이후 두 개의 새로운 세계화 비전이자 전략으로 이해할 수 있다. 그리고 이 두 전략이 충돌하는 프런티어 중 하나가 바로 우리나라를 포함하는 아시아라는 점에서, 중국과 미국이 자신의 대안적 세계화 전략을 어떻게 추진하고 있는지 이해하는 것은 우리나라의 공급망 재편 정책을 준비하는 데 꼭 필요한 조건인 것이다.

2) 중국의 세계화 전략과 미국, 유럽의 대응

(1) 중국의 세계화 윤곽 다시 그리기: 지역 기반 다극체제

중국은 제14차 5개년 계획(2021~2025)에서 성장 레짐의 구조 변화를 계획하고 있는데, 그 중심에 있는 쌍순환 전략은 두 가지 보완적인 목적을 추구한다. 첫째, 내부 경제 발전으로, 생산의 고도화와 기술적 독립이다. 이와 동시에 사회 안전망을 강화하고 대규모 중산층의 부상을 촉진하는 것도 내부 경제 발전을 위한 방향이다. 이를 통해 더욱 혁신 지향적이고 외부에 대한 의존도가 낮은 성장 레짐으로의 이행을 추구하며, 이렇게 내적 역량 강화를 바탕으로 대외 확장 역량을 강화한다는 것이다.

둘째, 국제무대에서 중국의 전략적 위상을 강화하는 것이다. 중국에서는 자신의 지정학적 위상을 재설정하기 위한 프로젝트를 추진 중이다. 이를 통해 글로벌화의 윤곽을 다시 그리려는 중국 중심의 대안적 글로벌화 비전을 추구한다고 볼 수 있다. 이 목적을 위한 핵심 프로젝트가 바로 잘 알려진 일대일로다.

일대일로의 명시적인 목적은 중국과 아프리카, 유럽의 연결성을 강화하는 것이다. OECD에 따르면 BRI 국가와 중국은 구매력 기준으로 2017년 세계 GDP의 50% 이상을 대표한다. 중국과 다른 나라, 특히 신흥국 사이의 양자 관계를 강화하는 방식으로 사업이 구성되어 있다. 이를 통해 중국은 자국의 국제적 영향력을 강화하고 시장을 확대하며, 자원을 조달할 수 있는 원천을 확보하고자 한다. 파트너 국가들은 그 대가로 수송, 에너지, 디지털 등의 분야에서 인프라 개선을 위한 투자를 얻을 수 있을 것이다. 세계은행에 따르면 2013년에서 2018년 기간에 5000억 달러가 일대일로 국가에 투자되었다.[5]

또 일대일로는 중국 발전 모델의 수출이기도 하다(Bouissou, 2021.12.13). 일대일로를 통해 중국식 발전모델을 세계화하고, 수출하는 중국판 세계화 전략이다. 70여 개 이상의 나라에서 3100개에 달하는 인프라 건설 프로젝트를 추진하고 있으며, 인프라 건설의 파이낸싱을 상당 부문 중국이 담당한다. 방식은 주로 대출로서 1조 달러~1조 3000억 달러의 대규모 대출이 이루어진 것으로 추산된다.[6]

일부 미래산업에서는 선도국 지위를 차지하기 위한 더욱더 공격적인 전략도 있는데, 디지털 실크로드 정책이 바로 그것이다. 중국계 디지털 대기업의 해외투자를 앞세운 전략으로 전자상거래 분야(싱가포르 기업이며 동남아 전자상거래의 주요 플랫폼 기업인 라자다(Lazada)를 알리바바(Alibaba)가 인수), 핀테크 분야(알리페이(Alipay)의 모회사인 앤트 그룹(Ant Group)이 인도의 페이티엠(Paytm) 등 전자지갑 서비스 기업에 지분 참여)에서 중국계 기업의 해외 진출이 급속히 확대되었다. 중앙은행의 디지털 화폐인 e-CNY를 해외로 확장하는 m-CBDC Bridge 사업에도 주목해야 해야 한다. 한마디로 무역, 금융, 인프라, 사람, 정부 등 5대 축에 걸친 종합적인 접근이다(Aglietta et al., 2021: 106).

아시아의 경제통합을 강화하기 위한 조치들로는 상하이협력기구, 역내포괄적경제동반자협정(이하 RCEP)과 같은 역내 자유무역협정을 들 수 있다. 상하이협력 기구는 2001년 중국, 러시아, 중앙아시아 4국(카자흐스탄, 키르기스스탄, 우즈베키스탄, 타지키스탄)의 참여로 만들어져, 2017년 인도와 파키스탄으로 확대되었다. 2020년에는 RCEP 자유무역협정이 체결되어 아시아 15개국이 참여하는

---

5) 비교 사례를 들자면 마셜 계획은 현재 화폐 가치로 약 1350억 달러가 투자되었다. 2005년에서 2019년 기간에 중국의 해외투자의 약 절반이 에너지, 수송, 금속 인프라 분야에 투자되었다(Aglietta et al., 2019: 104에서 재인용).

6) 제2차 세계대전 이후 서유럽 재건을 지원한 마셜 플랜의 투자액과 비교할 수 있을 것(Gallagher et al., 2021)이다.

메가 FTA로 발전했다. 인도가 빠졌지만 특히 한·중·일 모두 참여하고 있고, 아시아 지역의 가치사슬 통합 강화에 기여할 것이며, 여기서 중국은 경제 규모로 보나 무역을 통한 통합 정도로 보나 핵심 역할을 할 것으로 전망된다.

중국의 세계화 비전은 지역 기반 다극체제, 특히 아시아에 초점을 맞춘다면 '아시아 중심주의'라고도 할 수 있다. 2022년 시진핑의 보아오 포럼 연설에서는 중국판 세계화의 원칙이라고 할 수 있는 몇 가지 원칙을 발표했다. 이 연설에서 아시아의 기적(Asian miracle)의 역사적 의의를 강조하고, 아시아가 세계평화의 축(앵커)이자 글로벌 성장의 동력이며 국제 협력의 새로운 페이스 메이커임을 강조하고 있다(*China Today*, 2022.4.22). 또 세계질서 변화의 원칙을 다음의 세 가지로 제시했다. ① 아시아 내 평화 유지를 강조하면서, '평화적 공존의 5원칙과 반둥정신'을 소환한다(상호 존중, 평등, 상호 이익, 평화적 공존 원칙 강조). ② 아시아 내 협력의 중요성, 특히 RCEP 출범에 의미를 둔다. 제도적·물리적 연결성을 심화하고, 아시아 전역에 걸친 개방성(open Asia-wide market), 상호이익이 되는 협력의 기회를 잡아야 한다는 주장이다. ③ 아시아 통일성 제고와 아세안의 중심성이다.[7]

(2) 미국, 유럽의 반격: 가치기반 블록화

가치기반 블록화는 중국이 주도하는 지역 기반 다극체제에 대한 대안으로 볼 수 있다. 여기서 가치는 ESG는 물론이고 인권·민주주의·개인정보보호 등 비경제적 가치, 국가안보와 같이 경제적 효율성의 논리로 해결할 수 없는 것도 포함한다.

---

[7] 일본, 한국, 대만으로 이어지는 동북아가 미국의 동맹으로 구성되어 있는 현실을 반영한다. 중국은 지역 아키텍처에서 아세안의 중심성을 강조한다. 이런 점에서 인도-태평양 전략이 중국의 전략에 대한 대응인 셈이다.

세계체제가, 가치체계가 다른 정치공동체(국민국가) 간의 위계화된 구조라면, 이 가치체계의 차이에도 불구하고 무역과 투자의 자유를 추구하는 것이 자유주의적 국제 경제질서의 핵심 원리다. 앞서 봤듯이 무역의 구조는 지역 기반 다극체제의 형성으로 나아간다. 동아시아에서는 중국을 중심으로 한 무역·투자 네트워크가 강화되고 있다. 가치기반 블록화는 이러한 도전에 대한 미국의 대응인 셈이다. 또 가치기반 블록화가 미국과 유럽의 정책이라면 당분간 미국의 외교 역량 상당 부분은 아시아에서는 대중국, 유럽에서는 대러시아 디커플링 정책에 투입될 것이다.

더 구체적으로는 개도국들이 중국에 과도하게 의존하는 상황을 견제하기 위한 조치로 우선 미국과 유럽이 추진하는 인프라 전략을 들 수 있다. 글로벌 게이트웨이(Global Gateway), B3W(Build Back Better World)라는 글로벌 인프라 이니셔티브가 코로나 팬데믹 와중에 제시되었다. 유럽이 제안한 프로그램 글로벌 게이트웨이는 6년에 걸쳐 3000억 유로를 동원하는 인프라 이니셔티브다. 디지털, 보건, 수송, 기후, 에너지, 교육 분야에 초점을 맞춘 전략으로, 중국의 일대일로와 중요한 차이는 원리 원칙 차원이다(폰 데 라이엔). 즉, '높은 수준의 투명성', '좋은 거버넌스', '좋은 품질', '민주주의 가치에 따른 접근', '과잉부채의 위험을 막기 위한 정의로운 조건 등'을 원칙으로 내세우면서, 일대일로에 대한 비판이자 대항 모델임을 분명히 하고 있다. B3W은 2021년 G7 선언에서 발표한 미국 주도의 이니셔티브다. 보건, 기후, 디지털 기술, 남녀평등 등에 수천억 달러를 투자한다는 목적을 세우고, 이미 프로젝트 발굴 작업을 시작한 것으로 알려져 있다.[8]

---

8) 참고로 세계 인프라 투자 필요액은 40조 달러로 추산된다. 미국의 관련 개발 협력 예산 (International Development Finance Corporation)은 600억 달러다.

(3) 가치 중심 통상정책의 확산과 클럽형 무역질서

선진국들은 환경, 노동, 인권, 민주주의 등 비경제적 가치를 통상정책과 연계하는 가치 중심 통상정책을 확산하고 있다. 즉 환경, 사회규범이 다른 국가 간 자유무역이 아니라 규범의 차이를 상쇄하는 상계조치를 도입하려는 시도가 차츰 증가하고 있다. 비경제적 가치를 무역 규범의 중심에 두는 새로운 무역질서에 대한 시도는 미국-유럽 간 무역 기술이사회(TTC)와 미국과 인도-태평양 국가 간 인태경제프레임워크(IPEF)다. WTO를 대체한다고는 할 수 없지만, 별도의 새로운 무역투자 규범을 형성하려는 시도다.

이는 미-EU 무역기술이사회(TTC)와 인태경제프레임워크는 가치 중심 통상, 경제안보정책의 부상이 결합된 무역질서에 대한 새로운 접근으로 볼 수 있다. 가치체계를 공유하는 국가들을 중심으로 하는 클럽형 무역질서를 만들려는 시도다. 특히 안보상의 이유나 전략적으로 중요한 기술, 신흥기술을 둘러싼 무역 규범을 만들기 위한 협력이 어젠다로 포함되어 있다.

일례로 TTC는 핵심 기술, 경제 및 무역 이슈 공동 대응, 민주주의 가치기반 공동 정책 추진을 목적으로 하고 있다. 기술 표준, 공급망 안보, ICT 기술 및 서비스, 데이터 거버넌스, 테크 플랫폼 등 신흥·기반 기술을 둘러싼 무역 규범을 만들기 위한 협력을 추진한다(최정환, 2022).

또 IPEF는 TTC의 아시아판에 해당한다. 미국은 인도-대평양 전략의 일환으로 무역과 디지털 경제, 기술, 공급망, 탈탄소화, 청정에너지, 노동 조건 등 공동의 목표를 위한 포괄적 경제 프레임워크를 지향한다. AI 기술 관련 규범, 반도체 공급망 재편, 기술 표준, 공급망 안전, ICT, 데이터 거버넌스와 기술 플랫폼 관련 규범 등이 논의 대상이다. 무역에서는 높은 수준의 노동, 환경 기준을 충족하는 무역을 목적으로 가치 기준 무역 규범을 추구한다. 디지털 분야에서는 개방성 원칙의 디지털 경제 및 국가 간 데이터 이동을 목표로 내세우고 있지만, 디지털 경제의 표준 선점이라는 목적이 내재되어 있다고 봐야 한다. 또, 공급망 분야에서는 예측 가능하며 강인하고 안전한 공급망을 목적으로 내세우고 있지만, 대중국 의존도 줄이기가 주요 목적이라는 것은 공공연한 사실이다. 환경 분야에서는 탈탄소화 및 청정에너지에 대한 공동 투자를 내세우면서 그린 신산업 시장 확대를 노리는 것이다. 마지막으로 인프라 분야에서는 인태 지역 인프라 정비 참여로 중국의 일대일로에 대한 대응의 측면이 분명하다.

3) 가치기반 블록화와 부분적/선별적 디커플링

이처럼 세계화에 대한 두 개의 비전과 전략이 경쟁하고 충돌하는 세계에서 앞으로 글로벌 공급망이 어떤 형태로 재편될 것인가가 결국 중요한 화두다. 이 공급망 재편의 방향을 이야기하기 위해서는 우선 글로벌 무역 관계의 재편 방향에 대한 가설(시나리오)이 필요하다.

유리 다두시(Dadush, 2022)는 지난 30여 년과 같은 세계화, 미소 냉전기와 같은 전면적 디커플링이 아니라 그 중간의 지역 다극화 체제가 가장 실현 가능성 높은 시나리오라고 본다. 미중 간 무역 전쟁, WTO 상소재판소 불능, 회원국의 규정 위반으로 기존 WTO 체제 기능부전 상태 등을 보면 전면적 디커플링으로 가는 것 같지만, 실현 가능성이 높은 시나리오는 아니라는 것이다. 전후 국제무역체제가 끝나지 않았고, 다만 더 복잡해지고 정치화되고 있다고 본다. 그는 국제무역의 새로운 프레임워크는 WTO의 개혁을 통해 등장할 것이지만, 그 규범의 강제력은 약화될 것이며, 또한 지역 헤게몬이 주도하는 세 개의 블록으로 나뉠 것으로 예상한다(Dadush, 2022).

그러나 이 시나리오는 세계화에 대해 경합하는 두 개의 비전 중 하나만을 이야기한 것으로 보인다. 다른 하나는 바로 가치기반 블록화다. 앞서 이 가치

<표 4-7> 글로벌 무역 관계: 세 가지 시나리오

최상	중간	최악
- 미중이 징벌적 관세를 서로 제거 - 다자간 딜 성사 - WTO가 복수국가협정 접근 도입 - DSU 부활 - MFN 관세 서서히 인하 - 세계 무역은 세계 GDP보다 빠르게 성장	- 미중 간 적대관계 지속, 그러나 무역은 계속 - WTO 유지 모드 - MFN 관세율 약간 상승 - 세 개의 지역 블록, 그러나 내적 정합성은 높지 않음 - 블록 내 높은 긴장 관계, 분쟁 해결은 케이스별로 - 세계 무역은 세계 GDP와 같은 속도로 증가	- 미중 디커플링 - WTO 체제 붕괴, 평균 관세율 급등 - 무역 블록 간 적대 증가 - 세계 무역 축소

자료: Dadush(2022).
주: 가능성이 가장 높은 것은 중간 시나리오.

기반 블록화가 중국의 지역 기반 다극화 전략에 맞서는 미국, 유럽 등 선진국의 대응 전략이라고 이야기한 바 있다. 부분적·선별적 디커플링은 가치기반 블록화이긴 하지만, 이것이 모든 분야가 아니라 일부 특정 분야에 우선 적용되는 상황을 의미한다. 미중 전략경쟁, 상호의존의 무기화, (인권, 노동, 환경) 가치 기반 비관세 장벽 증가로 미중 간 GVC 디커플링과 무역과 투자의 지역 블록화가 강화되고 있지만 이것이 모든 부문에 적용되는 것은 아니라는 것이다. 특히 각국이 전략적으로 중요하다고 생각하는 산업이나 기술을 구분하고 이 부문과 나머지 부문을 관리하는 무역 규범을 다르게 하는 것이 가능하다고 본다.

<표 4-8>은 앞에서 말한 최상의 시나리오에 해당하는 관여와 최악 시나리오에 해당하는 전면적 디커플링을 비교해 선별적·부분적 디커플링이 어떻게 다른지를 설명하기 위한 것이다. 핵심적인 차이는 산업을 구분해 첨단전략산업에 대해서 전통산업과는 다른 국제무역 질서와 규범을 적용하는 중층적 질서라는 데 있다.[9]

신흥 핵심 기술에 대해서는 국가안보를 이유로 자유무역의 예외를 인정하

〈표 4-8〉 선별적·부분적 디커플링과 복합지정학

		미-중 디커플링		
		⇐ 관여	선별적, 부분적 디커플링	전면적 디커플링 ⇒
산업의 구분	전통산업	G2	협력	분리
	첨단전략산업	G2	분리	분리
국제경제질서	국제경제질서	자유주의적 국제질서 (정경분리)	복합지정학 (국제정치와 경제의 융합, 국가개입의 증가)	냉전 (국가 간 전쟁 수단으로서 경제)
		지정학이 아니라, 지경학의 시대	표준, 네트워크, 기술동맹	영토기반 지정학
	지배적 생산방식	GVC	platform-centered multiple GVC	블록별로 분할된 국제 분업

자료: 김계환(2021).

거나 뜻을 같이하는 국가 간 클럽형 무역질서[10])를 만들어 관리하고, 나머지에 대해서는 다자간 무역체제나 양자 간 협정으로 기존 방식과 유사하게 관리하는 체제다. 클럽형 무역 질서에 참여하는 회원국 간에는 기술 이전, 수출통제, 외국인 투자 심사 등의 조정, 표현의 자유, 데이터 프라이버시, 사이버보안 등 공동 표준을 도입할 것이다. 그러나 냉전체제와는 달리 중국과 민주주의 블록 사이의 무역과 투자의 흐름은 계속될 것이다. 다만 더 많은 제약과 더 면밀한 모니터링으로 규제될 것이다.

---

9) 물론 무엇을 첨단전략산업이나 기술로 정할 것인지는 사전에 정의하기 어려울 것이다. 이것을 정의하는 것 자체가 국제 협상의 대상이 될 것이다.

10) Nordhaus 기후클럽의 확장판(Nordhaus, 2015). 이 클럽형 체제는 피케티의 제안과도 유사하다. Nordhaus의 climate clubs도 배타적이거나 배제적인 블록의 결성이 아니다. 기후위기 대응이라는 공통의 목표를 달성하기 위해 보다 높은 수준의 규제와 목표를 공유하는 클럽을 구성하고, 다른 나라의 참여를 독려한다. 단, 참여를 위해서는 조건을 충족해야 하며, 클럽 밖의 나라에 대해서는 무역에서의 관세와 같은 페널티를 부과하는 방식으로 특정 국가를 원천적으로 배제하는 폐쇄형 질서가 아니다.

이것은 공급망 디커플링이 모든 산업으로 확산되기 어렵다는 현실을 반영한다. GVC는 생각보다 충격에 강하고, 급격한 변화에 대해 저항이 강하다. 구축하는 데 고정비용이 많이 들고, 일종의 규모 경제가 작동하기 때문에 단기간에 바꾸기 쉽지 않다. 특히 생산자 주도 GVC는 고정비용, 규모의 경제 등 특성이 더 강해 바꾸기가 더욱 어렵다. 공급망의 리쇼어링도 실제로는 매우 제한적이다. 최근 미국 기업 서베이에 따르면 346개 서베이 대상 기업 중 71%가 생산을 리쇼어링할 계획이 없고, 단지 4%만이 그러한 의향을 보였다. 나머지는 중국에서 임금이 낮은 아시아 다른 나라로 옮길 계획이다. 이러한 상황은 다른 나라의 기업 또한 마찬가지다. 결국 공급망의 글로벌화를 확산한 업무 단위의 국제 분업(trade in tasks)은 이런저런 충격에도 계속 살아남을 가능성이 높다. 다만 이 국제 분업의 지역별 구조가 바뀔 뿐 이러한 형태 자체가 없어지는 것은 아닐 것이다.

부분적·선별적 디커플링은 주요국이 지난 30여 년 동안 형성된 상호의존의 제약을 고려하면서 지역기반 블록화, 또는 가치기반 블록화로 나아가는 이행 모델로 보아야 한다. 이 이행은 1~2년 내 단기간에 끝날 것이 아니고 상당히 오랜 기간에 걸쳐 '천천히 그러나 매우 빠르게' 진행될 것이다. 가치기반 블록화는 정책이면서 이 정책의 효과로 점차 눈앞의 현실로 등장할 것이다.

4. 결론을 대신하여

1) 공급망 위기의 이해와 대응

미국 일각에서는 글로벌 공급망 재편과 관련된 국제무역 질서의 변화를

'새로운 브레튼 우드 체제로의 변화(A New Bretton Woods Moment)'라고 부르기도 한다(Yellen, 2022.4.13). 이 용어가 뜻하는 전환은 두 가지 측면을 내포한다. 하나는 국제경제 규범, 제도, 아키텍처 재설계이고, 다른 하나는 경제적 가치 생산·분배의 국가 간 위계구조의 재구축이며 특히 어떤 국가와 기업이 미래전략산업 가치사슬을 주도하느냐의 경쟁이다.

이러한 변화의 중심에는 중국의 부상과 세계경제를 구성하는 국가 간 위계구조의 변화가 있다. 그리고 이 변화는 일본에서 중국으로 이어지는 동아시아의 경제적 부상과 국가 간 위계구조 재편의 요구, 이에 대한 대응 과정인 측면도 있다. 그렇기 때문에 중국의 다극체제 비전과 미국의 가치기반 블록화라는 두 개의 비전과 전략이 충돌하는 프런티어가 바로 동아시아인 것이다.

공급망 재편에 초점을 맞춰보면, 인도-태평양 경제 프레임워크(IPEF), 칩4(Chips 4)는 미국 주도의 중러 배제적 공급망 동맹의 성격이 강하다. 반도체 및 과학법(CHIPS and Science Act), 인플레이션 감축법(Inflation Reduction Act)에서 보듯 미국도 자국 중심주의를 노골적으로 추진하고 있다. 미국의 공급망 전략이 지향하는 궁극적 목적을 이해하기 위해서는 허브산업 개념을 주목해야 한다. 허브산업은 "다른 대부분의 산업부문과 연계되어 있는 산업"으로 정의되는데(The White House, 2022), 미국 정부는 허브산업에 관한 한 군사적 위협·취약성은 물론 기술, 산업, 경제적 위협·취약성으로부터도 난공불락의 성이 되어야 한다는 생각이 깔려 있다. 따라서 허브산업 공급망을 내재화하려는 생산입지정책의 측면이다. 이러한 공급망 내재화가 궁극적 목표이기 때문에 동맹 중심으로의 재편에 만족하지 않는 것이다. 나아가 공급망 안보의 측면뿐 아니라 국내 제조업 일자리 확대, 중산층 복원의 목적도 같이 결합되어 있으며 국내 생산시설 투자를 강조하는 이유가 여기 있다.

비대칭적 디커플링으로 요약할 수 있는 중국의 공급망 전략 방향성도 이와 크게 다르지 않다. 세계의 중국에 대한 의존도는 높게, 중국의 세계(서방)에 대한 의존도는 낮게 하는 것이다. 기술의 자립화는 물론이고 공급망을 내재화하고, 저기술 제품이라도 압도적으로 시장을 지배해 무기화하는 것이다.

이런 상황에서 국제 협력을 통한 기술, 원자재 공급망 관리의 시도나 전망은 어두울 수밖에 없다. 지금은 WTO를 통한 기술·원자재 무역 관리를 기대하기는 어렵다고 봐야 한다.

앞에서 당분간은 자유무역과 클럽형 무역질서(소다자주의)가 공존하는 다층 무역구조가 될 가능성이 높다고 했는데, 이러한 새로운 현실을 반영해 무역과 외교 정책을 다시금 설계해야 할 것이다. 그럼에도 불구하고 WTO 체제의 개혁을 위한 노력에는 적극적으로 참여해야 할 것이며, 동시에 지역 및 양자 간 협상 노력을 강화해야 한다. 특정 이슈에 대해서는 그것이 WTO 내부에서든 밖에서든 복수국가 협정에 참여해야 한다.

공급망 안보의 주요 대상인 기술과 원자재는 역사적으로 국가 간 갈등과 전쟁의 주요 원인 중 하나지만 국가 간의 합의에 의한 관리가 불가능한 것은 아니다. 제2차 세계대전 이후 유럽은 역내 국가 간 더 이상의 전쟁이 불가능하도록 유럽 석탄철강공동체를 결성했다. 이와 마찬가지로 주요 기술과 원자재를 국제협약의 대상으로 삼고, 국제기구를 통해 관리하는 비전을 국제사회에 제시할 수 있을 것이다. 이러한 방식에 뜻을 같이하는 국가들이 협력하고 연대할 수 있을 것이며, 기술이나 원자재 수입국인 전 세계 대부분의 나라가 연대의 대상이 될 수 있을 것이다. 우선 중견국 연대 형태로 기술 및 원자재 국제협약을 제안하고, 여기에 유럽 국가들과 연대도 적극적으로 추진해 볼 만하다. 이 국제협약에는 원자재 매장을 보유한 개도국의 발전에 대한 권리도 포함시켜야 한다.

공급망 정책은 분야별 개선 조치를 넘어 발전 모델에 대한 새로운 컨센서스에 기반을 둘 필요가 있다. 부처별-분야별 정책 리스트의 나열이 아니라 새로운 발전 모델로 나아가는 정치 어젠다를 제시할 필요가 있는 것이다. 이른바 안미경중, 안미경세를 넘어 전략적 자율성을 목표로 설정할 필요가 있다 (김계환 외, 2021.12).

또 공급망 정책의 목적을 국가안보를 넘어서는 균형 잡힌 국가 산업 생태계 구축으로 설정해야 한다. 정책의 목적, 목표를 분명히 하기 위해 공급망 안보, 공급망 리질리언스를 명확하게 정의해야 하며, 동시에 산업정책과의 차이 및 관계도 분명히 해야 한다. 산업정책의 범위는 공급망 리질리언스 정책이나 공급망 안보 정책보다 훨씬 폭이 넓다. 따라서 공급망 정책의 목적과 범위를 너무 넓게 설정할 경우, 특히 공급망 안보와 미래산업 경쟁력 달성을 목표로 포함할 경우 기존 산업정책과 중복 가능성이 높다는 문제가 발생한다.

그러나 공급망 정책이 더 포괄적인 산업정책의 목적과 결합되어야 하는 것도 분명하다. 미국도 국내에 균형 잡힌 산업 생태계를 구축하는 것을 목표로 하고 있고, 그렇기 때문에 국가안보를 넘어서는 매우 다양한 목표가 공급망 정책에 들어가 있다. 공급망 정책의 목적을 전략산업과 기술에서 가치사슬의 전 단계를 포괄하는, 균형 잡힌 국내 산업 생태계를 재구축하는 것으로 설정하는 것이다.

이와 같이 공급망 정책이 산업정책과 긴밀히 결합되기 위해서는 무엇보다 관련 정책 간 조정을 가능하게 하는 효과적인 실행 체계가 재구축되어야만 한다. 공급망 정책은 규제 정책이 아니라, 산업 진흥 중심의 정책이다. 다양한 산업을 가로지르는 전략적 접근이 필요하고, 정책 분야 간 조정이 중요하다. 국내 산업 역량을 재구축하고 공급망을 재구축하는 것은 동전의 양면처럼 연결된 이슈이기 때문에 조세, 무역, 투자 정책의 조정이 필요하다.

2) 가치기반 블록화에 대한 대응

가치기반 블록화가 당분간은 비가역적인 변화 방향이라면, 우리나라도 전략 기술과 부문에 대해서는 리질리언스와 안보의 관점에서 새로운 공급망 전략을 준비해야 한다. 미국의 National Security Strategy(이하 NSS)와 같이 산업전략, 산업 공급망 전략을 포함한 국가안보 전략이 마련되어야 한다. 전략 기술과 부문을 따로 정의하면, 이것은 안보의 이슈이며, 따라서 국가안보 전략과 함께 고려해야 한다는 것을 뜻한다. 나머지 기술과 부문에 대해서는 경제적 기준이 적용된다고 하더라도, 전략 기술과 부문은 국가안보 전략과 함께 고려하는 이중적 접근이 필요한 것이다.

NSS에서 전략 기술과 부문의 공급망을 공유하고 협력할 국가의 바운더리가 정해지면, 이 범위 내에서 공급망 협력을 구상해야 한다. 이것이 바로 미국, 유럽이 구상하는 가치기반 블록이며, 미국과 유럽 사이의 무역기술이사회(TTC), 미국과 인도 태평양 국가 사이의 인도태평양경제프레임워크(IPEF)가 제도화를 위한 시도다.[11]

그러나 미국과 유럽 사이에는 민주주의, 인권, 프라이버시, 국가의 역할, 시장의 역할, 탄소중립 등 '가치들'에 대한 컨센서스 수준이 높은 반면, 미국과 인도 태평양 국가들(15개국) 사이에는 이 가치들에 대한 컨센서스 수준이 미-유럽 경우보다 매우 낮다. 그렇기 때문에 높은 수준의 컨센서스를 추구한다면

---

11) R. Atkinson은 IPEF가 중국의 팽창을 막는 것이 목적이라는 것을 '솔직하게' 인정하고, 뜻을 같이하는 국가들이 여기에 참여하도록 해야 한다고 주장한다. IPEF를 과거 냉전시대와 같이 미국이 시장을 열어주는 대신 대(對)공산권 억제 정책에 참여하도록 하도록 하는 것과는 다르다고 본다. 미국이 아시아 국가들에게 특히 제조업 시장을 열어줄 만한 여력이 없다. 또한 중국에 대한 과도한 의존으로부터 피해를 볼 국가들이기 때문에 이해관계를 같이하고, 책임도 분담해야 한다는 관점에서 접근해야 한다고 주장한다. Atkinson(2022).

합의에 이르기가 어려울 것이다. 이에 더해 중국은 '아시아성'을 강조하면서 미국과 아시아 국가들 사이의 가치 차이를 강조해 미국 주도의 가치기반 블록화를 좌절시키고자 할 것이다.

우리나라는 두 가지 끄는 힘에 의해 크게 영향을 받고 있다. 하나는 미국 주도의 가치기반 블록화, 다른 하나는 중국 주도의 지역 기반 블록화다. 이것은 우리나라뿐 아니라 아시아에 있는 대부분의 나라들이 직면한 어려움이다. 한국판 NSS는 이 두 가지 끄는 힘의 충돌이 갖는 의미와 영향을 분명하게 인식하는 데서 시작해야 한다.

미국과 중국이 전략적 경쟁자와 공존하는 법을 얼마나 빨리 배우느냐가 세계의 평화, 세계의 경제적 번영을 위해 결정적일 것이다. 끝내 공존하는 법을 배우지 못할 수도 있으나, 희망과 비전을 갖고 노력해야 할 것이다. 우리나라가 공존의 길을 제시하고, 대결로 가지 않도록 선도적인 역할을 하는 것도 소명으로 삼아야 할 것이다. 이질적인 가치를 갖는 정치 공동체들이 충돌로 향하지 않고 공존할 수 있는 국제질서를 적극 제시해 틈을 열어야 한다. 이것이 세계화된 한국 산업이 한 단계 더 발전할 수 있는 돌파구를 여는 길이다.

우리나라가 공급망 재편의 방향을 모색하는 것은 우리나라 입장에서 뜻을 같이하는 국가를 정하는 것, 우리나라의 입장에서 새로운 국제질서를 구상하는 것과 분리될 수 없다. 적어도 전략 기술과 부문에 관한 한 정치와 경제, 공급망을 분리할 수 없는 시대에 이미 오래전에 들어섰기 때문이다.

3) 새로운 국제주의를 향하여[12]

결론적으로 새로운 국제무역 규범 형성을 위한 방향으로 무엇을 제안할 수 있을까? 데니스 로드릭(Denis Rodrik)이 제안한 세계경제의 트릴레마(Trilemma)는 이 논의를 위한 유용한 출발점을 제공한다. 로드릭(2012)은 민주주의, 글로벌화, 국민국가의 양립과 조합 가능성에 대해 민주주의와 글로벌 시장 사이의 긴장관계에서 나오는 세 가지 가능성을 제시한다. 세계경제의 트릴레마는 민주주의, 하이퍼 글로벌화, 국민국가의 강한 주권 등 이 세 가지를 동시에 실현할 수는 없다는 것이다. 예를 들면 글로벌화와 국민국가의 강한 주권을 선택할 경우 민주주의는 달성할 수 없고, 민주주의와 국민국가의 강한 주권을 선택할 경우 글로벌화의 제한은 불가피하다는 것이다. 마찬가지로 하이퍼 글로벌화와 민주주의를 선택할 경우 국민국가의 주권은 제한될 수밖에 없다는 것이다. 이 트릴레마를 풍부한 역사적 사례를 들어 엄밀하게 실증한 것은 아니지만, 로드릭의 트릴레마는 새로운 국제질서를 추구할 경우 무엇을 버리고 무엇을 선택할지 판단을 내릴 수 있는 유용한 프레임을 제공한다.

이 트릴레마에 따라 민주주의와 국민국가의 주권을 포기할 수 없는 가치라고 보면, 글로벌화에 대한 다른 접근이 불가피하다. 신자유주의적 글로벌화, 하이퍼 글로벌화와는 다른 방식으로 글로벌화의 규칙을 재정의해야만 한다. 자유로운 교환, 만인의 만인에 대한 경쟁, 시장의 규율에만 기대는 글로벌화와는 다른 규칙을 만들어야 한다(Piketty, 2020.2.8). 피게티(Picketty, 2020.7.11)는 경제적 정의, 환경 정의에 기반을 두는 협력적 발전 모델과 이에 상응하는 새로운 국제주의를 제안했다(Piketty, 2020.7.11). 물론 출발점은 지금까지 글로

---

12) 김계환 외(2021.12)의 내용을 수정·보완했다.

〈그림 4-7〉 로드릭의 세계 경제·정치적 트릴레마

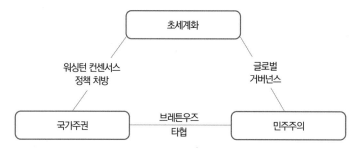

자료: Rodrik(2012).

벌화를 이끌었던 절대적 자유교환이라는 생각과 단절을 그어야 하고, 경제적 정의와 기후 환경적 정의라는 원리에 기초하는 새로운 발전 모델로 이행이다 (Piketty, 2020.2.8). 그리고 이에 상응하는 글로벌화의 새로운 규칙을 피게티는 사회적·연방주의적이라고 규정한다(Piketty, 2020.2.8).

국민국가의 주권, 민주주의와 조화 가능한 새로운 국제주의의 모색에서 잊힌 유산에 주목할 필요가 있다. 바로 ITO(International Trade Organization)가 그것이다. 피게티의 사회적·연방주의적 국제주의와 이 유산의 정신은 크게 다르지 않다.

오늘날 우리가 브레튼우즈 체제를 이야기할 때면 보통 세계은행, 국제통화 기금, 1971년까지 지속된 금기반 국제통화 시스템을 떠올리는 것이 보통이다. 그러나 GATT 체제가 만들어지기 전에 47개국 대표가 쿠바 하바나 선언을 통해 ITO 설립에 합의했다는 사실을 기억하는 경우는 많지 않다. 배리 린 (Lynn, 2009)의 평가에 의하면 ITO의 궁극적인 목적은 책임감 있는 공화국의 연합을 창설하는 데 있지, 톱다운 방식으로 통제하는 데 있지 않다(Lynn and Cornered, 2009: 198). 물론 세상에 실제로 존재하는 모든 시장과 마찬가지로 일종의 마스터로서 미국이 있지만, ITO는 시장 시스템 참여자들의 이해에 복무하도록 설계되었다. 특히 ITO는 한 국가의 대외 무역과 해당국의 고용수준 및 노동규범을 조화시키도록 디자인되었다(Lynn, 2009: 198).

경제안보정책의 주류화도 GVC 구조 재편도, 기존 방식의 글로벌화가 더 이상 지속될 수 없다는 점을 점점 더 분명하게 만들고 있다. 물론 새로운 국제무역 규범은 아직 분명하지 않고, 많은 나라에서 정치적으로는 '민족주의와 정체성의 정치'로 회귀하는 경향이 강화되고 있으며(Piketty, 2020.2.8), 무역과 투자를 규제하는 보호주의 조치는 더욱 증가하고 있다.

이제 한국이 새로운 글로벌화 규칙과 규범을 만드는 데 적극적인 역할을 함으로써 한국경제가 지속가능한 성장을 실현할 수 있는 기반을 마련하는 한편, 세계경제의 지속가능한 성장과 평화에 더 적극적으로 기여하는 마중물 역할을 강화해야 할 때이다.

참고문헌

김계환. 2021. 「첨단 산업 GVC 재편에 대응한 산업·안보 정책」. 경사연리포트, 2021-11.

김계환·김바우. 2021. 「글로벌 공급망 개편 대응 정책과제」. ≪경제인문사회연구회 협동연구총서(경제회복분과)≫, 22-36-03.

김바우·김계환. 2022. 「코로나 19 이후 글로벌 가치사슬의 변화」. ≪경제·인문사회연구회 협동연구총서≫, 21-19-04. 포스트 코로나 19 대응 종합 연구.

김계환·사공목·강지현. 2021.12. 「경제패권경쟁시대 전략적 자율성을 위한 산업통상 전략」. 산업연구원 연구보고서.

최정환. 2022. 「인도-태평양 경제 프레임워크(IPEF)의 주요 내용과 우리의 역할」. ≪I-KIET 산업경제이슈≫, 140.

Aglietta, Michel and Luc Arrondel, Gilles Dufrénot, Etienne Espagne, Anne Faivre, Yann Guy, Renaud Du Tertre, André Masson, William Oman. 2019. *Capitalisme: Le temps des ruptures*. FR: Odile Jacob Paris.

Aglietta, Michel and Guo Bai and Camille Macaire. 2021. *La course à la suprématie monétaire mondiale*, Odile Jacob.

Baldwin, Richard. 2016. *The Great Convergence: Information technology and the New Globalization*. MA: Belknap Press.

Bouissou, Julien. 2021.12.13. "Avec les nouvelles routes de soie, Pekin tente d'exporter son modéle de développement." *Le Monde*.

CEPII. 2012.12. "Panorama de l'économie mondiale."

CHINA TODAY. 2022.4.22. "Xi Jinping delivers keynote speech at opening ceremony of Boao Forum for Asia Annual Conference 2022."

Dadush, Uri. 2022. "Is the post-war trading system ending?" *Bruegel Policy Contribution*, Issue n°04/22.

Friedberg, Aaron. 2022. "The growing rivalry between America and China and the future of globalization." *The Strategist*, 5(1), pp.95~119.

Gallagher, Kevin and Richard Kozul-Wright. 2021. *The case for a New Bretton Woods*. UK: Polity Cambridge.

Li Xin and Meng Bo, Wang Zhi. 2019.4. "Recent patterns of global production and GVC participation." *Technological Innovatio, Supply chain trade, and workers in a globalized world*. Global Value Chain Development Report 2019.

Li Xing. 2021. "The rise of China and its impact on world economic stratification and re-stratification." *Cambridge Review of International Affairs*, 34(4), pp.530~550.

Lynn, Barry. 2009. *Cornered: The new monopoly capitalism and the economics of destruction*. NJ: Wiley.

Meng Bo and Xiao Hao, Ye Jiabai, Li Shantong. 2019. "Are global value chains truly global?", *IDE discussion paper*, 736.

Nordhaus, William. 2015. "Climate Clubs: Overcoming free-riding in International Climate Policy." *American Economic Review*, 105(4), pp.1339~1970.

Piketty, Thomas. 2020.2.8. "Social-fédéralisme contre national-libéralisme." *Le Monde*.

_____. 2020.7.11. "Pour reconstruire l'internationalisme, il faut tourner le dos á l'idéologie du libre-échange absolu." *Le Monde*.

Rodrik, Dani. 2012. *The Globalization paradox: democracy and the future of the world economy*. UK: Oxford University Press.

The White House, 2022, "Building resilient supply chains." *Economic Report of the President*. US: U.S. Government Publishing Office.

Yellen, Janet 2022.4.13. "US Treasury Secretary Janet Yellen on the next steps for Russia sanctions and 'friend-shoring' supply chains." Special address by US Treasury Secretary.

인구구조 전환

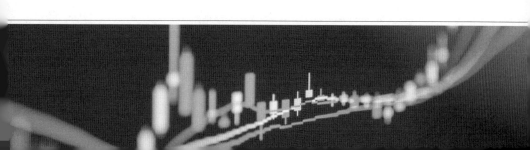

제5장

인구구조 변화와 지속가능한 정부의 역할 수행*

이태석 ∣ KDI

1. 서론

우리나라는 OECD 국가들 중 가장 젊은 나라였으나 가장 늙은 나라로 변화하는 과정에 있다. 우리나라의 노인부양률, 즉 생산연령인구 대비 노인인구 비율이 향후 30~40년간 주요국들 중 가장 빠르게 증가해 향후 전 세계에서 가장 높은 비율을 지닐 것으로 보인다. 2000년 이전까지는 OECD 국가 중 우리나라의 노인부양률이 가장 낮아 제일 젊은 나라라고 할 수 있으나, 2030년경 OECD 국가 평균 노인부양률과 유사한 수준을 보인 뒤 2050년 이후에는 OECD 국가 중 가장 높은 노인부양률을 보일 것으로 전망된다. 이러한 급격한 고령화는 기대수명의 중장기적 증가와 출산율의 지속적 하락에 따른 결과라 할 수 있다. 개도국과 세계 평균 기대수명도 증가하는 추이를 보이나 선진국과 아시아, 특히 동아시아 3국인 한·중·일의 기대수명이 빠르게 증가하

---

* 이 장은 이태석 외, 「인구구조 변화에 대응한 구조개혁방안」(KDI 연구보고서, 2020)를 바탕으로 작성했다.

〈그림 5-1〉 본예산 주요 분야별 지출 비중 추이

(단위: %)

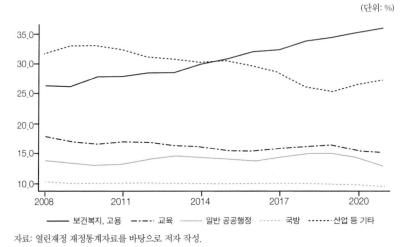

──── 보건복지, 고용   ──·── 교육   ──── 일반 공공행정   ········ 국방   ·········· 산업 등 기타

자료: 열린재정 재정통계자료를 바탕으로 저자 작성.

고 있으며, 우리나라의 기대수명은 선진국 평균보다 높아 세계 최고 수준인
일본과 유사한 수준을 보인다. 반면, 기대수명 증가와 함께 합계 출산율은 지
속적으로 낮아지는 추이를 보이며, 우리나라의 출산율 감소 속도가 특히 빠르
다. 우리나라의 2020년 합계 출산율은 0.81명으로 전 세계에서 가장 낮은 수
준이다. 이와 같은 기대수명의 증가와 합계 출산율의 감소는 인구 규모의 감
소와 노인인구 비율의 증가라는 인구구조의 변화를 초래한다.

　고령화와 인구 감소는 고령 관련 재정지출 확대와 생산연령인구 감소에 따
른 세원 축소를 가져와 재정의 지속가능성 우려가 제기되는 한편, 청년인구
감소는 병력 자원의 감소를 야기해 분단 상황에 처한 우리나라에 국방 서비스
를 적정하게 공급할 수 있는지의 우려도 제기된다. 지속가능한 재정 운용을
위해서는 지출 효율화를 통해 정책목표 달성을 위한 주요 분야별 재원 배분의
효과성 제고 노력과 함께, 충분한 재정지출 재원을 마련하기 위한 세원 확보
노력이 요구된다. 특히, 지출 비중이 높은 복지·교육·지방행정·국방 분야의

제도 개선과 부가가치세 세입기반 확대가 우선적으로 요구된다.

다음에서는 이태석 외(2020)의 주요한 내용을 중심으로 각각의 논점에 대해 좀 더 상세히 서술하고자 하며, 추가적인 설명은 이태석 외(2020)를 참고할 수 있다.

2. 노인 연령 상향 조정 가능성 검토

모든 노인 관련 정책의 집행은 일정한 연령 기준을 요구한다. 19세기 이후 상당 기간 동안 노인 여부를 결정하는 통상적인 연령 기준은 65세였으나 제2차 세계대전 이후 전 세계적인 인구고령화 추세와 노인 건강상태의 개선은 이러한 관습적인 노인연령 설정 방식을 점점 더 부적절하게 만들고 있다. 인구고령화에 따른 재정의 지속가능성 문제는 공적연금제도에서 가장 심각하게 표출된다. 우리나라를 포함한 여러 선진국에서는 연금수급연령 상향, 기대수명 증가를 반영한 연금수급연령 자동조정장치 등을 도입함으로써 문제를 부분적으로 해결해 왔으나 재정의 지속 가능성 문제는 공적연금에 국한되지 않으며, 따라서 공적연금 외에도 노인복지제도 전반의 수급연령을 체계적으로 재검토할 필요가 있다.

우리나라를 비롯한 대부분의 국가는 생애주기별 복지정책의 주요 영역으로서 노인을 아동, 청소년, 장애인, 여성, 청년과 함께 별도의 주요 정책 대상으로 고려한다. 국가와 지방자치단체는 고령자의 신체적·경제적·사회적 특성을 감안해 소득보장, 건강보장, 주거와 여가생활, 노인돌봄서비스, 실종 및 인권보고 등 분야별로 다양한 복지사업을 구성하고, 이 사업들을 통해 노인복지 수요에 대응한 현금과 현물을 제공하고 있다.

<그림 5-2> 노인복지 주요 사업 구성 및 정책목표

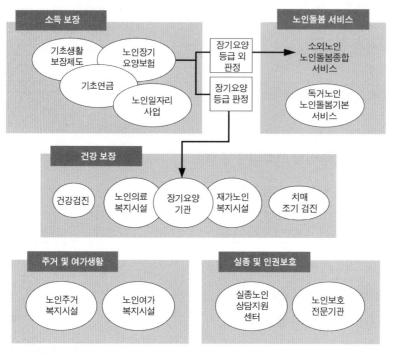

자료: 이태석 외(2020).

　　노인복지사업의 수급자격 결정을 위해 일반적으로 일정한 연령 기준이 활용
되고, 정책목표에 따라 자산·소득·건강·가구 요건 등이 추가적 자격 기준으로
고려된다. 현행 연령 기준은 정책사업의 목적과 연령별 건강상태 등 정책 대상
의 특성 그리고 재정사업 소요와 재원 등을 종합적으로 고려한 결과, 사업별로
다소 차이가 있으나 65세 이상이 주된 기준으로 활용되고 있다. 주요 노인복지
사업들의 2020년 기준 수급연령을 살펴보면 50세에서 75세까지 다양한 연령
이 활용되며, 46개 주요 복지사업 중 약 61%인 28개 사업이 65세 이상의 연령
기준을, 약 22%인 10개 사업이 60세 이상의 연령 기준을 적용한다.

　　이는 많은 노인복지사업 관련 법률과 사업계획에서 1981년에 제정된 '노인

<표 5-1> 우리나라 주요 노인복지사업의 대상자 자격 연령 기준

연령	사업 수	사업명	주요 정책목적
75세	1개	단기 가사 서비스(부부)	돌봄
70세	1개	경로우대자 추가(세금)공제	소득 보장
66세	1개	일반 건강 검진	의료 보장
65세	28개	경로우대제도, 기초연금, 농지연금, 이동통신비감면, 노인일자리, 틀니·임플란트, 노인외래정액제, 예방접종, 노인돌봄기본서비스, 노인돌봄종합서비스, 응급안전알림서비스, 독거노인친구만들기, 초기독거노인자립지원, 단기가사서비스(독거), 독거노인사랑잇기, 지역사회자원연계, 노인장기요양보험제도, 행복나눔이지원, 어촌가사도우미 지원, 학대피해노인 상담지원, 행복주택공급, 고령자복지주택, 고령자전세임대주택 주거급여지원, 노인교통안전교육, 노인양로시설, 경로당, 노인자원봉사활동	경로우대, 소득 보장, 일자리, 의료 보장, 돌봄, 주거 서비스, 사회참여, 교통안전
62세	1개	국민연금	소득 보장
60세	10개	주택연금, 노후긴급자금대부사업, 사회활동지원, 60세 이상 고령자고용지원, 치매검진, 치매치료관리비, 안검진 및 개안수술, 무료관절수술, 노인복지주택, 노인복지관 및 노인교실	소득 보장, 일자리, 의료 보장, 주거 서비스, 사회참여
56세	1개	아름다운 이야기 할머니 사업(56~74세)	사회참여
55세	1개	고령층 정보화 교육	사회참여
50세	2개	사회공헌 활동 지원, 어르신 문화 프로그램 운영	일자리, 사회참여

자료: 이태석 외(2020).

복지법'상 노인 기준을 준용했기 때문으로 보인다. '노인복지법'은 2007년에 신설된 노인복지주택 입소 자격 연령 기준을 60세로 낮추었으나, 1981년에 제정된 이후 연령 기준의 조정 없이 65세 기준이 약 40년간 유지되고 있다. 2000년대에 들어 제정된 노인장기요양보험, 주거약자, 교통약자 관련 법률에서는 노인복지법 노인연령 기준을 준용해 65세 이상을 노인 혹은 고령자로 정의한다. 한편, '고용상 연령차별금지 및 고령자고용촉진에 관한 법률과 산업재해보상보험법'에서는 고령자를 55세 이상과 61세 이상으로 각각 정의하고, 준고령자 개념을 도입해 50세 이상을 포괄했다.

복지 유형은 소득보장, 돌봄, 의료보장, 주거, 일자리, 사회참여 등으로 구

<그림 5-3> OECD 국가들의 평균 연금수급연령(1950~2050)

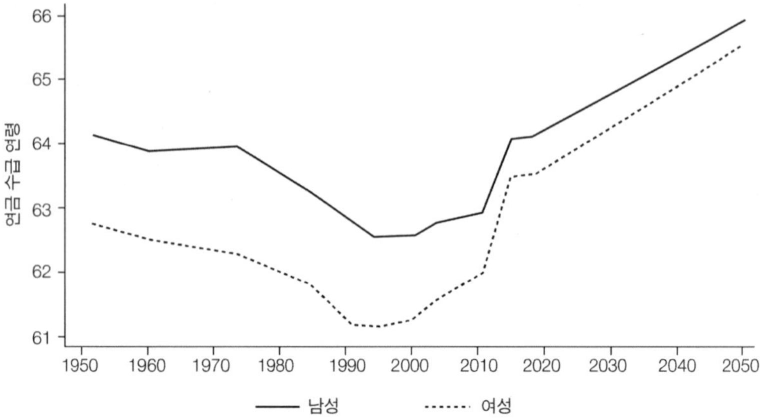

자료: 이태석 외(2020).

분할 수 있는데, 재정 소요가 상대적으로 적으며 참여를 위한 일정한 신체적 능력을 요구하는 사회참여, 일자리 관련 연령 기준은 50~55세 이상의 준고령 자를 포괄하는 반면, 재정 소요가 많은 돌봄·소득보장 관련 복지는 연령 기준을 좀 더 엄격히 적용하는 경향이 있다. 이러한 경향은 주요국 노인복지사업의 대상자 연령 기준에서도 확인된다.

현재 노인은 국가, 성, 정책사업에 따라 다양한 방식으로 정의된다. 앞에서 살펴본 바와 같이 현재 우리나라를 비롯한 많은 선진국은 노인을 대부분 65세 이상으로 정의한다. 그러나 세계 각국을 포괄하는 UN은 통상 60세 이상을 노인으로 파악하며, 아프리카 등 저개발국의 경우에는 50세 이상을 노인으로 정의해 각국의 경제 수준과 건강상태 등 개별적 특성을 반영하고 있다. 이러한 횡단면적 노인연령의 다양성과 함께 시계열적 노인연령 개념 또한 장기적 시계에서 점차 변화 중이다.

대부분의 선진국은 65세를 노인 연령 기준으로 설정하고 있으며, 그 외 다른 많은 국가들의 기준도 65세로 수렴 중이나 명시적·이론적 근거는 부재한 상황이다. 하지만 주요국들은 기대수명의 증가를 고려해 연금개시연령(pensionable age)과 실질은퇴연령(effective retirement age)을 점진적으로 상향 조정하는 추세이다.

제2차 세계대전 이후 재정 여건의 개선과 노인복지 수요의 증가에 대응해 OECD 국가들의 평균 연금수급연령은 1990년대까지 1.5~2세 정도 낮아졌다. 그러나 2000년대 이후 1950년대의 평균 연금수급연령 수준으로 상향 조정되었고, 향후 평균 연금수급연령의 추가적 상향 조정이 예고되고 있다. 2000년대 이후 연금수급연령의 국가 간 격차는 점차 축소되어 다수의 국가에서 65세 이상 기준을 활용했으나 향후에는 각국의 재정 여건과 건강상태 개선의 차이로 인해 국가 간 격차가 확대될 것으로 예상된다. 한편, 여성의 연금수급연령은 남성에 비해 국가 간 격차가 컸으며 상대적으로 낮게 설정되었으나, 향후에는 남성과 여성의 차이가 줄어들거나 사라질 것으로 예상된다.

이러한 연금수급연령의 상향 조정은 고령층의 건강능력 개선 및 노동능력 향상과 함께 이루어져야 하며, 노인연령의 상향 조정 속도는 고령층의 신체적·경제적 능력의 변화 추이와 속도를 면밀히 살펴 결정할 필요가 있다.

또한 OECD 국가들의 평균 실효퇴직연령은 평균 연금수급연령의 추이와 유사한 U 자 형태를 보이며, 2000년대 이후 점진적으로 증가하는 추세이다. 2000년대 이후 연금수급연령을 상향 조정한 나라들은 연금수급연령 상향 조정과 함께 실효퇴직연령의 상향 조정을 위한 정년 연장 혹은 정년 폐지 등의 제도 개선을 병행했으며, 이러한 제도 개선 노력과 고령층의 신체적·경제적 능력의 변화 추이가 결합해 실효퇴직연령이 증가한 것으로 보인다.

우리나라와 일본의 경우 OECD 국가 평균에 비해 높은 평균 실효퇴직연령을 보이는데, 이는 우리나라와 일본의 노인복지 수준이 상대적으로 열악한 결

<그림 5-4> OECD 국가들의 평균 실효퇴직연령(effective retirement age)

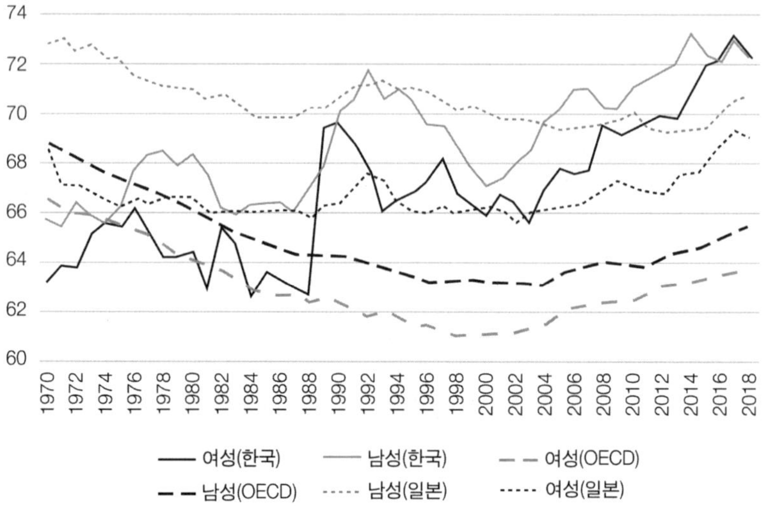

여성(한국) ——— 남성(한국) ——— 여성(OECD)
— — 남성(OECD) ······ 남성(일본) ······ 여성(일본)

자료: 이태석 외(2020).

과로 해석될 수도 있으나 우리나라와 일본 고령층의 건강상태와 노동능력이
상대적으로 양호한 결과로도 해석될 수 있다. 따라서 동태적 노인연령의 조
정에 있어 평균 실효퇴직연령이 하나의 중요한 참고 사항이 될 수 있으나, 평
균 실효퇴직연령을 결정하는 근본 요인이라 할 수 있는 노인복지 수준과 신체
적 능력, 그리고 노동시장의 수요와 공급, 노동시장 및 노인복지사업의 유인
기제 등을 종합적으로 고려할 필요가 있다. 한편, 노인복지사업의 연령 기준
상향 조정을 고려할 경우 주요국의 연금수급연령 조정 과정과 같이 실효퇴직
연령 상향 조정을 위한 정년, 고용 형태 등 관련 제도들의 종합적인 개선 노력
을 병행해야 할 것이다.

　　노인연령 조정의 추진 전략을 다음과 같이 제안한다. 우선 기대수명 연장
에 따른 점진적 노인연령 상향 조정의 불가피성을 공유하기 위한 객관적 근거
자료의 마련이 선행되어야 할 것이다. 정책의 구체적 추진을 위해서는 정치

〈그림 5-5〉 노인연령 조정의 추진전략

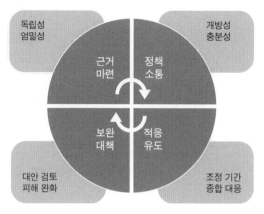

자료: 이태석 외(2020).

적 독립성과 분석의 엄밀성을 확보한 연구진 혹은 연구기관의 합리적 전망과 이해관계자의 비용과 편익에 관한 객관적 평가 근거의 마련이 전제되어야 한다. 현재와 장래에 선택 가능한 정책대안의 조합 가능성을 검토해 연령 조정의 불가피성이 이해관계자들에게 공유될 필요가 있다. 지속가능한 정책목표 달성을 위해, 현재 재정 부담이 과도하거나 가까운 장래에 재정 부담이 과도할 수 있는 사업들의 연령 조정을 우선적으로 검토할 필요가 있다. 노인연령 조정이 불가피한 경우 노인연령 조정으로 인해 발생할 수 있는 객관적인 비용과 편익을 바탕으로 충분한 시간을 가지고 이해관계자들 사이의 광범위한 공론화 과정을 통해 연령 조정 방안 및 보완 대책에 관한 합의를 도출할 필요가 있다. 또한 합의 결과와 관련된 정보들을 다양한 매체를 활용해 정확하고 명료하게 전달하고 공유해야 한다. 이러한 정책 소통 과정에서 민간의 적응 유도와 취약 계층의 피해 완화를 위한 보완 대책 마련이 충분히 고려되어야 한다. 노인연령 상향 조정을 고려한 민간의 합리적 행태 변화와 적응을 돕기 위해 충분한 공지 기간, 유예 기간을 부여할 필요가 있다. 민간의 적응력 차이를 고려해 적응이 어려운 집단의 기대수명 연장 추이를 전망해 이를 반영한 선제적 대응 계획의 마련이 요구된다. 한편, 민간의 적응을 돕기 위해서는 충분한 조정 기간 부여와 함께 연령 차별 금지, 고령친화 노동환경 조성 등 종합적 제도 개선 노력을 병행해 실질적 조정 가능성을 높여야 한다. 마지막으로 민간의 적응 유도 노력에도 불구하고 노인연령 상향 조정에 적응하지 못하는 취약계층을 보완하기 위해 소득, 건강 등 정책목표를 고려한 보완적 복지정책을 강화하거나 노인연령 조정 이외의 가격조정, 수량할당 등 정책대안의 폭넓은 검토 노력도 고려할 필요가 있다.

노인연령 조정과 관련된 논의들은 다양한 이해관계의 충돌을 고려한 정치적 논의들을 포함해야 하나, 이에 앞서 정책 의제와 선택 가능 대안을 명확하게 하기 위해 정치적 논의를 배제한 다양한 이론적 논의가 제기되고 있다. 향후 정치적 논의의 이론적 기반을 마련할 것으로 예상되는 이론적 논의들은 노인연령과 노화 과정 및 건강상태를 연동하고 있으며, 이러한 이론적 논의 관련 선행 연구 가운데 가장 많은 연구들은 일정한 기대연령을 기준으로 노인연령을 설정할 것을 제안한다(Ryder, 1975; Siegel and Davidson, 1984; Fuchs, 1984; Sanderson and Scherbov, 2016). 초기 선행 연구들은 기대여명이 10년이 되는 시점에서 노인연령을 제안했으나 이후 현실적인 노인연령으로 기대여명이 15년이 되는 시점에서 노인연령을 제안하고 있다.

국제 비교를 위해 2019년 세계인구 전망 자료를 바탕으로 우리나라의 기대여명 15년 기준 노인연령 추이를 살펴보면 과거 10년간 평균 약 2.3세 증가했으며, 향후 10년간 평균 약 1세 증가할 것으로 전망된다. 1975년 61세, 2005년 68세, 2025년 73세로 높아지는 추이를 보이며, 2100년에는 80세까지 증가할 것으로 전망된다. 기대수명에 포함되지 않은 질병 및 장애 부담을 고

<그림 5-6> 건강조정 기대연령 15년 기준 남성 95% 신뢰구간 하한 노인연령 분포

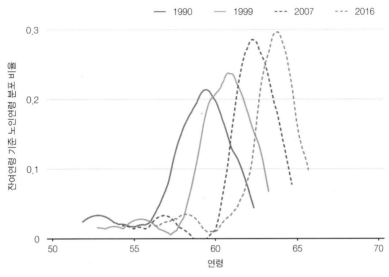

자료: 이태석 외(2020).

려하기 위해 2017년 세계질병부담 자료를 바탕으로, 2000년 이전에 OECD에 가입한 29개 국가들의 건강조정 기대여명 15년 기준으로 산정한 노인연령 추이를 살펴보면, 1990년 평균 63세에서 2016년 평균 67세로 10년간 평균 1.5세 증가하는 추세를 보인다. 우리나라의 경우 1990년 61세, 1999년 64세, 2007년 66세로 높아지는 추이를 보였으며, 2016년에는 68세까지 증가하는 모습을 보인다. 10년간 평균 2.7세 증가해 OECD 평균에 비해 약 2배 빠르게 증가했다. 잔여기대여명 기준, 평균생존비율 기준, 건강기대여명 기준 등 다양한 이론적 노인연령 추이가 시계열적으로 같은 방향성, 즉 지속적 건강상태의 개선을 보이고 있으나 어떤 지표를 통해 건강상태 개선의 추이를 파악하는가에 따라 노인연령의 이론적 조정속도와 조정 폭의 차이가 발생함을 알 수 있다. 향후 정치적 논의 과정에서 건강상태 개선을 어떤 기준에 의해 파악하는지가 논의의 쟁점이 될 가능성이 있다.

성별 격차를 살펴보면, 여성의 건강조정 기대여명이 남성에 비해 높은 특성을 보여 여성 노인연령이 전반적으로 남성 노인연령에 비해 높은 모습을 보인다. OECD 국가 평균 성별 격차도 1990년 약 5세에서 2016년 약 4세로 점차 축소되고 있으며, 우리나라의 성별 격차도 약 6세에서 약 4세로 축소되고 있으나 여전히 남성 노인연령은 상대적으로 낮게 계산된다. 한편, 건강조정 기대여명의 추정오차가 존재해 95%의 신뢰구간 상하한의 격차인 3~4년의 추정오차가 발생할 여지가 있다. 상대적으로 낮은 수준을 보이는 남성 노인연령의 분포와 추정 오차를 감안한 95% 하한 남성 노인연령의 분포는 전체 인구 대상 노인연령 분포에 비해 넓게 퍼진 분포를 보여, 국가 간 이질성이 더욱 커질 수 있음을 보여준다.

성별 격차와 함께 지역 간 격차도 고려할 필요가 있다. 우리나라 통계청의 전국 및 시도 생명표 자료를 살펴보면 기대수명에 성별 및 지역 간에 상당한 격차가 존재함을 알 수 있다. 다만, 우리나라 기대수명의 지역 간, 성별 격차를 고려해 2005년과 2017년의 기대여명 15년 기준 노인연령을 산정하면, 시간이 지남에 따라 전반적으로 노인연령이 높아지는 추세를 보이는 가운데 성별 격차와 지역 간 격차가 점차 축소되는 모습을 보인다. 그러나 여전히 2~3세 내외의 지역 간 격차가 존재하고, 그보다 큰 5~6세 내외의 성별 격차도 보이고 있어 전체 인구의 기대수명을 기준으로 산정한 노인연령에 성별·지역별 사정이 반영되지 않을 수 있음에 유의할 필요가 있다.

한편, 건강상태 및 기대수명의 성별·지역 간 격차와 함께 소득별 격차도 발생할 수 있다. 강 외(Khang et al., 2019)는 건강보험 자료를 이용해 성별·소득별 기대수명 격차의 추이와 전망을 제시하고 있다. 기대수명의 성별격차는 2004년 약 7세에서 2017년 6세로 축소되었고, 향후 점진적으로 축소될 것으로 전

〈그림 5-7〉 우리나라 기대수명의 시도별·성별 격차

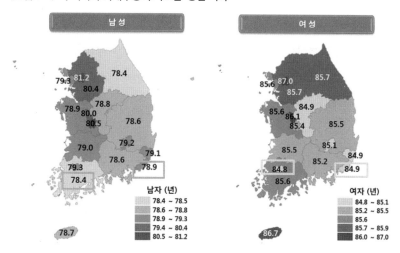

자료: 이태석 외(2020).

망되며, 5분위 소득별 기대수명 격차는 2004년 약 6세에서 2017년 약 6.5세, 2030년 약 7세로 점차 확대될 것으로 전망 중이다. 공개된 소득별 생명표 자료가 존재하지 않아 소득별 기대여명 기준으로 노인연령을 산정할 수는 없으나 기대수명의 격차와 15년 기대여명 기준 노인연령의 격차가 유사한 추이를 보이기에, 소득별 기대수명의 격차가 확대될 경우 향후 기대여명 15년 기준 소득별 노인연령의 격차도 점차 확대될 가능성이 높을 것으로 예상된다.

이상의 결과를 요약하면, 시간이 지남에 따라 건강상태 개선으로 인해 전 세계적으로 전 연령에 걸쳐 기대여명과 생존확률이 증가함에 따라 일정한 기대여명 혹은 생존 확률을 기준으로 이론적 노인연령을 산정할 경우 장기에 걸쳐 노인연령이 지속적으로 상향 조정될 것으로 예상된다. 다만, 상향 조정의 속도와 폭은 전망의 불확실성, 건강상태의 개선 측정 지표들에 따라 달라질 수 있다. 향후 정책적 논의 과정에서 정치적 논쟁으로 치우칠 경우 서로 다른 근거를 바탕으로 불필요한 논쟁이 지속될 수 있기 때문에, 정치적 논의 이전에 건강상태 개선을 파악하는 방식에 관해 우선 합의할 필요가 있다. 이론적으로 잔여 건강조정 기대여명을 기준으로 한 건강상태의 개선이 가장 합리적일 수 있으나 전망의 불확실성과 의료 자료 공개 제한 등의 어려움을 고려할 때, 잔여기대여명 기준 노인연령을 기준으로 논의를 진행하는 것이 실용적인 접근이라고 생각된다.

우리나라의 이론적인 노인연령 상향 조정 가능성을 판단해 볼 때, 향후 10년에 걸쳐 약 1세 정도씩 노인연령을 지속적으로 상향 조정할 가능성이 존재한다. 민간의 예측 가능성과 적응 가능성을 고려할 때 선제적 논의로서 합의할 수 있는 노인연령 조정 기본계획을 먼저 마련하고, 주기적 검토를 통해 수정할 필요가 있다. 한편, 전체 인구 기대여명이 포괄하지 못하는 질병 및 장애 부담, 성별·지역별·소득별 격차가 존재해 전체 인구 기대여명을 기준으로 한 노인연령이 특정 계층 혹은 특정 만성질병을 지닌 집단에는 과도한 조정이 될 가능성이 존재한다. 따라서 장기적 시계에서 노인연령의 상향 조정 가능성을 고려하되, 질병·장애 부담, 성별·지역별·소득별 격차의 현황과 장기적 추이 전망을 감안해 노인연령 상향 조정 시점과 조정 폭을 결정할 필요가 있다. 또한 노인연령 상향 조정의 적응이 어려운 취약집단 피해를 완화할 수 있는 지원 대책과 민간의 적응 가능성을 제고할 수 있는 제도적·정책적 개선 작업을 병행할 필요가 있다.

3. 교원 수급 정책의 마련과 소규모 학급 교육효과 극대화 방안 마련

우리나라의 교육제도와 정책은 한 해에 60~100여만 명이 태어나는 것을

〈그림 5-8〉 초등학교 교사당 학생 수 추계(OECD 기준)

(단위: 명)

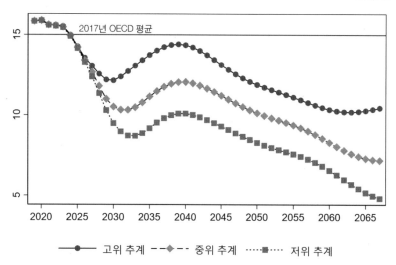

——●—— 고위 추계　　－－◆－－ 중위 추계　　……■…… 저위 추계

자료: 이태석 외(2020).

전제로 형성되어 왔기에 급격한 출생아 수의 감소는 사회 전반에 큰 영향을 줄 것으로 예상된다. 특히 출생아 수 감소는 가까운 미래부터 초등·중등 및 고등 교육에 대한 대폭적인 수요 감소로 이어져 교육 부문에 큰 충격을 줄 수 있다. 학령인구의 완만한 감소는 학생들에게 제공되는 교육 환경의 점진적인 개선으로 이어질 수 있지만, 현재 일어나고 있는 변화들은 그 규모가 크기 때문에 학교 운영과 교원 수급 등에 중대한 영향을 미칠 수 있어 이에 대한 사전적인 분석과 대비가 필요하다.

중장기적인 시계에서 인구 변화가 교육 전반에 미칠 영향을 파악하고 정책들을 검토해야 한다. 예를 들어 최근에 교원 수급 정책을 둘러싸고 벌어진 사회적 논의들은 현재의 학급당 학생 수 등의 교육지표 혹은 5~10년 이내의 단기적인 미래에 예상되는 교육지표를 주로 고려해 이루어진 면이 없지 않다.

그러나 교원이 새로 채용될 경우 30년 이상 교육 현장에서 일할 것으로 예상되고 출생아 수의 감소도 향후 지속될 것으로 예상되기 때문에 더 장기적인 시계에서 주요 지표들의 변화를 예상하고 교원 수급 문제 등의 주요 문제들을 검토하는 것이 필요하다.

〈그림 5-8〉은 OECD 기준에 따라 교장, 교감, 전문상담교사, 사서, 보건교사, 영양교사, 강사를 제외한 교원 수 대비 초등학생 수를 나타낸다. 2024년에 2017년 OECD 평균 수준의 교사당 학생 수인 15명에 도달할 것으로 예상되며 이후 급격하게 감소할 것으로 예상된다. 중위 추계로 실현되고 2019년의 교원 수가 유지될 경우 2030년 OECD 기준 교사당 학생 수는 11.8명, 2040년 12.1명, 2050년 10.1명, 2060년 8.3명, 2067년 7.2명이 될 것으로 예상된다. 저위 추계에 근거해 추산할 경우 2030년 9.5명, 2040년 10.1명, 2050년 8.3명, 2060년 6.6명, 2067년 4.8명이 된다. 최근 5년간 초등학생 수가 정체되어 학생 수 감소를 체감하지 못할 수 있으나 2023년 이후 매우 가파른 초등학생 수 감소가 예상되며, 특히 중위 혹은 저위 추계대로 인구가 실현될 경우 그 이후의 변화 폭은 더욱 커질 것으로 예상된다. 최근의 학교 수, 학급 수, 교원 수 증가 추세가 미래에도 이어질 경우 초등학교의 학교당 학생 수, 학급당 학생 수, 교사당 학생 수의 감소는 적어도 단기적으로는 이 연구에서 추산하는 것보다 가파르게 진행될 수 있다. 2030년 이후 학생 수가 반등하는데, 이러한 인구 전망은 2020년대에 고용시장에서 이탈하는 고령층의 증가와 진입하는 청년층 감소로 청년층 고용이 개선되고 이것이 혼인 및 출산의 상승을 가져올 것이라는 전제하에 이루어졌다. 그러나 코로나19로 인한 고용시장의 악화는 혼인 및 출산율 회복에 대한 이러한 낙관적인 전망을 어둡게 하는 요소다. 2019년 특별 추계 이후 실현된 2019년과 2020년의 출생아 수와 최근의 코로나19 위기를 고려할 때 미래의 출생아 수는 단기적으로는 중위 추계의

<그림 5-9> 중학교 교사당 학생 수 추계(OECD 기준)

(단위: 명)

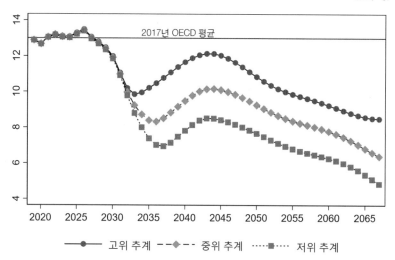

자료: 이태석 외(2020).

전망보다 낮게 실현될 가능성이 높은 것으로 생각된다.

중학교의 교사당 학생 수를 나타낸 <그림 5-9>도 비슷한 추세를 보여주는데, 2020~2026년의 완만한 증가 이후 급격하게 감소할 것으로 예상된다. OECD 기준으로 계산한 교사당 학생 수는 2027년에 2017년의 OECD 평균 교사당 학생 수인 13명에 도달한 이후 큰 폭으로 감소할 것으로 예상된다. 중위 추계 학생 수는 2030년 11.9명, 2040년 9.5명, 2050년 9.3명, 2060년 7.8명, 2067년 6.4명이 될 것으로 예상된다. 저위 추계 학생 수는 2030년 11.9명, 2040년 7.8명, 2050년 7.7명, 2060년 6.3명, 2067년 4.8명이다. 이와 같은 학급당 학생 수 및 교사당 학생 수 추계는 2019년의 학급 수와 교사 수가 유지된다는 가정하에서 계산되었으나, 중학교의 학급 수가 지속적인 감소 추세이기 때문에 이 추세가 반전되지 않는 한 2019년의 학급 수가 유지된다는 가정

〈그림 5-10〉 고등학교 교사당 학생 수 추계(OECD 기준)

(단위: 명)

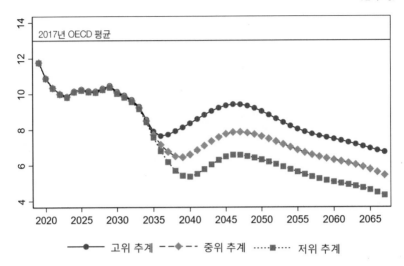

자료: 이태석 외(2020).

하에 계산된 학급당 학생 수보다 실제 실현될 학급당 학생 수가 클 가능성이 있다.

고등학생 수는 2023년까지 급격하게 감소한 이후 2029년까지 완만하게 증가한 이후 급격하게 감소할 것으로 예상된다. 교사당 고등학생 수 역시 〈그림 5-10〉에서 보는 바와 같이 비슷한 추세로 감소하리라 예상되며, OECD 기준 고등학교의 교사당 학생 수는 2019년에 이미 2017년 OECD 평균인 13명보다 낮은 12명 수준을 달성했고, 중위 추계에 근거해 추계할 경우 2021년부터 2030년까지 10명 수준을 유지 후 2040년 6.6명, 2050년 7.6명, 2060년 6.3명, 2067년 5.4명이 될 것으로 예상된다. 교사당 학생 수의 저위 추계는 2030년 10.0명, 2040년 5.4명, 2050년 6.3명, 2060년 5.1명, 2067년 4.3명이다.

학급 규모 감축은 여러 나라에서 매우 인기 있는 정책이다. 학부모들은 작은 규모의 학급이 되어야 자녀들이 더 나은 교육을 받을 수 있다는 생각에서, 교원 단체에서는 업무의 감소와 교원에 대한 수요 증가를 이유로 학급 규모 감축정책을 지지할 수 있다(Hoxby, 2000). 교육의 질 향상을 위해 마땅한 정책 이 많지 않으며, 학급 규모 감축은 집행하기가 쉽고 교실 환경에 분명한 변화를 가져온다는 것도 이 정책이 인기 있는 이유이다(Chingos, 2012; Murnane and Willett, 2010). 그러나 학급 규모 감축을 위해서는 그에 상응하는 교원과 교실 등의 자원을 확충해야 하기 때문에 학급 규모 감축 정책은 매우 비용이 많이 드는 정책이고, 이 정책이 정당화되기 위해서는 이에 상응하는 충분한 교육상의 이점이 있어야 한다(Hanushek, 1999; Murnane and Willett, 2010).

우리나라는 미래 학령인구의 급격한 감소로 교원 규모를 늘리지 않고 현재 규모로 교원을 유지하거나 일정 정도 감축하는 경우에도 학급당 학생 수, 교사당 학생 수가 감소할 것으로 예상된다. 따라서 한국의 교원 수급 정책에 대한 논의는 학령인구 감소에 맞추어 교원 규모도 감축해야 하는지가 주요 쟁점이기 때문에 교원과 교실의 확충을 통해 학급 규모를 감소시키는 기존의 학급 규모 감축 정책에 대한 논의와는 차이가 있다. 그러나 예산의 효율적인 사용에 대해 고민해야 한다는 점에서 문제의 본질은 같으며, 미래에 예상되는 학생 수에 적합한 교원 규모를 검토할 필요성이 있다. 특히 한국은 급격한 인구 고령화로 중장기적으로 세수는 감소하고 재정지출은 증가할 것으로 예상되므로 예산지출의 타당성을 다각적으로 검토할 필요가 있다. 학급당 학생 수 감소가 학생들의 인지적·비인지적 능력 향상에 기여하는지에 관한 실증분석 결과를 바탕으로 교육효과 극대화를 위한 정책 방안을 고민할 필요가 있다.

학급 규모와 학업성취도의 관계를 분석한 선행 연구 결과를 종합적으로 검토하면 초등학생들의 학업성취도에 대해 긍정적인 효과가 있다고 보고하는 연구들과 긍정적인 영향이 없다고 보고하는 연구들이 혼재되어 있다고 할 수 있는 반면, 중고등학생들에 대해서 학급 규모의 긍정적인 효과가 있다고 보고하는 연구는 드물다. 국내 연구로 제한해서 검토하면 학급 규모의 학업성취도에 대한 효과가 없거나 있더라도 그 크기가 작다고 보고한다.

학급 규모가 학생들에게 미치는 영향을 추정하는 데 있어 중요한 문제는 다른 학급 규모를 가진 학교들이 서로 다른 특성들을 가지고 있을 가능성이다. 특히 서로 다른 학급 규모를 가진 학교들이 데이터에서 관측되지 않는 측면에서 체계적으로 차이가 있다면 일반적인 추정 방법에 의해서는 학급 규모의 인과적인 효과를 추정하기 어렵다. 이태석 외(2020)는 학교고정효과모형을 이용해 학교의 고유한 특성들을 통제한 상태에서 학급 규모가 학생들의 학업성취도에 미친 영향을 추정한다. 학교별로 특수한 학업성취도의 시간 추세를 고려한 모형 등 여러 모형에 대한 추정을 통해 학급 규모의 효과에 대한 추정 결과가 서로 다른 모형들에 대해서 강건한지 판단한다.

분석 결과, 학급당 학생 수가 감소할 때 초등학생과 중학생에 대한 국가 수준 학업성취도 평가에서 국어·영어·수학 과목의 보통·학력 이상, 기초학력 등의 학업성취도 지표를 개선시키는 것으로 나타나지만 그 효과의 크기는 크지 않았다. 중학생과 고등학생에 대해서만 국가수준 학업성취도 평가의 점수 자료가 이용 가능한데, 평균 점수에서는 학급 규모 감소의 유의미한 영향이 발견되지 않았다. 경기교육종단연구 자료를 이용한 분석에서는 학급 규모의 감소가 초등학생과 중학생의 학업성취도 평가 점수에 통계적으로 유의한 영향을 미치지 못하는 것으로 나타난다.

교육만족도와 비인지적 능력에 미치는 영향에 대한 분석에서는 학교의 고유한 특성들을 통제한 상태에서 학급 규모의 효과를 살펴보았는데, 학급 규모가 감소할 때 초등학생 학부모의 만족도, 초등학생의 자아존중감, 친구 및 교사와의 관계, 수업 태도가 향상되는 결과가 발견되었다. 그러나 학업성취도에 대한 결과와 마찬가지로 그 효과의 크기는 크지 않았다. 반면에 중학생과 고등학생의 경우 학급 규모의 감소가 학생과 학부모의 수업만족도, 정서 상태, 수업 태도 등에 유의미한 영향을 주지 않는 것으로 나타났다. 학년별 분석에서는 분석 자료에서 가장 저학년인 초등학교 4학년 학생들 사이에서만 학급당 학생 수가 감소할 때 수업만족도, 학교생활, 정서 상태, 수업 상태 등이 개선되는 결과가 나타났다.

학급 규모가 학생들의 학업성취도 및 학교생활 전반에 미치는 영향에 대한 분석 결과를 종합적으로 평가할 때 초등학생들에게서 긍정적인 영향이 일부 발견되며, 그중에서도 상대적으로 저학년 학생들에게서 효과가 있는 것으로 보인다. 중학생은 국가수준 학업성취도 평가에서 일부 지표가 향상되는 결과가 있었다. 그러나 초등학생과 중학생에 대한 어떤 결과에서도 학급 규모 감소 효과의 크기는 크지 않았다. 고등학생에게서는 학급 규모 감소의 긍정적인 효과에 대한 뚜렷한 증거가 발견되지 않았다. 이 연구의 결과와 국내외 선행 연구 결과들을 종합적으로 고려할 때 학급 규모 감축에 대한 논의는 학교급에 따라 다르게 그리고 각 학교급 내에서도 학년별로 다르게 논의되어야 할 것으로 생각되며, 특히 초등학교 저학년 학생들을 위주로 이루어져야 할 것으로 생각된다.

현재 학령인구 감소에 따른 교원수급 조정에 대한 주요 논의들의 중요한 문제는 장기적 시계에서 이루어지지 못하고 있다는 점에 있다. 초등학교의 경우에는 2023년까지는 학생 수 감소가 완만하게 이루어질 것으로 예상되지만, 그 이후에는 급격히 감소할 것으로 예상된다. 중학교와 고등학교는 초등학교와 3~6년여의 시차를 두고 학생 수가 급격하게 감소하기 시작할 것으로 예상된다. 더욱이 앞서 논의했듯이 코로나19로 인해 미래 출생아 수 전망이 더욱 비관적으로 변한 상황이다. 교원의 채용이 이루어지면 30~35년 이상 학교 현장에서 근무할 것으로 예상되므로, 현재 혹은 가까운 미래만을 고려해 교원 수급의 조정에 대한 사회적 논의가 이루어지는 것은 합리적이지 않다고 생각한다.

2018년과 2020년에 발표된 교육부의 교원 신규 채용 계획 역시 각각 12년과 5년 내의 단기적인 전망 안에서 이루어지고 있어 학령인구의 급격한 감소와 미래의 불확실성이 충분하게 고려되지 않은 것으로 판단된다. 예를 들어 2020년 7월에 발표된 공립 초등교원 채용 계획의 최소치로 신규 채용을 하더라도 2026년부터 실현되는 교사당 학생 수는 2018년의 교사당 학생 수의 계획치보다 낮아지기 시작할 것으로 예상되며, 2030년에는 2018년의 계획치보다 3명 이상 낮아질 것으로 예상된다. 2020년에 발표된 공립 중등교원 채용 계획은 2025년 이후 학령인구 변화가 크지 않아 2018년의 계획을 유지한다고 명시되어 있는데, 중고등학생의 수는 2030년경부터 가파르게 감소할 것으로 예상되기 때문에 각각 2030년까지의 신규 채용 규모를 담은 2018년의 중등교원 채용 계획은 중고등학생 수의 감소가 본격화되기 직전까지의 전망과 계획을 담고 있어 중고등학생 수의 감소가 본격화된 이후 어떻게 대응할 것인지에 대한 대책이 필요하다.

〈그림 5-11〉은 교원 수급 계획의 채용 계획별로 2032~2052년간 초등학교의 교사당 학생 수를 추산한 결과를 보여준다. 학령인구는 통계청 장래인구특별추계의 저위 추계에 근거해 계산했다. 현재의 인구수가 2019년의 특별 추계보다 낮게 실현되었고, 코로나19의 영향으로 혼인 건수가 급감한 것을 고려해 저위 추계를 사용했다. 원 모양의 점은 2020년의 교원 수급 계획 채용 규모 조정안에서 최저 수준으로 채용을 하고 2023년 이후에는 매년 3000명을 신규 채용할 경우의 교사당 학생 수를 나타낸다. 2030년과 2035년에는 교사당 학생 수가 약 9명이며 2040년 이후에는 약 11명이다. 2040년 이후 교사당 학생 수가 증가하는 것은 최저 누적 신규 채용 교원의 수 대비 누적 퇴직 교원의 수

〈그림 5-11〉 초등학교 교사당 학생 수 추계: 2032~2052년

(단위: 명)

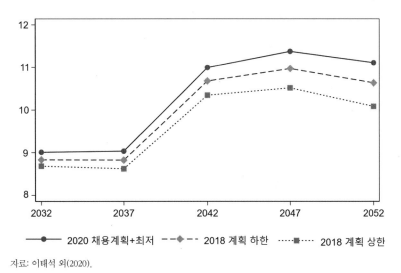

자료: 이태석 외(2020).

가 이 시기에 크게 늘어나기 때문이다. 2018년의 중장기 교원 수급 계획에서 교사당 학생 수의 목표치는 14명 이상인데(2017년 OECD 국가들의 초등학교 평균 교사당 학생 수는 15명, 교육부·한국교육개발원, 「OECD 교육지표」, 2019), 교원 채용 규모를 교육부 교원 수급 계획의 최소치로 유지하더라도 그보다 낮은 교사당 학생 수가 실현될 가능성이 크다. 2018년 교원 수급 계획에서의 최저 수준의 채용은 2020년 조정안의 최소 채용보다 많은 규모의 신규 채용을 하게 되는데, 이 계획대로 채용하는 경우 교사당 학생 수는 더 낮게 실현될 것으로 예상된다.

〈그림 5-12〉는 중등교원에 대한 추계를 보여주는데, 중등교원에 대해서는 2018년 교원 수급 계획 이후 채용 계획에 변화가 없기 때문에 2018년의 교원 수급 계획에 근거해 교사당 학생 수를 추산했다. 2018년 계획의 최저 수준으로 2030년까지 신규 채용을 하고 2030년 이후 매년 2600명을 채용하면 2030년의

〈그림 5-12〉 중등학교 교사당 학생 수 추계(2032~2052)

(단위: 명)

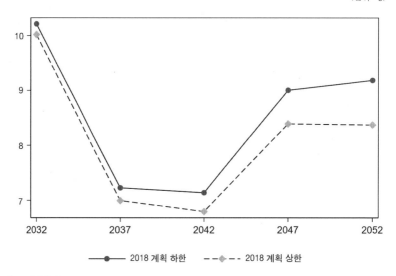

자료: 이태석 외(2020).

10명 수준에서 2035년과 2040년에는 7명 수준, 2045년 이후에는 9명 수준이 될 것으로 예상된다. 교원 수급 계획에서 목표하는 교사당 학생 수가 11명 내 외인 점을 고려하면(2017년 OECD 중학교 교사당 학생 수는 13명, 교육부·한국교육개 발원, 「OECD 교육지표」, 2019) 2018년 계획의 최저 수준으로 채용해도 2030년 이후 기존 계획의 목표치보다 낮아질 것으로 예상된다. 이는 미래 퇴직 교원 규모에 대한 간단한 추계에 근거해 미래 교사당 학생 수가 OECD의 교사당 학생 수는 물론 2018년 수급 계획에서의 계획치보다 낮아질 수 있음을 시사 한다. 따라서 장기적인 시계에서 계획별로 여러 교육지표에 대한 시뮬레이션 이 이루어져야 하고, 이에 근거해 교원 채용 계획이 수립되어야 할 것으로 생 각된다.

4. 지방재정 편성 방식의 변경가능성 검토

고령화와 인구 증가율 감소로 특징지을 수 있는 인구구조의 변화는 전국적으로 진행되고 있으나, 도시지역에 비해 농어촌지역, 수도권에 비해서는 비수도권에서 더욱 빠르게 진행된다. 이 같은 지역 간 인구구조 변화의 차이는 지난 10년간의 변화를 살펴보더라도 확연히 나타난다. 정부 시책에 따라 대대적인 개발을 진행한 세종특별자치시와 제주특별자치도 등의 경우는 2010년 대비 2019년 인구가 각각 약 316.0%, 17.5% 증가했다. 인구 증가를 위한 정부 차원의 노력이 있었던 두 특별자치단체를 제외하면 경기도와 인천광역시의 인구 증가가 두드러진다. 2010년 대비 2019년의 인구가 경기도는 약 12.3% 증가했고, 인천광역시는 약 7.2% 증가했음을 알 수 있다. 서울특별시의 인구가 약 5.7% 감소했지만, 대체적으로 수도권의 인구는 다른 광역 단위에 비해 대대적으로 증가했다는 것을 알 수 있다. 반면, 수도권을 제외한 대부분의 지역은 2010년 대비 2019년의 인구가 소폭 증가했거나 감소했다. 대구광역시는 약 2.9% 감소했으며, 대전광역시는 약 1.9%, 부산광역시는 약 4.3% 감소하는 등 광역시에서도 인구가 감소했다는 것을 알 수 있다. 또한 경상북도는 약 0.9%, 전라남도는 약 2.6%, 전라북도는 약 2.7% 감소했다. 그 외의 광역단위는 소폭 증가했다.

이와 같이 2010년부터 2019년 사이 인구의 증감만을 비교하더라도 광역단위별로 큰 차이가 있음을 알 수 있다. 대체로 비수도권의 인구, 특히 경북과 전남·전북 등의 지역 인구가 감소하는 대신 수도권의 인구가 많이 증가했다. 이는 자연인구 증감에 따른 것일 수도 있고, 사회적인 인구이동에 따른 것일 수도 있다. 그러므로 지역 간 인구구조 변화의 차이를 살펴보기 위해서는 인구의 증감만을 살피는 것이 아니라 고령화 등의 다양한 지표를 살펴볼

〈그림 5-13〉 시도별 인구 자연증가율(2017, 2047)

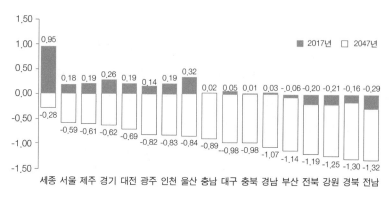

자료: 이태석 외(2020).

필요가 있다.

인구 변화의 지역별 차이는 앞으로 더 커질 것으로 예상된다. 〈그림 5-13〉에서는 통계청 장래인구특별추계에서 제시한 2017년과 2047년의 시도별 인구 자연증가율을 보여준다. 2017년의 시도별 인구 자연증가율을 보면 대체적으로 수도권과 대도시를 중심으로 인구가 증가한 반면, 비수도권에서는 인구가 감소한 것을 알 수 있다. 특히 전남, 전북, 강원, 경북 등에서 가장 높은 비율로 인구가 감소했다. 그리고 2047년의 시도별 인구 자연증가율을 보면 모든 지역에서 인구가 감소하는 것으로 나타난다. 2047년에는 경기·제주를 제외한 7개 도 지역과 부산에서 65세 이상 고령인구 비중이 40%를 초과할 것으로 예상된다. 구체적으로는 전남(46.8%), 경북(45.4%), 강원(45.0%) 순서로 높고, 세종(27.8%), 경기(35.3%), 대전(36.4%) 등은 상대적으로 낮을 것으로 전망된다. 이와 같이 인구 변화의 지역 간 차이는 일시적인 것이 아니라 앞으로도 지속될 것이라는 것이 대체적인 예상이다.

인구의 고령화가 진행될수록 경제활동인구의 비중이 줄어드는 것은 당연

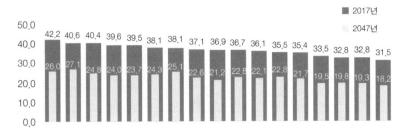

〈그림 5-14〉 시도별 주요 경제활동인구 구성비(2017, 2047)

자료: 이태석 외(2020).

한 일이다. 〈그림 5-14〉에 나타나 있듯이 인구고령화가 진행됨에 따라서 2047년의 시도별 경제활동인구 구성비는 대폭 낮아진다. 그리고 특히 전남, 강원, 전북, 경북 등의 지역은 그 비율이 20%에 못 미칠 것으로 예상된다. 이에 따라 다른 지역에 비해 이 지역들의 경제 활력이 떨어지고 재정적인 부담은 커질 것으로 전망된다.

앞서 살펴본 바와 같이 달라지는 인구 변화는 지역별로 차이가 날 것으로 예상된다. 그리고 이처럼 지역의 인구 감소, 고령화 증대 및 경제활동인구 감소는 재정적으로도 큰 부담을 야기할 것으로 예상된다. 이에 따라서 현재의 중앙집중적인 재정구조도 한계에 이를 것으로 보인다.

인구 감소와 고령인구 비율의 증가는 경제활동인구의 감소를 가져온다. 이에 따라서 지방경제 활력이 감퇴할 수 있고, 지방세 수입이 감소할 수 있다. 인구가 적은 지자체 그룹일수록 세출예산에서 지방세 수입이 차지하는 비중이 낮으며, 특히 인구 10만 명 이하의 지자체 그룹의 경우는 6%에 불과하다는 점에서 재정적인 자립을 하는 것이 불가능한 것으로 보인다. 반면, 지자체의 복지 프로그램이 증가하고 동시에 고령자 등 대상 인원이 증가함에 따라 모든 그룹의 지방자치단체에서 세출예산 대비 사회복지 예산의 비중은 증가

<표 5-2> 인구 구분별 총세출예산에 대한 효과

	그룹 1	그룹 2	그룹 3	그룹 4
ln(인구)	1.087***	1.258***	0.737***	1.324***
	(0.097)	(0.056)	(0.082)	(0.122)
고령화비율	0.084***	0.107***	0.142***	0.138***
	(0.002)	(0.002)	(0.003)	(0.004)
상수항	-1.180	-3.868***	1.963*	-5.344***
	(1.071)	(0.683)	(1.053)	(1.630)
Number of obs	910	680	420	250
R-sq	0.2260	0.2260	0.0289	0.4410

주: ***$p < 0.01$, **$p < 0.05$, *$p < 0.1$.
자료: 이태석 외(2020).

중이다. 특히 인구 30~50만 명 사이의 지자체 그룹에서 가장 높은 비중을 차지함을 알 수 있다. 이는 인구가 30~50만 명인 지방자치단체의 경우 자치구인 경우가 많기 때문으로 이해될 수 있다. 시군에 비해 상대적으로 자치구의 사회복지지출 부담을 크게 받았기 때문이다.

인구 10만 명 이하의 지자체를 그룹 1, 인구 10만 명에서 30만 명 사이의 지자체를 그룹 2, 인구 30만 명에서 50만 명 사이의 지자체를 그룹 3, 인구 50만 명 이상의 지자체를 그룹 4로 두고 과거 10년치 기초지자체의 데이터를 바탕으로 고령화가 지방재정에 어떠한 영향을 미치는지 살펴보고자 한다. 다음에서는 지자체의 인구 규모별 특성을 통제하기 위해 고정효과모형 분석을 통해 고령화비율이 지방재정에 미치는 영향을 분석했다. 〈표 5-2〉에서는 총세출예산에 대한 고령화비율의 효과를 그룹별로 보여준다. OLS 분석에서는 인구 규모가 큰 그룹 3과 그룹 4에서는 고령화비율이 총세출예산에 유의미한 영향을 미치지 못하는 것으로 나타났으나, 고정효과모형 분석을 한 결과 유의미한 영향을 주는 것으로 나타났다. 상대적으로 큰 지자체의 경제 상황에 대한 고정효과를 통제함에 따라 총세출예산에 대한 고령화비율의 효과가 명확하게

〈표 5-3〉 인구구분별 사회복지 세출예산에 대한 효과

	그룹 1	그룹 2	그룹 3	그룹 4
ln(인구)	2.586***	2.221***	1.919***	2.497***
	(0.120)	(0.065)	(0.103)	(0.128)
고령화비율	0.150***	0.161***	0.213***	0.211***
	(0.002)	(0.002)	(0.003)	(0.004)
상수항	-20.684***	-17.522***	-14.943***	-22.914***
	(1.329)	(0.790)	(1.322)	(1.718)
Number of obs	910	680	420	250
R-sq	0.6554	0.5982	0.3769	0.6199

주: ***$p < 0.01$, **$p < 0.05$, *$p < 0.1$.
자료: 이태석 외(2020).

〈표 5-4〉 인구 구분별 노인·청소년 세출예산에 대한 효과

	그룹 1	그룹 2	그룹 3	그룹 4
ln(인구)	0.368	2.655***	2.099***	2.916***
	(0.663)	(0.282)	(0.147)	(0.205)
고령화비율	0.177***	0.218***	0.289***	0.286***
	(0.011)	(0.010)	(0.005)	(0.007)
상수항	1.610	-24.848***	-19.389***	-30.577***
	(7.314)	(3.436)	(1.895)	(2.742)
Number of obs	904	677	420	250
R-sq	0.6424	0.4010	0.4932	0.6291

주: ***$p < 0.01$, **$p < 0.05$, *$p < 0.1$.
자료: 이태석 외(2020).

드러났다고 볼 수 있다.

또한 고령화비율이 사회복지 예산에 미치는 영향이나 노인·청소년 예산에 미치는 영향 역시 모든 그룹에서 유의미한 것으로 나타났다. 그리고 〈표 5-3〉와 〈표 5-4〉에 나타나 있듯이 대체적으로 인구 규모가 큰 그룹에서 그 효과가 더 크다는 결과가 나왔다. 고정효과를 통제하면 고령화비율이 높아질수록 지자체의 규모와 상관없이 대부분 세출예산이 증가하게 되어 재정에 부담을 받

게 된다는 점을 알 수 있다. 현재의 복지 수준하에서 고령화비율 증가가 지자체 재정에 상당한 영향을 미친다는 점을 감안하면, 향후 복지 수준이 높아지고 고령화가 더욱 심화되면 재정의 지속가능성이 위협받을 수 있다는 점을 알 수 있다.

인구고령화가 지속됨과 동시에 복지 수준이 높아짐에 따라 재정에 대한 부담은 지속적으로 커질 것으로 보인다. 현재의 복지 수준을 유지한다고 하더라도 노인·청소년 예산을 비롯한 사회복지 세출예산은 지속적으로 증가할 것이므로 지자체의 부담은 커질 것이다. 이에 따라 중앙에서 교부해야 할 금액 역시 지속적으로 커져야 할 것으로 보인다. 결론적으로 현행 지방재정체계하에서는 고령화가 심화됨에 따라 지방재정의 지속가능성은 높지 않고, 중앙에 대한 재정의존도는 더욱 커지게 될 것으로 보인다.

이를 완화하기 위한 하나의 방편으로서 지방교육재정에 주목한다. 지방인구의 감소와 고령화는, 다시 말하면 지방의 청소년 인구가 상대적으로 감소한다는 것을 의미한다. 즉, 인구구조 변화에 따라서 교육재정의 경우는 일반 재정에 비해서 어느 정도 여력이 생길 수 있다고 유추할 수 있다. 향후 인구 추이를 고려하면 1인당 지방교육재정은 지속적으로 급증할 것으로 예상된다. 2035년 학령인구는 2017년 대비 35% 감소할 것으로 예상된다. 따라서 만약 지방교육재정교부금 산정을 위한 법정 비율이 현재 수준으로 유지될 경우 1인당 지방교육재정은 급증할 것으로 보인다. 반면, 고령화가 진행됨에 따라 사회복지 예산 증가는 향후 지방재정에 심각한 부담이 될 것으로 예상된다. 2035년에 65세 이상 고령인구가 약 30%를 차지할 것으로 예상되어 2017년의 13.8%에 비해 급증할 것으로 보인다. 지자체 세출예산 중 사회복지분야의 비중이 2014년 24.5%에서 2018년 28.6%로 증가하는 등 앞으로 그 비중이 지속적으로 커질 것을 감안하면 현재의 지방재정과 지방교육재정제도 전반에 대한 재검토가 절실해 보인다.

학생 1명당 교육 과정 운영비의 폭발적인 증가가 과연 교육의 질을 그만큼 높였는지에 대해서는 의문이다. 이 역시 새로운 교육 방식의 도입에 따른 계획적인 증가라기보다는 학생 수 급감을 충분히 반영하지 못하고 예산을 배정한 데 따른 것이라고 보인다.

이와 같이 학생 수의 급감에도 불구하고 그동안 지방교육재정의 전체 규모나 교육교부금 배정 방식에 별다른 변화가 없었고, 결국 학생 수 대비 예산의 과다 투입이 지속되었다. 향후 인구구조 변화가 더욱 심해지고 학생 수가 지금보다도 훨씬 더 줄어들게 된다면 지방교육재정에 과다하게 예산이 투입되는 현상은 더욱 심해질 것이다. 지자체의 일반 재정 상황은 악화되는 가운데 지방교육재정에 대한 과잉 예산투입은 지속가능하기 힘들 것으로 판단된다.

인구구조 변화에 맞게 지방재정의 지속가능성을 높이고, 재정의 효율화를 위해 몇 가지 제언을 하고자 한다. 향후 미래 여건 변화에 따라서 교육의 수요는 다양해지고 현재의 교육체계는 한계에 이를 것으로 예상된다. 기술의 급속한 발달로 인해 기존의 정규교육만으로는 변화하는 기술이나 관련 지식을 습득하기가 어려워질 것이다. 성년이 되어 직업을 가진 이후에도 지속적으로 교육을 받을 필요성이 커짐에 따라 향후 평생교육에 대한 정비가 요구된다. 이처럼 미래 여건 변화에 대응하기 위해서도 지금 방식의 교육재정 편성 방식의 변경이 필수적이다. 인구구조의 변화로 고령층이 증가하고 이들에 대한 재교육체계를 강화하는 데 교육 예산을 활용할 필요가 있다.

먼저 지방교육재정교부금의 총액 산정 방식을 개선할 필요가 있다. 지금처럼 국세의 법정비율을 적용하게 되면 경제성장에 따라 지방교육재정교부금의 총액이 지속적으로 증가하게 된다. 반면, 학생 수가 감소하게 되어 앞서 살펴본 바와 같이 학생 수 대비 과잉 재정 투입의 결과를 가져오게 된다. 따라서 국세의 법정 비율을 적용하는 대신 학생 및 교원 수를 고려해 총액을 산정하는 방식을 마련할 필요가 있다. 이를 통해 인구구조 변화에 유동적으로 대응할 수 있을 것으로 판단된다. 만약 지방교육재정교부금을 지금과 같이 법정 국세비율로 정한다면, 그 비율을 인하해 그 차액은 평생교육 관련 예산으로 확보하는 방안을 고려할 수도 있을 것이다.

한편, 지방교육재정교부금과 지방자치단체 예산을 일원화하는 것도 고려할 필요가 있다. 각 교육청의 예산과 광역지자체 예산 간의 칸막이를 제거해 지자체 예산을 종합적으로 고려한 예산 배분이 필요하다. 그래서 중앙정부가 광역단체별 교부세를 산정할 때 교육 예산까지 함께 고려해 지역별로 배분하되, 각 지자체는 자체적인 판단하에 지방의회를 통해 교육 예산의 규모를 산정하게 함으로써 자치권을 강화함과 동시에 재정의 효율성을 높일 수 있을 것이다.

5. 자본 중심의 군대 전환과 군 숙련도 제고 방안 마련

우리나라의 국방 인력 정책은 중장기적으로 보았을 때 인구학적으로 매우 어려운 문제에 봉착했다. 직접적으로는 합계 출산율이 1 이하로 떨어져 저출산 문제로 인해 절대적인 인구 감소 위험에 직면했다. 통계청의 2019년 장래인구특별추계에 따르면 2020년 중반을 피크로 하여 전체 인구가 감소할 전망이고,[1] 병력의 주 자원인 청년층 인구 또한 빠르게 감소 중이다. 동시에, 국방 및 병역에 대한 국민의 인식 또한 크게 변하고 있어 국방 인력 정책에 매우

---

1) 출산율이 현 수준을 유지했을 경우를 가정했을 때의 통계청 전망이다.

〈그림 5-15〉 병력 규모 예측 추이

(단위: 만 명)

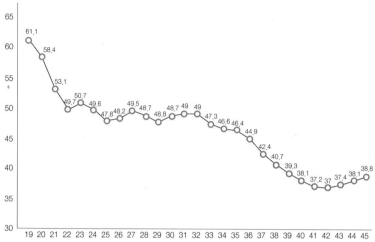

자료: 이태석 외(2020).

중요한 제약 조건으로 작용한다. 동시에 간접적으로는 신흥안보의 대두, 전장 환경 변화에 따른 군사기술 및 군사력 건설 방향 등의 거시적 추세 역시 변하고 있다. 인구구조 변화에 따른 국방인력 정책 여건의 변화는 확률적인 변화가 아니라 확실하게 정해진 미래이기 때문에, 국방인력 정책에서 적극적이면서 예상 가능한 정책적 대응이 필요한 시기다. 인구문제와 맞물려 다양한 측면에서 국방인력 획득 정책에 대한 변화의 필요성이 높아지고 있다.

출산율에 관한 중위 가정을 했을 경우에 현역 자원인 20세의 중위인구는 2022~2033년에는 23~25만 명 수준이며 2034년 후에는 20만 명으로, 현역 가용 자원이 급감함을 예상할 수 있다.

20세 인구가 이렇게 변하게 되면 상비 병력은 병역자원 급감으로 현역 충원에 제한을 받게 된다. 〈그림 5-15〉는 장차 병력 규모에 대한 예측 추이를 보여준다. 예비 병력 역시 병력 감축으로 동원예비군 충족에 제한이 생길 수밖에 없다. 따라서 병역의무 자원에 의존한 병력 규모 유지는 어렵다. 이러한 인구학적 상황을 고려해 보았을 때, 현재 상태와 같이 의무 복무에 기초한 징집제로는 일정 수준의 병력 유지가 더 이상 지속가능하지 않다는 점은 자명하다. 현역병 복무기간 또한 줄어들고 있어 병력 부족 현상은 가속화 중이다.

국방개혁 2.0은 인구학적 제약을 고려해 군 인력 충원 체계 개선과 간부 중심의 병력 구조 정예화를 해법 중 하나로 제시한다(국방부, 2018). 병력 규모는 2022년까지 상비 병력을 50만 명 규모로 감축하도록 계획되었다. 이 계획에 따르면 상비 병력을 빠르게 축소하는 대신 민간인력 확대를 예정하고 있다. 동시에 초임 간부 규모를 축소하고, 숙련도 높은 중간 간부를 확대해 항아리형 구조를 지향하도록 인력구조를 개편하도록 되어 있다. 이러한 항아리형 인력구조를 만들기 위해 간부의 정년 및 승진 소요 기간 연장 등 활용 기간의 확대 계획이 포함된다. 군 인력 충원 체계 개선에서는 전환복무를 폐지하고 대체복무를 축소하는 동시에 여군의 비율을 2022년까지 8.8%로 확대하는 것을 계획 중이다. 귀화자에게 병역의무를 부여하는 것도 검토 중이다.

장래의 인구구조 제약하에서 군사력 유지를 위해서는 병력 수요를 줄이는 방향과 가용자원 확대를 위한 병력 공급 방향의 두 축으로 정책을 고민해 볼 필요가 있다. 특히 현 징집제에서 모병제로의 전환 역시 검토해 볼 필요가 있는 과제다.

한 국가의 병역제도는 각 국가가 처한 다양한 여건에 따라서 결정된다. 주요 안보 위협 요인, 주변국의 군사력, 주변국과의 관계, 국가의 경제력, 국민의 인식, 역사적 맥락 등이 주요 결정 요인이다. 우리의 경우 저출산 현상으로 인해 병력 운영 체제에 있어 변화는 불가피한 측면이 있다. 우리가 직면한 안보 위협, 군사전략, 자원 가용성, 정치와 사회 체제, 과학기술 수준 등의 복합 요인을 고려하면서 병력 운영 체제를 결정해야 한다. 일정한 군사력을 유

〈그림 5-16〉 현역병 복무기간 변천

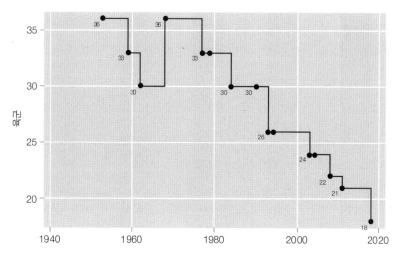

자료: 이태석 외(2020).

지하면서 병력 규모를 대폭 줄이려면 자본 및 기술 보완이 필요한데, 이를 위해서는 국방 예산의 획기적 증가가 요구된다. 징병제는 분쟁 위협이 상존하는 국가들에서 주로 채택 중이다. 한국, 북한, 이스라엘, 싱가포르, 베트남, 튀르키예 등이 대표적으로 징병제를 채택하고 있는 국가들이다. 이 국가들은 주변의 적성 국가들에 대처하기 위해 다양한 형태의 징병제를 유지한다.

전 세계적으로 보았을 때 모병제와 징병제는 국가적 상황에 따라서 채택되고 있는 것으로 보인다. 하지만 최근에 들어올수록 많은 국가가 징병제에서 모병제로 전환하는 경향도 발견되었다. 인구가 적어질수록 모병제를 선택하고, 생산가능인구가 클수록 징병제를 선택하고 있는 경향도 발견할 수 있었다. 동시에 분쟁이 많은 국가일수록 징병제를 유지할 가능성이 높은 경향도 있었다.

저출산 현상으로 인한 인구구조 변화로 인해 현재의 병력을 유지할 수 없

〈그림 5-17〉 모병제 도입에 대한 찬반 의사

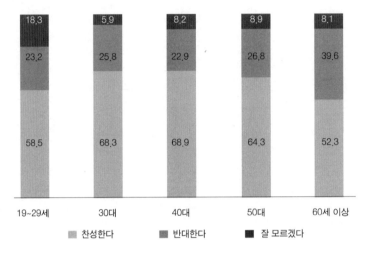

자료: 이태석 외(2020).

으며, 모병제로 전환한다고 해도 적정 병력의 규모를 유지하기는 어렵다. 한편, 군복무에 따른 비효용의 존재로 모병제를 유지하기 위해서는 높은 임금과 복지제도가 필요하다. 선진국 사례 검토 결과에 따르면, 선진국의 경우 징병제에서 모병제로의 전환은 인력 공급이 군 수요보다 많아 현역 복무율이 현저히 낮아 현역 복무의 형평성이 제기된 경우가 많다. 주요국들은 인구가 줄어드는 경우 모병제를 선택하는 경향이 있고, 분쟁을 많이 경험할수록 징병제를 선택하는 경향이 있다. 이와 같은 사실들을 종합하면 노동 중심에서 자본 중심 군대로의 전환이 필요하고, 이를 위해서는 장시간 훈련된 병력이 필요할 것이다.

병력 규모에 대한 결정 요인들과 별개로 정치적·사회적 요인도 병역제도 개선에서 반드시 고려되어야 할 요소다. 특히 누가 병역의 의무를 질 것인지와 관련한 병역 형평성의 요인은 방위력 유지라는 측면과 동시에 제도의 지속

<그림 5-18〉 모병제 도입 반대 이유

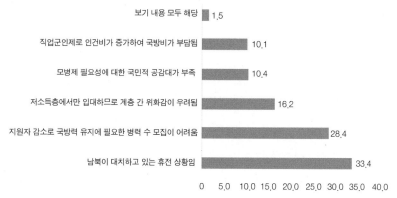

자료: 이태석 외(2020).

가능성 측면에서도 매우 중요한 요인이다.

최근의 한 여론조사2)에 따르면 대부분의 연령대에서 60% 이상이 모병제 도입에 찬성 의사를 보인다. 모병제 도입에 대한 찬반 의사를 물어보았을 때 전연령대에서 모병제에 대한 찬성 의사가 반대 의사를 압도할 정도로 높았다. 구체적으로는 19~29세와 60세 이상은 60%에는 못 미쳤지만 50%는 너끈히 상회했다. 30~50대의 경우는 찬성 의사가 60%를 넘어 70%에 육박했다.

동일한 조사에서 모병제를 반대하는 이유에 대해 설문했는데, "남북이 대치하고 있는 휴전 상황임"이 33.4%로서 가장 크게 나타났다. 28.4%는 "지원자 감소로 국방력 유지에 필요한 병력 수 모집이 어려움"을 이유로 들었다. 그 외에 "저소득층에서만 입대하므로 계층 간 위화감이 우려됨"을 들어 형평성 문제를 제기하기도 한다. 남북 대치 상황은 분쟁국가의 상황을, 지원자 감

---

2) KBS 〈시사기획 창〉에서는 모병제 도입에 대한 여론조사를 실시했고, 응답자의 61.5%가 찬성한다고 답했다고 보도했다(http://news.kbs.co.kr/news/view.do?ncd=5027380&ref=A, 2020.10.16 방송).

소는 저출산으로 인한 병력 공급의 제약을 나타낸다. 형평성 문제는 모병제 시행 시 모병될 병력의 대상이 저소득층에 집중될 상황에 대해서 우려를 보이는 것이다. 병역의무의 형평성이 저해되면 방위력 개선에도 도움이 되지 않을 뿐만 아니라 모병제도 자체의 지속가능성도 의심받을 수 있다.

위의 시사점들을 고려해 보면 우리나라 병역제도의 모병제로의 전환은 매우 어려운 일임을 알 수 있다. 하지만 징병제를 폐지하고 모병제로 전면 전환하는 병역제도의 개편이 반드시 필요한 것은 아니다. 또한 모병제와 징병제 중 하나를 선택해야 할 문제도 아니다. 따라서 모병제로의 전환이 이루어지더라도 전면적인 전환이 아니라 징병제를 기반으로 한 전환이어야 한다.

병역제도에 대해서 좀 더 구체적으로 살펴보자. 먼저 의무병의 복무 기간은 현 24개월에서 기본적인 숙달이 이루어지는 12개월로 줄일 수 있는 여지는 있다. 기초군사훈련을 포함해 12개월 복무를 통해 기본 병력을 제공하는 한편, 이후에는 예비군으로 편입해 유사시 예비전력으로 유지하는 것이다. 이렇게 되면, 징병제로 인한 경제적·사회적 비용을 최소화할 수 있다.

복무기간 단축과 저출산으로 인한 병력 공백은 전문병사제도를 도입해 메울 필요가 있다. 이주호 외(2015)의 논의에서도 지속가능한 군 인력 충원을 위해 4년제 전문병사와 1년제 일반 의무병 형태로 이원화하자고 주장했다. 구체적으로는 병사의 규모를 30만 명 정도로 가정했을 때, 15만 명은 복무기간 4년의 전문병사로 구성하고, 나머지 15만 명은 복무기간 1년의 일반 의무병사로 구성할 것을 제안하고 있다.

전문병사제도와 유사한 제도로는 유급지원병제도가 있다. 유급지원병제도는 제1국민역에 편입된 사람이 의무복무 기간 외에 1년 6개월의 범위에서 복무 연장을 약정하고, 연장 복무기간 중에는 소정의 급여를 받으며 첨단 장비 등 전문 분야에서 복무하는 제도다. 하지만 김신숙(2020)에 따르면 기본적으로 현역병 복무기간을 마치고 연장복무하는 형태이고, 급여는 병 복무기간 중이 아니라 병 복무를 마치고 추가 복무하는 기간에만 받는 것이라서 유급 지원병에 지원할 유인이 크지 않다. 그 결과, 유급지원병의 정원 대비 충원율은 40% 안팎으로 낮은 편이다. 따라서 전문병사제도 도입 시에는 복무 기간 및 형태를 의무병사와 달리하고, 급여는 처음부터 높은 수준으로 지급하도록 하는 것이 필요하다.

이상에서 논의한 여러 상황들을 고려해 볼 때, 우리나라의 경우 모병제로의 전환은 어렵다고 판단된다. 그 대신 효율성 제고를 위해서는 의무복무는 12개월로 점차 축소하되, 적절한 임금을 근무 시작부터 받는 복무기간 3~4년 정도의 전문병사제도의 도입이 필요하다고 판단된다. 동시에 계급정년을 연장해 중간 간부를 확대함으로써 항아리형의 인력구조를 유지하는 것이 필요하다.

6. 부가가치세 세입기반 유지 및 확대가능성 검토

2015년에 최초로 발표된 정부의 장기 재정전망 결과가 2020년에도 발표되었다. 2020년에 발표된 장기 재정전망 결과에 따르면, 2060년 국가채무비율은 인구 및 거시변수 시나리오에 따라 64~81% 수준이다(기획재정부 보도자료, 2020.9.2). 5년 전인 2015년에 발표된 2060년 국가채무비율은 38~62% 수준이었다(기획재정부 보도자료, 2015.12.4). 불과 5년 만에 국가채무 비율이 최소 19%p나 확대될 것으로 전망된다. 지난 3년간 재정지출의 확대 기조와 코로나19 대응으로 인해 국가채무비율이 확대되기도 했으나 2015년 전망의 인구 및 거시변수 전제의 차이도 크게 기여한 것으로 판단된다. 2015년 전망 시점에서 2060년 생산 가능 인구는 2187만 명 수준이었으나 2020년 전망의 전제

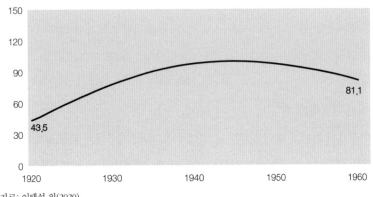

〈그림 5-19〉 정부의 국가채무비율 전망 결과: 현상유지 시나리오

(단위: %)

자료: 이태석 외(2020).

는 129만 명이나 축소된 2058만 명 수준이다. 또한 2060년 명목 GDP에 대한 전제도 2015년 전망 시점에서는 7974조 원이었으나 2020년 전망 전제는 2015년 전제 대비 24.5%나 축소된 6014조 원 수준으로 나타났다.

최근 정부가 발표한 2020년 장기 재정전망 결과에서 주목해야 할 가장 큰 위험 요인은 총지출 증가율을 경상성장률로 제한하고 있다는 점이다. 기획재정부는 의무지출의 증가세에도 불구하고 재량지출 증가를 매우 적극적으로 통제해 총지출 증가율을 경상성장률 수준으로 관리하겠다고 밝히고 있다. 그러나 이번 전망 결과 발표 자료에는 기간별·지출유형별로 지출 증가율과 GDP 대비 비율이 공개되지 않아서 정부가 목표한 재량지출 통제 수준이 어느 정도인지 정확히 알 수 없다. 또한 총수입 구성 항목별 증가 추이에 관한 전망도 정확히 공개하지 않은 것이 2015년 전망 결과 발표 내용과 형식적인 측면에서 큰 차이점이다.

2020년 장기 전망에 발표된 이처럼 낮은 총지출 증가율은 향후 정부가 재량지출 중심으로 총지출 증가율을 억제하겠다는 정책적 의지가 반영된 결과일 수 있다. 그러나 2015년 이후 기초연금 등 복지지출을 확대한 점을 고려하면 의무지출 증가 추세가 충분히 반영되지 못하거나 재량지출의 증가세를 경상성장률보다 크게 낮은 수준으로 통제한 것으로 판단된다. 국회예산정책처(2020)의 전망 결과에 따르면, 경상기준 총지출은 2070년까지 연평균 3.0%의 증가율로 확대되고, 총지출의 GDP 대비 비율은 2020년 28.4%에서 2060년(2070) 32.5%(33.3%)로 증가하는 것으로 전망하고 있다. 이처럼 총지출의 GDP 대비 비율이 확대되는 것은 총지출이 경상 GDP보다 빠르게 증가하기 때문이다.[3] 2020~2070년 경상기준 의무지출의 연평균 증가율은 3.6%이고, 재량지출 연평균 증가율은 2.2%로 나타났다. 또한 의무지출이 총지출에서 차지하는 비중은 2020년 46.9%에서 2060년 61.8%로 증가하고 의무지출의 GDP 대비 비중은 2020년 13.3%에서 2060년 20.8%로 증가할 것으로 전망되었다.

국회예산정책처(2020)가 제시한 의무지출의 GDP 대비 비중을 정부의 경상 GDP 전망치에 적용하여 산출한 의무지출 추정치를 정부의 총지출 전망 규모에서 차감해 재량지출 규모를 추산할 수 있다. 2020~2060년의 기간 평균 의무지출과 재량지출 증가율을 구한 결과는 〈표 5-5〉에서 찾을 수 있다. 2020년대 의무지출 연평균 증가율은 5.5%에서 2030년대 4.0%, 2040년대 3.4%, 2050년대 2.8%로 인구 감소 추이와 함께 소폭씩 둔화되는 것으로 나타난다. 한편, 앞서 설명한 바와 같이, 총지출 증가율을 경상성장률로 전제한 정부의 총지출에서 의무지출 추정치를 차감해 구한 재량지출 추정치의 연평균 증가율은 2020년대 2.2%에서 지속 둔화되어 2040년대부터는 1%를 하회하는 수준으로 나타났다.

---

[3] 이러한 국회예산정책처(2020)의 총지출 전망 결과는 현행 제도가 유지된다는 전제하에 인구구조의 변화를 반영해 의무지출을 추계하고 2012~2020년간 평균 경상GDP 대비 재량지출비율 12.4%가 2024년 이후 유지된다는 전제하에 재량지출을 전망한 결과다.

<표 5-5> 지출 유형별 증가율 추이

(단위: %)

	의무지출	재량지출	총지출
2012~20년 실적	6.7	5.0	5.8
2020~24년 계획	5.3	6.2	5.7
2020년대 추정	5.5	2.2	3.8
2030년대 추정	4.0	1.5	2.9
2040년대 추정	3.4	0.7	2.4
2050년대 추정	2.8	0.6	2.1
2020~60년 평균	3.9	1.2	2.8

주: 1) '2012~20년 실적'은 의무지출과 재량지출의 본예산 기준 실적치임.
    2) '2020~24년 계획'은 올해 발표된 국가재정운용계획상의 수치임.
    3) '각 연대별 추정'은 본문에서 설명한 방식대로 추정한 의무지출과 재량지출 추정치임.
자료: 이태석 외(2020).

2012~2020년 사이에 연평균 5%씩 확장되던 재량지출을 2020년대 평균 2.2%씩 증가하도록 통제하는 것은 매우 어려운 상황이며, 2030년 이후 재량지출 증가율이 더욱 낮아지는 것을 가정하고 있어 정부가 경제위기 등에 대응해야 할 경우 재량지출 증가가 전망 전제에 비해 높아질 가능성이 높아 국가채무는 정부의 전망보다 더욱 확대될 위험이 존재한다.

인구고령화에 따른 재정 압력을 완화하기 위해 중장기적 조세정책방향을 모색해야 한다. 이를 위한 기초 자료로서 우리보다 먼저 인구고령화를 경험한 주요 OECD 회원 국가들의 인구고령화와 세수구조 변화 추이를 살펴볼 필요가 있다.

국민부담률은 총조세와 사회보장기여금의 합계가 경상GDP 대비 어느 정도인지를 보여주는 지표로서 해당 국가의 국민들이 세금과 연금 기여금 등의 형태로 강제 부담하는 수준을 의미하며, 해당 국가의 경제 규모를 기준으로 국제 비교에 활용될 수 있다. 일반적으로 인구고령화가 심화되면서 각 국가들은 복지 확대 등 재정지출을 확대해 왔고 이에 필요한 재원을 마련하기 위해서 세

〈표 5-6〉 인구고령화와 국민부담률 변화 추이

(단위: %, %p)

	OECD 평균(A)			한국(B)			차이(A-B)		
	국민 부담률	사회보장 기여율	고령인구 부양률	국민 부담률	사회보장 기여율	고령인구 부양률	국민 부담률	사회보장 기여율	고령인구 부양률
1960년대	26.0	4.9	15.1	-	-	5.8	-	-	9.3
1970년대	28.4	6.2	16.8	14.8	0.1	5.9	13.7	6.0	11.0
1980년대	31.6	7.3	17.5	16.3	0.3	6.5	15.3	7.0	11.0
1990년대	33.1	8.4	19.2	19.1	2.5	8.3	14.0	5.9	10.9
2000년대	33.1	8.6	21.3	22.9	4.7	12.3	10.2	3.9	9.0
2010년대	33.5	9.0	25.0	25.3	6.5	16.9	8.2	2.6	8.0

주: 1) 고령인구부양률은 15~64세 인구 대비 65세 이상 고령인구비율임.
　　2) 국민부담률은 사회보장기여율과 조세부담률의 합계임.
자료: 이태석 외(2020).

부담 등을 확대해 왔다. 따라서 인구고령화가 심화되는 정도를 나타내는 고령인구부양률[4]과 국민부담률이 어떠한 추이를 보이고 있는지 살펴보고자 한다.

〈표 5-6〉은 인구고령화에 따른 국민부담률과 사회보장기여율 변화를 OECD 평균과 비교한다. 주요국들의 인구고령화가 심화되는 가운데 국민부담률과 사회보장기여율도 같이 증가하는 양상을 보이고 있으며, 우리나라의 경우 OECD 평균과의 차이가 축소되고 있으나 2010년대 평균을 기준으로 살펴보면 여전히 고령인구부양률과 국민부담률이 약 8%p 정도 낮은 것을 알 수 있다. 한편, 사회보장기여율은 1980년대에는 OECD 평균보다 7%p나 낮았으나 국민연금의 성숙과 여타 사회보장제도의 확대 도입 등으로 인해 2010년대에는 OECD 평균과의 차이가 2.6%p로 축소된 것으로 나타났다.

OECD 국가들의 평균 국민부담률은 1990년대까지 10년마다 약 2%p 안팎

---

4) 고령인구부양률은 15~64세 경제활동인구 대비 65세 이상 인구의 비율이다. 즉, 이 비율은 각 경제의 경제활동인구 1명당 부양해야 할 65세 고령인구의 수를 백분율로 나타낸 것이다.

씩 증가하다가 이후 33% 수준에 머물러 있으며, 고령인구부양률은 1960년대 15.1%에서 지속적으로 증가해 2010년대에는 25% 수준이다. 우리나라의 경우 사회보장제도가 본격적으로 도입된 1990년대부터 국민부담률이 10년마다 약 2.5%p씩 증가했으며, 고령인구부양률도 1960년대 5.8% 수준에서 2010년대 에는 평균 16.9% 수준으로 증가했다. 이처럼 1990년대 이후 우리나라 국민 부담률의 확대는 사회보장기여율의 빠른 확대에 기인하는 것으로 판단된다.

2010년대 우리나라 고령인구부양률인 16.9%와 유사한 수준을 보인 1970년 대 OECD 국가들의 평균 국민부담률은 28.4% 수준으로, 우리나라의 2010년 대 국민부담률보다 3.1%p 높은 수준이다. 한편, 2010년대 우리나라의 평균 사회보장기여율은 6.5%로서 2010년대 우리나라 고령인구부양률과 유사한 1970년대 OECD 평균 사회보장기여율 6.2%보다 소폭 높은 수준이다.

36개 OECD 국가들의 1965~2018년의 자료를 이용해 분석한 결과, 고령인 구부양률이 1%p 높은 국가는 국민부담률이 평균적으로 약 0.32%p 높은 것 으로 나타났다.[5] 인과관계 분석이 아닌 상관관계 분석이지만, 인구고령화 대 응을 포함해 각 국가들이 재정지출을 확대하면서 재정수입도 확대했을 개연 성을 시사한다. 또한 이는 우리나라의 고령화 대응 재정지출 수요를 충당하 기 위해서는 일정 수준 국민부담률을 상향 조정하는 정책적 노력이 필요할 수 도 있다는 점을 시사한다.

우리나라의 주요 세목별 세수의 GDP 대비 비중이 지속적으로 확대되어 왔으나 2010년대 평균 법인소득세수 비중만이 OECD 평균 비중을 상회하는 수준이고, 개인소득세수 비중은 OECD와의 격차를 축소해 오고 있지만 여전

---

5) 이러한 결과는 전년도 경제 규모, 각 국가의 연도별 경기 여건(해당 국가의 경제성장률과 OECD 평균 경제성장률의 차이), GDP 대비 수출입 비중, 연도 및 국가 고정효과 더미를 통 제한 결과다.

히 2010년대 평균 기준 3.9%p 낮은 수준이다. 우리나라의 재산보유세 비중은 OECD 평균과 큰 차이를 보이지 않고 있지만 1990년대 이후 0.3%p 낮은 수준이 지속되고 있다. 반면, 부가가치세와 같은 일반소비세 세수의 비중은 OECD 평균과 비교해 약 2.7%p 낮은 수준이 1990년대 이후로 지속되었다.

인구고령화가 지속되면서 개인소득세 세수 비중은 OECD 평균 비중과의 격차를 축소하고 있으며, 법인소득세 세수 비중은 OECD 평균을 상회하는 수준으로 확대되었다. 반면, 부가가치세 등 일반소비세 세수 비중은 OECD 평균과의 격차를 축소하지 못하는 상황이다.

국제 비교를 통해 세수구조와 세부담 수준을 살펴본 결과, 우리나라 주요 세목 중에서 개인소득세와 부가가치세를 활용해 향후 확대될 재정수요에 대응할 필요가 있다. 우리나라의 국민부담률과 조세부담률은 2010년대 OECD 평균과 비교해 8.2%p와 5.6%p 낮은 수준이며, 인구고령화 비율도 약 8%p 낮은 수준이다. 2010년대 우리나라 고령인구 비율인 16.9%와 유사한 수준은 OECD 국가들의 평균 고령인구 비율이 16.8%로 나타난 1970년대로 파악된다. 이 시기의 OECD 국가들의 평균 국민부담률과 조세부담률은 각각 28.4%와 22.2% 수준으로 2010년대 우리나라 평균 국민부담률과 조세부담률보다 각각 3.1%p와 3.3%p 높은 수준이다.

1960년대 이후 OECD 국가들의 주요 세목별 세수의 총조세 또는 GDP 대비 비중이 인구고령화와 함께 눈에 띄게 확대된 세목은 일반소비세인 것으로 나타났다. 우리나라와 OECD 평균의 고령인구부양률 격차가 축소되는 모습을 보이면서 일반소비세 이외의 세목의 경우 OECD 평균과의 격차가 축소되거나 OECD 평균을 상회하는 것으로 나타났다. 그러나 개인소득세의 경우 OECD 평균과의 격차가 축소되는 양상을 보이고 있으나 여전히 OECD 평균과의 격차가 가장 큰 세목이며, 우리나라 일반소비세에 해당하는 부가가치세 세수 비중의 OECD 평균과의 격차는 지속적으로 확대되어 온 것으로 나타났다.

우리나라의 세수구조가 반드시 OECD의 평균적 추이와 유사한 모습을 보여야 하는 것은 아니지만, 우리나라보다 먼저 인구고령화를 경험한 국가들이 고령화 대응을 비롯한 복지재원 조달을 위해서 일반소비세 세수 비중을 확대해 왔다는 점은 인구고령화가 심화되고 있는 우리나라에 많은 시사점을 준다. 주요국의 세수구조와 비교해 향후 추가적으로 세수를 확보할 여력이 있는 세목은 개인소득세와 부가가치세로 판단된다. 특히 2010년대 평균 우리나라 고령인구부양률과 같은 수준을 보인 1970년대 OECD 평균 조세부담률 및 국민부담률과 비교해 약 3%p 낮은 우리나라의 부담률 수준을 높이기 위해서는 개인소득세의 비과세·감면 축소, 부가가치세 면세품목의 과세 전환, 그리고 부가가치세의 기본세율 인상이 필요해 보인다.

인구구조의 변화가 소비구조에 미치는 영향을 보다 직접적으로 살펴보기 위해 앞에서 추정한 연령구간별·소비비목별 평균 소비지출액에 통계청의 2017년과 2050년의 연령구간별 추계인구수를 곱하여 추정한 351개 소비비목의 연령구간별 소비액을 계산했다. 세세분류 각 소비비목의 연령구간별 소비지출액을 연령구간별로 합산해 총소비지출을 구한 후, 모든 연령구간의 총소비지출 전체 합계액 대비 각 연령구간별 총소비지출의 비중을 2017년과 2050년 인구구조에 반영해 〈그림 5-20〉과 같이 계산했다.

2017년 연령구간별 인구 비중과 비교해 2050년 55~59세 구간의 비중은 축소되고 60~64세 구간의 비중은 확대되는 것으로 나타났다. 전체 인구에서 차지하는 비중이 가장 높은 연령대는 2017년에는 45~49세 구간이었으나 2050년에는 75~79세 구간으로 나타나며 33년의 기간 동안 인구 비중이 가장 높은 연령대가 30세나 고령화될 것으로 예측된다. 이러한 인구구조를 반영해 연령구간별 총소비지출 비중을 구해보면, 소비 비중이 가장 높은 연령대는 2017년

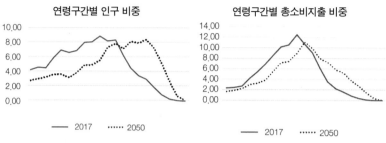

〈그림 5-20〉 2015년과 2050년의 연령구간별 인구 비중 및 총소비지출 비중

(단위: %)

연령구간별 인구 비중

연령구간별 총소비지출 비중

―― 2017   ⋯⋯ 2050

―― 2017   ⋯⋯ 2050

자료: 이태석 외(2020).

에는 45~49세 구간이며, 2050년에는 이보다 5세 고령화된 50~54세 구간으로 나타났다. 2050년 50~54세 구간 이하 연령층의 누적 소비 비중은 2017년 대비 약 26.5%p 축소되고 50~54세 초과 구간 연령층의 소비 비중이 그만큼 늘어나는 것으로 나타났다.

2017년과 2050년의 인구구조를 반영해 12개 주요 소비비목의 총지출액 대비 연령구간별 소비지출액 비중의 추정치를 비교해 보면 식료품, 임대료 및 수도광열, 의료서비스, 교육을 제외한 여타 소비비목의 연령별 소비 비중 추이는 대체로 유사하게 나타났다.[6] 식료품과 임대료 및 수도광열 비목의 경우 2017년 인구구조에서는 각각 55~59세 구간과 45~49세 구간의 소비 비중이 가장 높게 나타났으나 2050년 인구구조를 반영하면 모두 65~69세 구간의 소비 비중이 가장 높다. 의료서비스의 경우에는 2017년과 2050년 인구구조에서 각각 50~54세 구간과 75~79세 구간에서 가장 높은 소비 비중이 관측된다.

---

[6] 인구구조를 제외한 모든 것이 동일하다고 가정한다. 연령별 총소비 비중, 연령별·소비비목별 소비 비중은 2017년 불변가격을 기준으로 해당 소비비목의 인구 전체 총소비 추정액 대비 해당 연령구간의 소비지출액의 비율로 측정했으며, 2050년의 연령구간별 소비 비중은 연령별·소비비목별 평균 소비액 추정치를 2050년 추계인구에 적용해 계산했다.

교육의 경우 두 개의 정점이 관측된다. 즉, 15~19세 구간과 45~49세 구간의 소비 비중이 여타 연령구간보다 높게 나타나는데, 이는 2017년과 2050년 인구구조에서 동일하게 관측된다. 이외의 소비비목의 경우 동일하게 2017년 인구구조하에서 최고의 소비 비중이 관측되는 연령구간은 45~49세 구간이고 2050년 인구구조에서는 50~54세 구간으로 나타났다.

장래의 소득증가효과를 배제하고 2017년 기준의 연령별·소비비목별 소비 프로필과 소비재화와 용역 생산의 투입산출계수행렬이 2050년까지 유지되며 인구구조만이 변화된다는 전제를 바탕으로 분석한 결과, 인구고령화로 인해 유년층과 청장년층의 세부담 비중은 축소되지만 인구 비중 감소 폭보다 작게 감소하고, 장년층 후반기와 노년층 초반기에는 세부담 비중이 인구 비중 감소에도 불구하고 늘어나거나 인구 비중 증가 폭보다 더 큰 폭으로 증대된다. 70세 이상 고령층의 경우 인구 비중 증가폭은 가장 크지만 세부담 비중은 인구 비중 증가폭보다 작은 수준으로 증가하는 것으로 나타났다.

인구구조가 고령화되며 총인구가 감소하는 미래를 피할 수 없는 상황, 생애주기상 소득 발생이 제한적인 노인인구 비중이 확대된다는 점, 그리고 고령층의 소비가 식료품·의료서비스 등과 같은 면세 대상에 집중되어 있다는 점을 고려할 때, 인구구조 고령화는 부가가치세 세수 증가에 긍정적 요인으로 작용하기 어려울 것으로 판단된다.

결과적으로 다른 모든 여건이 2017년과 동일하고 인구구조만 2050년 추계인구 중위 기준으로 바뀌면, 33년간 누적 기준 약 20%(연평균 0.7%)의 세수가 감소할 것으로 전망된다. 17개 연령구간과 351개 세세분류 소비비목에 대한 연령구간별·소비비목별 소비지출 프로필 및 산업연관표를 이용한 351개 세세분류 소비비목별 실효세율을 이용해 추정한 2017년 추계세수 대비 2050년 인구구조하의 추계세수는 연평균 0.7%씩 감소하는 것으로 분석되었다. 2050년 인구구조하의 부가가치세 세수 감소의 가능성은 다른 여건은 모두 동일하고 인구구조만 2017년 기준에서 2050년 기준으로 변화되었을 때에 발생할 수 있는 세수 감소를 의미한다. 즉 인구구조 고령화에 따른 부가가치세 세수 감소 가능성을 시사한다. 이러한 세수 감소 규모에 대응해 적절한 세입기반 확충방안을 마련하지 않으면 향후 재정 여건의 악화는 더욱 심화될 것으로 판단된다. 인구구조 변화에 대응해 일정 수준 부가가치세제를 강화함으로써 세입 여건 개선이 불가피하다 할 수 있다. 향후 증대되는 재정수요에 대응하기 위해서는 인구구조 변화에 따라 약화될 것으로 전망되는 부가가치세 세입기반을 확충할 필요가 있다. 정책대안은 세율인상 또는 면세 대상의 과세 전환과 같은 세제 강화다.

2017년 수준의 부가가치세수를 2050년 인구구조에서도 확보하기 위해서는 기본세율을 12%로 인상하고 5%의 경감세율로 면세 대상인 교육·금융·의료보건 서비스 부문을 과세 전환하는 것이 필요한 것으로 보인다. 이러한 과세 강화에도 우리나라의 부가가치세제는 역진적이라고 평가하기 어렵고 비례적 내지 미세한 누진구조라고 할 수 있다. 물론 단일세율로 소비세를 과세하는 것이 최적과세이론의 측면에서 그리고 세수극대화 측면에서 가장 바람직하겠으나 부가가치세 면세 대상의 과세 전환의 과정에서 있을 수 있는 정치적 우려를 완화하기 위해서 경감세율제도 도입도 고려할 필요가 있다.

기존 세목 중에서 경제적 효율성 훼손 정도가 가장 적은 것으로 평가되는 부가가치세의 강화가 필요한 것으로 판단된다. 부가가치세 세율 인상 및 면세 대상의 과세 전환 등 세제강화에 수반되는 험난한 정치 과정을 잘 통과하기 위해서는 재정 여건에 대한 투명하고 합리적인 설명이 선행되어야 한다. 또한 악화되는 재정 여건을 최소한 유지 및 개선하기 위해서는 장기적으로 경제의 효율성 훼손이 심하지 않은 부가가치세를 추가적 세원으로 활용할 수밖에 없으며 소비세제 강화에 따른 역진성의 문제도 지출기준으로 살펴보면 크지 않다는 점을 국민들에게 잘 알리고 설득하는 사회적 논의가 필요하다.

7. 결론

이상의 논의들을 통해 시급한 정책 변화가 요구되는 주요 분야별로 다음과 같은 정책적 제언들을 제시한다. 노인복지 관련 비용부담 완화를 위해 장기적 시계에서 노인연령의 상향 조정 가능성을 고려하되 질병장애부담, 성별, 지역별, 소득별 격차를 고려해 점진적으로 상향 조정하며, 취약집단의 지원대책 마련과 민간의 적응 가능성을 높이기 위한 점진적 연령 상향 조정 계획을 마련할 필요가 있다.

학령인구 감소가 예상되는 시점에서 과거의 교원 수급 정책을 유지할 경우 학령인구 감소에 따라 학급 규모가 지속적으로 감축될 것으로 예상되는데, 학급 규모 감축은 초등학생과 중학생의 일부 학업성취도를 개선하고 초등학생의 비인지적 능력에 긍정적인 영향을 미치나 그 긍정적인 영향의 크기가 제한됨에 따라, 교사당 목표 학생 수를 고려할 때 향후 신규 교원 채용 규모는 축소되는 방향으로의 조정이 필요하며, 교사당 학생 수 증가에 따른 교육효과 극대화를 위한 정책적 노력이 바람직하다.

인구구조 변화에 대응해 지방재정의 지속가능성과 효율성을 제고하기 위해서는 현행 지방재정 편성 방식의 변경을 고려할 필요가 있다. 인구 감소와 고령화라는 인구구조의 변화는 지역별로 불균등하게 진행될 것으로 예상됨에 따라 지방 예산의 일원화를 통해 예산 간 칸막이를 제거한 종합적 지방 예산배분을 통해 지방재정의 효율성과 책임성을 확보할 것이 바람직하다.

인구구조의 변화로 인한 병력자원의 감소로 인해 현재의 병력을 유지하기는 매우 어려운바, 적정 국방서비스의 제공을 위해서는 노동 중심의 군대에서 자본 중심의 군대로의 전환이 요구되며, 이를 위해 장시간 훈련된 병력이 필요하다. 병역의무의 형평성 확보 차원에서 모병제의 전면 도입은 어려울 것으로 보임에 따라 징병제를 유지하되, 의무복무 기간의 점진적 축소를 통해 청년인구의 효율적 활용을 도모하며, 병력 공백을 완화하기 위해 전문병사제도와 간부의 계급정년을 연장할 필요가 있다.

연령별 소비 패턴을 고려할 때 인구구조의 변화는 부가가치세 세입기반이 약화될 것으로 전망됨에 따라, 현재 부가가치세수를 유지하기 위해서도 기본세율의 인상과 일부 경감세율 면세 대상의 과세 전환이 요구되며, 부가가치세 부담의 역진성 완화를 위한 정책적 노력과 함께 취약계층 필수소비재 경감세율 도입을 통한 사회적 합의 도출이 요구된다.

참고문헌

이태석 외. 2020. 「인구구조 변화에 대응한 구조개혁방안」(KDI 연구보고서).

선진국 전환

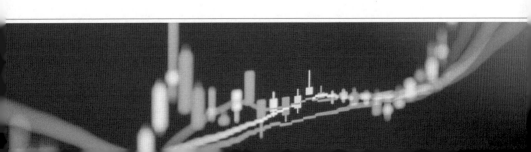

제6장
선진 한국을 향한 도전

고영선 ㅣ KDI

1. 서론

우리나라의 경제적 성공은 세계적으로 인정되는 사실이다. 국내에서는 많은 사람들이 이러한 성공을 당연시하지만, 국제기구나 많은 학자들은 우리나라를 비롯한 동아시아 국가들을 이례적인 성공 사례로 지목한다. 그것은 훨씬 더 많은 나라들이 20세기 후반에 경제발전을 이루는 데 실패했기 때문이다.

이러한 성공에도 불구하고 우리나라는 아직 많은 측면에서 선진국이라 불리기는 미흡하다. 이 장에서는 우리나라가 선진국으로서의 면모를 갖추기 위해 필요한 것에 대한 논의를 목적으로 삼는다. 먼저 한국경제가 당면한 도전 요인으로서 다섯 가지를 나열한다. 그것은 ① 성장잠재력 둔화, ② 좋은 일자리 부족, ③ 소득분배 악화, ④ 정책 역량 미흡, ⑤ 광범위한 지대 추구(rent-seeking)이다. 이 가운데 앞의 세 가지는 하나의 뿌리를 갖고 있다. 그것은 생산성 높은 산업과 기업의 부족이다.

산업적 측면에서는 전통서비스업 등 생산성 낮은 부문이 아직도 우리 경제의 큰 부분을 차지하고 있다. 또 기업 측면에서는 생산성 낮은 중소기업 및 영세기업이 많고 생산성 높은 대기업은 적다. 그렇기 때문에 경제 전체의 생산성이 낮고, 좋은 일자리가 부족하다. 또 그렇기 때문에 근로자 간의 임금격차가 크고 소득분배도 다른 OECD 국가에 비해 나쁜 편이다. 물론 공적연금이 제 역할을 못하는 것도 취약한 분배 상황을 설명하는 요인이다.

우리 산업 및 기업의 생산성을 높이는 일은 우리 경제의 성장 동력을 재점화하며, 좋은 일자리를 많이 만들고, 소득분배를 개선하기 위해 반드시 필요하다. 생산성 향상을 위해서는 대기업 정책, 중소기업 정책, 노동시장, 교육 등 모든 부문에 걸친 개혁이 수반되어야 한다. 그리고 이러한 개혁을 추진하는 데 정부가 중요한 역할을 수행해야 한다. 그러나 우리 정부의 정책 역량은 미흡하다고 평가된다. 또한 우리 사회 전반에 걸쳐 지대 추구가 만연해 있고, 개혁 추진에 필요한 사회적 합의도 도출되기 어려운 상황이다.

각 부문에 공고히 뿌리내린 기득권을 서로 내려놓고 개혁에 동참하도록 사회적 화두를 던지는 차원에서 필자는 이 글을 작성했다. 논의는 나름 엄밀한 논리적 흐름을 따라가고자 했으나 저자의 주장을 뒷받침할 객관적 근거를 충분히 제시하지 못한 부분도 있는 것이 사실이다. 그럼에도 불구하고 이 글이 우리나라의 선진화를 위한 작은 밑거름이 되기를 희망한다.

이 글의 구성은 다음과 같다. 먼저 2절에서 우리 경제의 성장 추이를 간단히 살펴본다. 그리고 3절에서는 앞서 나열한 다섯 가지 도전 요인을 설명한다. 마지막으로 4절에서는 향후 과제를 요약한다.

2. 우리 경제의 성장 추이

우리나라는 1960년대에 본격적인 산업화에 착수한 이래 놀라운 경제성장

〈그림 6-1〉 세계 각국의 1960년 및 2019년 1인당 GDP

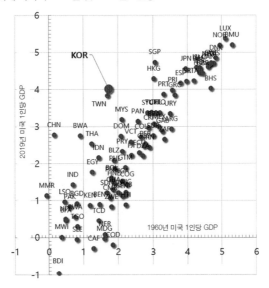

주: 수평선 및 수직선은 미국 1인당 GDP의 10% 또는 50%를 의미함. 횡축의 홍콩(HKG)은 1960년이 아닌 1961년 자료임.
자료: World Bank, World Development Indicator.

을 이루었다. 지난 60여 년간 하위 소득 또는 중위 소득 국가에서 상위 소득 국가로 도약한 극소수에 불과하다(Bulman et al., 2017). 〈그림 6-1〉은 세계 각국의 1960년 및 2019년 1인당 GDP를 보여준다. 이 그림에서 하위 소득 국가는 1인당 GDP가 미국의 10% 이하인 국가, 중위 소득 국가는 미국의 10~50%인 나라로 정의된다. 우리나라는 1960년에 하위 소득 국가였지만, 2019년에는 상위 소득 국가로 발돋움했다. 우리나라, 대만, 싱가포르, 홍콩 등 일부 국가를 제외하면 1960년 당시 하위 또는 중위 소득 국가였던 나라는 2019년에도 하위 또는 중위 소득 국가에 머물고 있다.

우리나라의 이처럼 빠른 경제성장은 일자리 창출과 소득 증대로 이어졌다. 〈그림 6-2〉에서 보듯이 근로자 수는 1960년대 초 750만 명 내외에서 2021년

〈그림 6-2〉 취업자 수 및 고용률

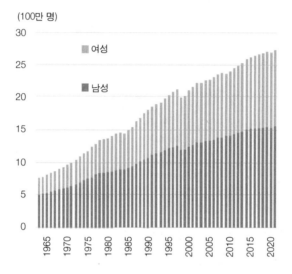

〈취업자 수〉

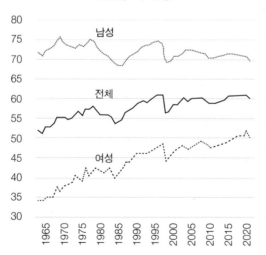

〈고용률(15세 이상)〉

자료: 국가통계포털(http://kosis.kr).

〈그림 6-3〉 실질임금 증가율 추이

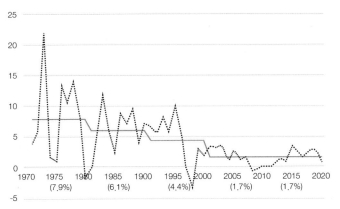

주: 1) 실질임금 = 국민계정 피용자보수/경제활동인구조사 임금근로자 수/소비자물가지수.
2) 괄호 안은 10년 단위 연평균 상승률.
자료: 한국은행 경제통계시스템(http://ecos.bok.or.kr); 국가통계포털(http://kosis.kr).

〈그림 6-4〉 소득분배 추이

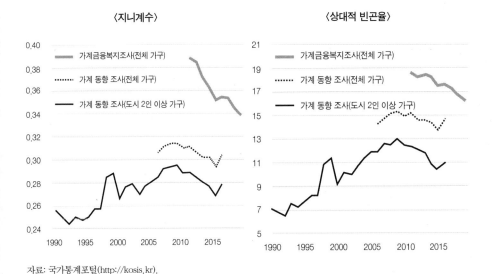

자료: 국가통계포털(http://kosis.kr).

약 2700만 명으로 3~4배 증가했다. 또 고용률(15세 이상)은 1960년대 초 50%에 가까웠으나 그 이후 꾸준히 상승해 현재는 60% 내외의 수준을 보인다. 남성 고용률은 그동안 70~75% 구간에서 등락을 거듭하는 가운데 약간 하락하는 추세를 보였으나 여성 고용률은 약 35%에서 약 50%로 올라섰다. 또 〈그림 6-3〉에 따르면 실질임금 상승률은 1970년대 7.9%를 기록했고, 1980년대 6.1%, 1990년대 4.4%를 기록했다.

한편 소득분배는 그동안 등락을 거듭해 왔다. 〈그림 6-4〉는 지니계수와 상대적 빈곤율의 추이를 보여준다. 어느 경우든 1990년대 초부터 분배가 악화되어 이것이 2010년경까지 지속되었으나 그 후에는 분배가 개선되는 추세를 보인다.

3. 한국경제의 5가지 도전 요인

그동안의 놀라운 성과에도 불구하고 우리 경제는 여러 도전 요인에 직면해 있다. 우리나라가 선진국 지위에 올라서기 위해서는 최소한 다섯 가지의 문제를 해결해야 할 것으로 판단된다. 첫째는 성장잠재력 둔화이고, 둘째는 좋은 일자리 부족, 셋째는 소득분배 악화, 넷째는 정부의 정책 역량 미흡, 다섯째는 광범위한 지대 추구(rent-seeking) 현상이다. 다음에서는 이 다섯 가지 문제를 차례로 짚어보기로 한다.

1) 성장잠재력 둔화

경제성장률은 그동안 추세적으로 하락해 왔다(〈표 6-1〉). 연평균 GDP 증가율은 1970년대 중 9.3%, 1980년대 중 10.0%에 달했으나 현재는 3% 미만으

<표 6-1> 경제성장률

(단위: %)

	1970~1980	1980~1990	1990~2000	2000~2010	2010~2020
GDP	9.3	10.0	7.1	4.7	2.6
인구 1인당 GDP	7.4	8.7	6.1	4.1	2.1
근로자 1인당 GDP	5.5	7.0	5.4	3.4	1.4

자료: 한국은행 경제통계시스템, http://ecos.bok.or.kr; 국가통계포털, http://kosis.kr.

<표 6-2> 2020년대 경제성장률 및 성장기여도 전망

(단위: %, %p)

	실질 GDP(1+2+3)	취업자(1)	물적 자본(2)	총요소생산성(3)
시나리오 1	1.7	0.2	0.8	0.7
시나리오 2	2.4	0.2	1.0	1.2

자료: 권규호(2019).

로 떨어졌다. 1인당 GDP 증가율 역시 7~8%에서 2% 내외로 떨어졌으며, 근로자 1인당 GDP 증가율도 2010년대 중 1.4%를 기록했다. 이러한 낮은 수준의 성장률은 2020년대에도 지속될 전망이다(<표 6-2>).

이처럼 성장률이 둔화되면서 우리 생활수준의 향상도 지체되고 있다. <그림 6-5>는 미국의 1인당 GDP(PPP 기준)를 1.0으로 했을 때 우리나라, 일본, 중남미, 중국의 상대적 수준이 어떻게 변해왔는가를 보여준다. 이에 따르면 우리나라는 그동안 미국 수준으로 빠르게 수렴해 왔으나 2010년대 들어서 수렴 속도가 눈에 띄게 떨어졌으며, 최근에는 미국과의 격차를 좀처럼 좁히지 못하고 있다. 점차 일본이나 중남미처럼 격차가 오히려 벌어지지 않을지 걱정되는 시점이다.

지금까지 세계경제는 항상 생산성 증가에 의존해 성장해 왔다. <그림 6-6>은 클락(Clark, 2009)이 추산한 전 세계 평균 1인당 소득이다. 기원전 1000년부터 산업혁명이 태동한 18세기 말까지 1인당 소득은 거의 변하지 않았다. 생

〈그림 6-5〉 1인당 GDP

(단위: PPP, 경상달러)

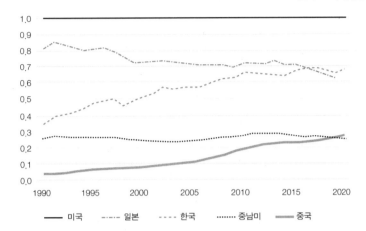

자료: World Bank, World Development Indicator.

〈그림 6-6〉 산업혁명과 대분기(Great Divergence)

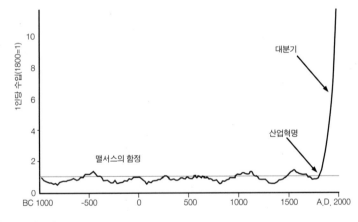

자료: Clark(2009).

산이 늘면 인구가 늘어나 1인당 소득은 변하지 않는 이른바 '맬서스의 함정 (Malthusian Trap)'에 빠져 있었던 것이다. 그러나 18세기 말 영국에서 시작된 산업혁명이 19세기 들어 다른 유럽 국가 및 미국으로 전파되면서, 산업혁명

<그림 6-7> 산업별 노동생산성 증가율

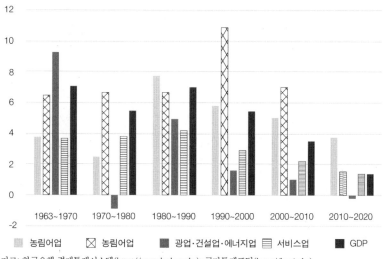

농림어업　　☒ 농림어업　　■ 광업·건설업·에너지업　　☰ 서비스업　　■ GDP

자료: 한국은행 경제통계시스템(http://ecos.bok.or.kr); 국가통계포털(http://kosis.kr).

<그림 6-8> 산업별 노동생산성 추이(2015년 불변가격)

(단위: 100만 원)

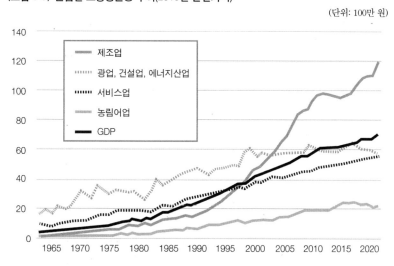

자료: 한국은행 경제통계시스템(http://ecos.bok.or.kr); 국가통계포털(http://kosis.kr).

에 동참한 나라들은 기하급수적인 생산 및 소득의 증가를 경험했다. 그러나 여기에 동참하지 못한 지역에서는 소득이 오히려 하락하는 '대분기(大分岐, Great Divergence)'가 나타났다.

이런 관점에서 보면 우리나라 성장률이 추세적으로 낮아진 것은 결국 생산성이 계속 낮아졌기 때문이라고 유추할 수 있다. 실제로 산업별 노동생산성 증가율(〈그림 6-7〉)은 모든 산업에 걸쳐 낮아져 왔다. 제조업은 1990년대에 유난히 노동생산성 증가가 빨랐으나 2000년대 이후 다른 산업과 마찬가지로 생산성 증가가 둔화되고 있다.

증가율이 아닌 생산성의 절대 수준을 살펴보면 제조업은 1990년대 중 노동생산성이 급격히 높아지면서 1990년대 후반에 서비스업을 추월했다. 현재 제조업의 생산성은 서비스업의 약 두 배에 해당한다(〈그림 6-8〉). 이처럼 제조업과 서비스업 사이에 생산성 격차가 큰 것이 우리 산업구조의 한 가지 중요한 특징이다.

서비스업 중에서 특히 '전통서비스업'의 생산성이 매우 낮다. 전통서비스업은 도·소매업, 음식·숙박업, 기타 서비스업을 포함한다. 2018년 기준으로 이들의 노동생산성은 2900만 원으로 전 산업 평균 6500만 원의 40%에 불과하다(〈표 6-3〉). 반면 전통서비스업이 전체 일자리에서 차지하는 비중은 29%에 달한다. 전통서비스업을 포함한 서비스업 전체의 노동생산성은 5700만 원이며 일자리 비중은 70%다. 이는 전통서비스업 등 저생산성 부문이 우리 경제에서 매우 큰 비중을 차지하고 있음을 보여준다.

결국 우리 경제의 성장잠재력 둔화는 전 산업의 생산성이 둔화되고 있는 현상의 다른 측면이라 판단된다. 특히 서비스업의 생산성을 향상시켜 산업 간 격차를 줄이고 우리 경제의 전반적인 생산성 증가를 가속화시키는 것이 중요한 과제라 할 수 있다.

<표 6-3> 산업별 고용 비중과 노동생산성(2018)

산업	고용 비중(%)	노동생산성(100만 원) (전체=1.0)	
농림어업	5.0	25	(0.4)
광업, 건설업, 전기·수도·가스업	8.4	341	(5.3)
제조업	16.8	112	(1.7)
서비스업	69.8	57	(0.9)
전통서비스업 제외	41.1	76	(1.2)
전통서비스업	28.7	29	(0.4)
도·소매업	13.9	37	(0.6)
음식·숙박업	8.4	20	(0.3)
기타 서비스업	6.5	24	(0.4)
전체 산업	100.0	65	(1.0)

자료: OECD, STAN Database for Industrial Analysis(ISIC4 SNA08), http://stats.oecd.org.

2) 좋은 일자리 부족

우리 경제가 당면한 또 다른 문제는 좋은 일자리의 부족이다. 그동안 일자리가 빠르게 늘어왔으나 그 가운데 좋은 일자리는 제한되어 있다. 산업 측면에서 보면 앞에서 설명한 전통서비스 등 서비스업의 일자리 품질이 낮은 문제가 지적된다. 또한 기업 규모 측면에서 보면 대기업과 중소·영세기업 간 일자리 품질의 격차가 크다. 그리고 이러한 격차는 결국 산업과 기업의 생산성 격차에서 유래한다.

<그림 6-9>는 상대적 노동생산성을 보여준다. 왼쪽 그림은 제조업 대비 서비스업의 상대적 노동생산성인데, 우리나라는 후자가 전자의 절반에 불과해 OECD 국가 중 아일랜드 다음으로 이 비율이 가장 낮다. 또 오른쪽 그림은 250인 이상 기업 대비 250인 미만 기업의 노동생산성인데, 후자는 전자의 약 1/3에 불과해 OECD 국가 중 아일랜드와 그리스 다음으로 이 비율이 가장 낮다.

이러한 노동생산성 격차는 결국 자본 및 기술 축적의 격차에 기인한다. 우리

〈그림 6-9〉 상대적 노동생산성(2018)

〈제조업 대비 서비스업〉

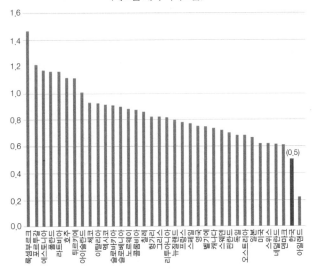

〈250인 이상 기업 대비 1~249인 기업〉

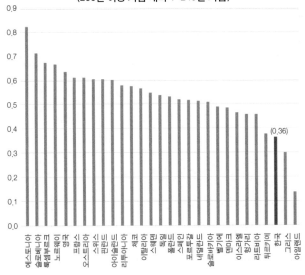

자료: 제조업 대비 서비스업는 OECD(http://stats.oecd.org), STAN Industrial Analysis(2020 ed.), 250인 이상 기업 대비 1~249인 기업은 OECD(http://stats.oecd.org), Structural Business Statistics(ISIC Rev. 4).

〈그림 6-10〉 R&D 지출(2019)

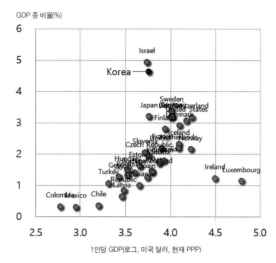

자료: World Bank, World Development Indicators.

〈그림 6-11〉 재원별 R&D 지출

(단위: GDP 중 %)

자료: 통계청.

<그림 6-12> 전체 기업 R&D 지출에서 차지하는 비중(2018)

(단위: %)

〈제조업〉

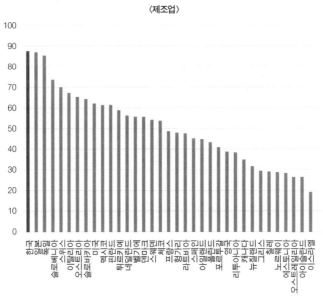

자료: World Bank, World Development Indicators.

〈250인 이상 기업〉

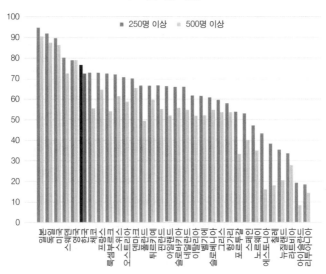

자료: OECD(http://stats.oecd.org).

〈그림 6-13〉 사업장 규모별 고용 비중

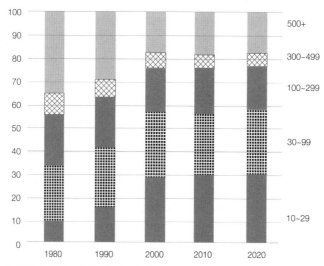

자료: 고용노동부, 「임금구조기본통계조사」(각 연도).

〈그림 6-14〉 250인 이상 기업의 일자리 비중(2018)

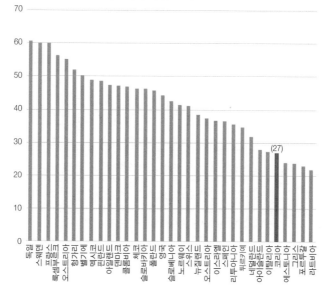

자료: OECD, Structural and Demographic Business Sstatistics(ISIC. Rev. 4).

나라의 GDP 대비 R&D 지출은 OECD 국가 중 이스라엘 다음으로 많다(〈그림 6-10〉). 이것은 1980년대부터 R&D 지출이 매우 빠른 속도로 증가해 온 결과다 (〈그림 6-11〉). 현재 전체 지출의 약 3/4은 민간 R&D 지출이 차지하고 있다.

〈그림 6-12〉는 민간 R&D 지출을 산업 및 기업 규모로 구분한 결과다. 이에 따르면 산업 측면에서는 제조업이 전체 R&D 지출의 약 90%를 차지한다. 서비스업 등 여타 부문의 R&D 지출은 약 10%에 불과하다. 또 기업 규모 측면에서는 250인 이상 기업이 전체 R&D 지출의 약 80%를 차지하고 있다. 우리나라 기업의 대부분을 차지하는 250인 미만 기업은 전체 R&D 지출의 20% 정도만 차지하는 것이다. 또 500인 이상 기업은 약 70%를 차지하고 있어, 대기업 중에서도 특히 규모가 큰 대기업들이 민간 R&D 지출의 대부분을 담당하고 있음을 알 수 있다. 이러한 R&D 투자의 격차로 인해 제조업의 생산성이 서비스업 등 여타 산업 생산성보다 높고, 대기업의 생산성이 중소·영세기업의 생산성보다 훨씬 높은 것으로 보인다.

문제는 생산성 높은 부문의 일자리가 많지 않다는 것이다. 산업 측면에서는 앞에서 보았듯이 전통서비스업 등 서비스업의 일자리 비중이 높다. 또 기업 규모 측면에서는 대규모 사업장의 일자리 비중이 그동안 계속 줄어들어 왔다. 〈그림 6-13〉에 따르면 300인 이상 사업장의 비중은 1980년 43%에 달했으나 2020년에는 23%에 불과하다. 이처럼 대규모 사업장이 줄어든 결과 현재 OECD 국가 중 우리나라는 기업 규모가 매우 작은 편에 속한다. 〈그림 6-14〉에 의하면 250인 이상 기업의 일자리 비중은 2018년 현재 27%로서 그 비중이 60%에 달하는 독일, 스웨덴, 프랑스는 물론이고 다른 대부분의 OECD 국가보다 작다.

〈그림 6-13〉은 임금근로자를 기준으로 집계한 것이다. 자영업자를 포함한 전체 근로자를 기준으로 사업장 규모별 일자리 비중을 살펴본 것이 〈그림 6-15〉다. 이에 따르면 1~4인 규모의 영세 사업장은 전체 일자리의 36%를 차

〈그림 6-15〉 종사상 규모별 취업자

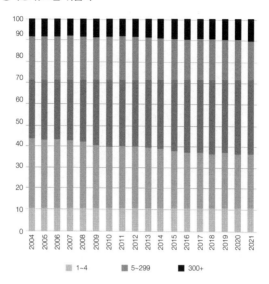

자료: World Bank, World Development Indicator.

〈그림 6-16〉 자영업자 비중(2019)

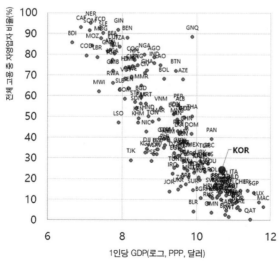

자료: 통계청(http://kosis.kr).

<〈그림 6-17〉 고용률(30~54세, 2019)

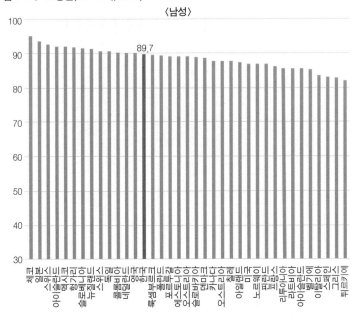

〈남성〉

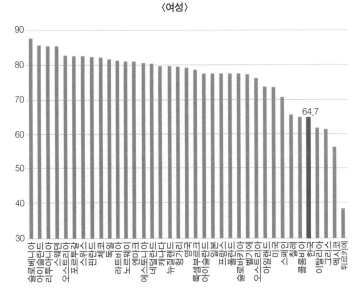

〈여성〉

자료: OECD(http://stats.oecd.org).

지한다. 전체 근로자의 1/3 이상이 매우 규모가 작은 사업장에서 일하는 것이다. 이 중 많은 사람들이 자영업자일 것으로 추측된다. 우리나라에서 자영업자는 그동안 많이 줄어들기는 했으나 여전히 많다. 전체 일자리에서 자영업자가 차지하는 비중은 약 25%로서 비슷한 소득수준에 있는 다른 나라보다 월등히 높다(〈그림 6-16〉).

이처럼 산업 및 기업 간 생산성 격차로 인해 좋은 일자리와 그렇지 않은 일자리 사이의 격차가 크고, 좋은 일자리가 일부 산업 및 기업에 국한되어 있는 것이 우리 경제의 큰 문제다. 경제발전은 좋은 기업이 많이 나타나고 좋은 일자리가 많이 만들어지는 과정 그 자체라 할 수 있다. 우리나라가 선진국에 진입하기 위해서는 좋은 기업과 좋은 일자리가 많이 만들어져야 한다.

좋은 일자리의 부족은 여러 가지 문제를 낳았다. 첫째, 좋은 일자리를 얻고자 하는 경쟁은 대학 입시 경쟁을 낳고, 이는 사교육 과열과 공교육의 무력화를 낳고 있다. 대학 입시제도를 어떻게 바꾸든 좋은 일자리가 부족한 이상 입시 경쟁은 줄어들지 않을 것이며 우리 초중등 교육은 제자리를 찾기 어려울 것이다.

둘째, 좋은 일자리 부족은 여성 고용률이 낮은 원인 중 하나로 보인다. 한창 일할 나이인 30~54세의 고용률을 살펴보면, 2019년 현재 남성은 90%로서 OECD 국가 중 평균 이상에 해당하나 여성은 65%로서 매우 낮은 편에 해당한다(〈그림 6-17〉).

우리나라에서 가사부담은 아직까지도 주로 여성의 몫이다. 따라서 여성은 일-가정 양립이 어려울 경우 일과 가정 가운데 하나를 포기할 수밖에 없다. 우리나라에서 여성 고용률이 낮은 것은 일-가정 양립이 용이한 좋은 일자리가 부족하기 때문으로 보인다. 〈그림 6-18〉은 출산휴가 및 육아휴직 활용 실태를 조사한 결과다. 이에 따르면 300인 이상 기업에서는 이러한 모성보호제도를 필요에 따라 자유롭게 활용할 수 있지만, 영세기업이나 중소기업에서는

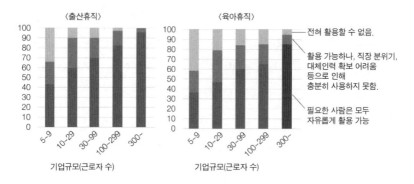

〈그림 6-18〉 출산휴가 및 육아휴직 활용 실태(2018)

〈출산휴직〉 〈육아휴직〉

전혀 활용할 수 없음.

활용 가능하나, 직장 분위기,
대체인력 확보 어려움
등으로 인해
충분히 사용하지 못함.

필요한 사람은 모두
자유롭게 활용 가능

기업규모(근로자 수)　　　기업규모(근로자 수)

자료: 고용노동부, 「일 가정 양립 실태조사」(2019).

이를 사용하기 어렵다. 이는 소규모 기업의 입장에서 불가피한 측면이 있다.

여성들이 모성보호제도를 보다 자유롭게 활용할 수 있기 위해서는 좋은 일
자리가 보다 많이 만들어져야 한다. 그래야만 여성의 고용률이 높아질 것이
며, 또한 출산율도 높아질 것이다. 그동안 정부가 저출산 문제 극복을 위해
엄청난 예산을 투입해 왔지만 좋은 일자리가 부족한 이상 일-가정 양립은 근
본적으로 어려운 문제로 남을 것이다.

3) 소득분배 악화

우리나라가 안고 있는 또 다른 문제는 소득 불평등이 높다는 것이다. 앞에
서 본 것처럼 2010년대 들어 불평등은 낮아지는 추세다. 그러나 아직도 다른
OECD 국가에 비해 우리나라의 불평등은 높은 편에 속한다. 〈그림 6-19〉는
전체 인구를 근로연령층(18~65세)과 은퇴연령층(66세 이상)으로 나누어 상대빈
곤율을 구한 결과다. 이에 의하면 우리나라의 근로연령층 빈곤율(12%)은
OECD 국가 중 중간보다 약간 높은 수준이며, 은퇴연령층 빈곤율(43%)은

〈그림 6-19〉 상대적 빈곤율(2018)

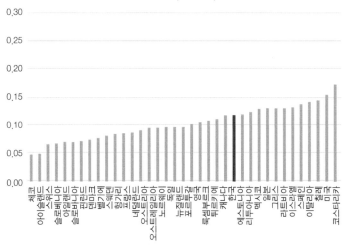

〈근로연령층(18~65세)〉

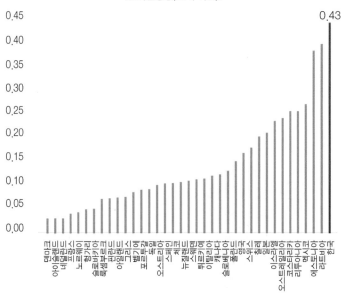

〈은퇴연령층(66세 이상)〉

자료: OECD(http://stats.oecd.org).

〈그림 6-20〉 연령구간별 대졸자 비중

(단위: %)

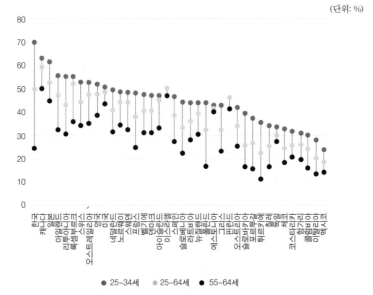

● 25~34세   ● 25~64세   ● 55~64세

자료: OECD(http://stats.oecd.org).

〈그림 6-21〉 공적 사회지출(2018)

(단위: GDP 중 %)

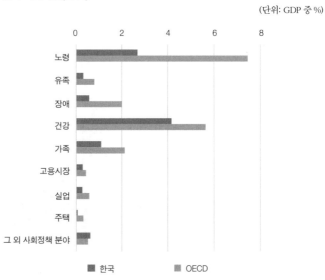

■ 한국   ■ OECD

자료: OECD(http://stats.oecd.org).

OECD 국가 중 가장 높은 수준이다.

〈그림 6-19〉에서 주목할 것은 매우 높은 수준의 노인 빈곤율이다. 이는 주로 두 가지 요인에 기인하는 것으로 보이는데, 그것은 노인들의 낮은 학력 및 취약한 사회보장제도다. 〈그림 6-20〉에 따르면 25~34세의 대졸자 비중은 70%에 달하지만 55~64세의 대졸자 비중은 약 25%에 불과하다. 이처럼 낮은 학력으로 인해 고령자들은 숙련도(skill level)가 낮고 소득도 낮기 때문에 은퇴 시점까지 축적된 자산도 많지 않고 고령자 노동시장에서 일자리를 찾기도 어려운 것이다. 또 〈그림 6-21〉에 따르면 우리나라의 공적 사회지출은 OECD 국가 평균에 비해 매우 낮은데, 특히 노령, 유족, 장애 등과 관련된 지출이 매우 낮다. 이처럼 사회보장제도가 취약한 것도 노인 빈곤율이 높은 이유 중 하나로 보인다.

한편 근로연령층의 경우에는 앞에서 보듯이 빈곤율이 높지 않다. 이들은 노동시장에서 일을 할 수 있어 빈곤에 덜 노출되어 있기 때문이다. 또 〈그림 6-22〉에 따르면 근로연령층 내의 소득 불평등은 2010년경부터 감소해 왔다. 이러한 소득 불평등의 추이는 임금 불평등 추이가 거의 같은 모습을 보인다. 소득의 대부분의 임금소득이기 때문이다.[1]

그럼에도 불구하고 임금 불평등의 심각성에 대한 문제 제기가 지속되어 왔는데, 특히 남성-여성 간, 정규직-비정규직 간, 대기업-중소기업 간 불평등이 심각한 문제로 지적된다. 〈표 6-4〉는 고영선(Koh, 2018)의 방법으로 임금 5분위 배율을 분해한 결과다. 이에 따르면 2020년의 경우 전체 임금 불평등의 6.4%는 성, 4.4%는 연령, 7.7%는 학력, 5.4%는 경력, 15.0%는 근속연수, 6.7%는 사업장 규모가 설명한다.[2] 이 가운데 특히 근속연수는 전체 임

---

[1] 모든 가계를 대상으로 경상소득의 구성을 살펴보면, 2020년의 경우 근로소득이 전체 경상소득의 64%를 차지하고 사업소득이 19%, 재산소득이 7%, 공적이전이 8%, 사적 이전이 2%를 차지한다.

<그림 6-22> 임금 5분위 배율 및 지니계수

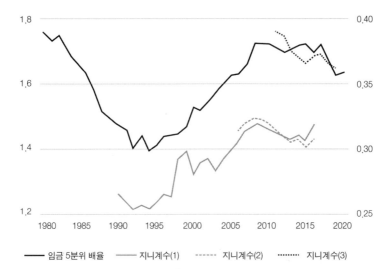

주: 1) 임금 = (각 연도 6월 정액급여 및 초과급여)×12+(전년도 연간 상여금 및 성과금 총액). 5분위 배율 =
　　 log(최상위 20% 근로자 평균임금) - log(최하위 20% 근로자 평균임금). 자료의 일관성을 유지하기
　　 위해 10인 이상 사업장 근로자만 포함.
　　 2) 지니계수(1)은 가계동향조사(2인 이상 도시가구, 전 연령, 시장소득). 지니계수(2)는 가계동향조사
　　 (전체 가구, 18~65세, 시장소득). 지니계수(3)은 가계금융복지조사(전체 가구, 18~65세, 시장소득).
자료: 고용노동부, 「임금구조기본통계조사」(각 연도); 국가통계포털(http://kosis.kr).

<표 6-4> 임금 5분위 배율의 분해

(단위: %)

	성	연령	학력	경력	근속연수	사업장 규모	직종	산업	기타
1980	15.9	10.5	7.9	4.2	5.7	0.4	13.3	4.6	37.4
2020	6.4	4.4	7.7	5.4	15.0	6.7	9.1	4.0	41.2

주: Koh(2018)의 방법에 따라 임금 5분위 배율을 분해해 각 요인의 기여율을 계산한 결과임.
자료: 고용노동부, 「임금구조기본통계조사」(각 연도).

---

2)　이것은 데이터가 허용하는 범위에서 추정한 결과다. 예컨대 모든 4년제 대학 졸업자들은
　　동일한 대졸 프리미엄을 누리는 것으로 가정했으나, 같은 4년제 대학이라도 대졸 프리미엄
　　은 큰 차이를 보일 수 있다. <표 6-4>에서 '가타'가 2020년의 경우 41%에 달하는 것은 이러
　　한 세부적 차이를 추정에 반영할 수 없었기 때문이다.

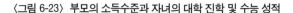

〈그림 6-23〉 부모의 소득수준과 자녀의 대학 진학 및 수능 성적

(단위: %)

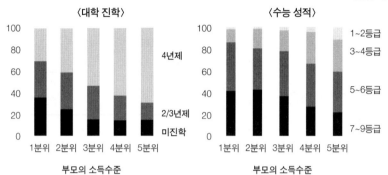

자료: 최필선·민인식(2015).

금 불평도에서 차지하는 비중이 1980년 5.7%에서 2020년 15.0%로 증가했고, 사업장 규모는 0.4%에서 6.7%로 증가했다. 반면 성·연령은 비중이 크게 줄어들었고 학력·경력은 비슷한 비중을 유지 중이다.[3]

이러한 결과는 대규모 사업장에서 오래 근속하는 근로자와 그러지 못하는 근로자 사이의 격차가 그동안 커져 왔음을 보여준다. 결국 임금 불평등의 문제도 좋은 일자리, 즉 오래 일할 수 있고 임금도 높은 일자리가 일부에 국한되어 있기 때문에 발생하는 것이다.

한편 불평등에 대해 이야기할 때 한 시점에서 횡단면적인 불평등만 살펴보지 않고 여러 시점에 걸친 종단면적 불평등도 살펴볼 필요가 있다. 특히, 부의 대물림, 또는 빈곤의 대물림으로 인해 사회계층이 고착화되는 현상은 매우 바람직하지 않다. 우리나라에서는 이러한 기회의 불평등이 더 문제일 수도 있다. 〈그림 6-23〉은 부모의 소득수준과 자녀의 대학 진학 또는 수능 성적 간의 관계를 보여준다. 이에 의하면 소득수준이 높을수록 자녀가 4년제 대학에

---

3) 정규직-비정규직 간의 임금 격차는 연령, 학력 등 다른 요인들을 감안할 경우 크지 않은 것으로 나타난다(Koh, 2018).

진학할 확률이 높으며 수능 성적 또한 높다. 이처럼 교육을 통해 부가 대물림되는 현상이 지속되면 계층이 고착화되고 사회가 분열되며 정치가 제 기능을 상실해 결국 경제도 파탄에 빠질 수 있음에 유의해야 할 것이다.[4]

4) 정책 역량 미흡

경제학에서 정부의 역할은 크게 다섯 가지로 구분된다(〈표 6-5〉). 사유재산권 보호, 시장실패 보완, 가치제 공급, 소득 재분배, 거시경제 안정화가 그것이다.

이러한 기능을 수행하기 위해 정부는 여러 가지 수단을 동원한다. 민간 활동에 대한 규제가 대표적인 수단이다. 예컨대 정부는 어느 누구도 다른 사람의 재산을 뺏거나 생명을 위협할 수 없다는 규제를 부과하고 이를 물리적 힘을 통해 강제한다. 규제 외에 공무원을 통한 공공서비스 공급, 민간 대행 기관을 통한 공공서비스 공급(outsourcing), 기업 등에 대한 보조금(subsidy), 일반 국민에 대한 이전지출(transfer), 공기업 운용, 조세정책, 통화정책, 정책금융(대출, 신용보증), 조달정책 등 매우 다양한 정책 수단이 있다.

문제는 우리나라의 경우 여러 분야에서 정책 실패가 반복 및 누적되고 있다는 점이다. 정책은 흔히 다음과 같은 단계를 밟아 입안·시행된다.

첫째, 어떤 현상이 사회적 문제로 국민들에게 인식된다. 청년실업, 저출산, 분배 악화, 지역발전의 불균형 등이 그러한 예다. 이러한 문제는 국민들이 스스로 인식하게 될 수도 있지만 학계에서 제기해 국민들이 인식하게 될 수도 있다. 학계뿐 아니라 언론, 행정부, 정치권 등에서도 제기해 인식하게 될 수도 있다.

---

4) 중남미의 사례는 Sachs(1989), Sokoloff and Engerman(2000) 등 참고.

〈표 6-5〉 정부의 역할

기능	내용
사유재산권 보호	국방, 치안, 사법 등 국민의 생명, 안전, 재산을 보호하고 자유로운 경제 활동을 보장
시장실패 보완	공공재, 시장지배력, 외부효과, 정보 비대칭성, 시장 불완전성 등에 따른 조정실패(coordination failure)를 극복하여 사회후생을 증대
가치재(merit goods) 공급	교육, 의료, 문화 등 사회적으로 가치 있다고 판단되는 재화와 용역을 일반 국민들이 향유할 수 있도록 지원
소득 재분배	복지정책 등을 통해 소득 및 부의 공평한 분배를 도모
거시경제 안정화	통화정책 및 재정정책을 통해 단기적인 경기진폭을 줄이고 중장기적 안정성장을 뒷받침

자료: 고영선(2008).

둘째, 어떤 경로로든 국민들이 사회적 문제를 인식하게 되면 이러한 문제의 해결을 정부에 요구하게 된다. 이 단계에서 국민들은 정부가 문제를 해결할 능력이 없다는 것을 모르고 문제 해결을 요구하기도 한다. 또 정부가 해결할 것이 아니라 민간 경제주체가 스스로 해결할 문제인데도 정부에 해결을 요구하기도 한다. 이상적으로 학계나 언론에서 이러한 요구의 적정성을 검증해야 하나 우리나라의 학계나 언론은 그런 능력이 충분치 않다. 또 국회에서도 충분한 논의가 이루어져야 하나 정치권은 국민들의 섣부른 요구를 득표의 기회로 삼아 오히려 증폭시키기도 한다. 결국 적절한 여과 과정 없이 국민들의 요구가 정부에 전달되기 일쑤다.

셋째, 이러한 요구를 받은 정부는 사회적 문제를 해결하기 위한 대책을 수립한다. 이 단계에서 정부는 종종 너무 성급하게 대책을 수립한다. 과거 유사한 정책을 실시했던 경험이나 해외 사례를 깊이 분석하거나, 데이터를 기반으로 과학적인 분석을 실시하지 않고 성급히 대책을 수립한다. 대책은 흔히 금융, 세제, 조달 등 온갖 정책 수단을 백화점식으로 나열하는 형태를 띤다. 또 사후적으로 대책의 성과 또는 실패를 판단할 기준도 마련하지 않고 추진한다.

이처럼 성급하게 대책을 수립·추진하는 것은 종종 정치적 필요성 때문이다. 정부에 대한 비판을 피하기 위해, 또는 정치권의 무리한 요구를 수용하기 위해 정책을 부실하게 설계해 추진하는 것이다.

넷째, 이처럼 부실한 정책은 기대했던 것처럼 사회적 문제를 해결하지 못한다. 결과적으로 뚜렷한 성과 없이 국가 자원을 소비하는 결과만 낳는다. 예산은 증가하고 조세부담도 증가하고 국가부채도 증가하고 공무원 인력도 증가했지만 국민들은 얻는 것이 없다. 유일한 수혜자는 흔히 "정부는 무엇을 하고 있는가?"라는 국민들의 비판을 피할 수 있었던 정부 고위 관계자들과 정치권이다.

다섯째, 정책의 효과가 없으니 사회적 문제가 지속된다. 그리고 다시 앞의 첫 단계로 돌아가는 '정책실패의 악순환'이 반복된다.

하나의 사례로 제시할 수 있는 것이 2000년대 들어 정부가 본격적으로 추진한 지역균형발전 정책이다. 이 정책은 비수도권에서 수도권으로 인구와 경제활동이 집중되는 것이 문제라는 인식에서 출발했다. 왜 그것이 문제인지에 대해 여러 근거가 제시되기도 하나, 사실 치밀한 논리는 부족한 것으로 보인다. 예컨대 수도권 집중에 따른 환경악화와 교통체증이 문제로 지적되지만, 이는 전형적인 공공재의 문제로서 시(市)정부가 세금을 걷어 도시 공공재 공급을 확대함으로써 해결할 수 있는 문제다. 이런 문제를 해결하기 위해 시정부가 존재하는 것이다.

어찌 되었든 수도권 집중이 사회적 문제로 인식됨에 따라 정부는 많은 노력을 기울여 지역균형발전 정책을 추진했다. 각종 수도권 규제를 부과하고, 공공기관을 지방으로 이전하고, 지역산업을 육성하고, 낙후 지역을 지원하기 위해 엄청난 예산을 투입했다.

그러나 결과는 호의적이지 않다. 〈그림 6-24〉에서 보듯이 GRDP나 인구 측면에서 수도권의 비중은 계속 높아지고 있다. 특히, 2015년경부터 수도권

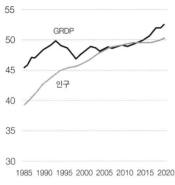

〈그림 6-24〉 수도권 비중

GRDP
인구

1985 1990 1995 2000 2005 2010 2015 2020

자료: 통계청(http://kosis.kr).

〈그림 6-25〉 인구 이동의 원인

―― 인구증가율 격차(좌축) ―― 1인당 실질 GRDP 격차(우축)

주: 1) 인구증가율 격차=(C-C-1)/N-1-(R-R-1)/N-1,
    N=전국 인구, C=수도권 인구, R=비수도권 인구.
   2) 1인당 실질 GRDP 격차=1-Y/X, X=수도권 1인당
    GRDP, Y=비수도권 1인당 GRDP.
자료: 통계청(http://kosis.kr).

집중이 가속화되는 모습이 보인다. 이는 산업구조조정에 따라 일부 비수도권의 경제활동이 크게 위축된 것과 관련이 있다.

일반적으로 인구이동은 경제상황과 밀접한 관련이 있는 것으로 추측된다. 〈그림 6-25〉는 수도권과 비수도권의 인구증가율 격차를 보여준다. 지금까지 이 격차가 주로 양(+)의 값을 보였다는 것은 수도권 인구증가율이 더 높았다는 것, 즉 수도권으로 인구가 집중되고 있었다는 것을 의미한다. 그러나 양(+)의 값이 추세적으로 감소해 왔는데, 이는 인구집중의 속도가 하락해 왔음을 의미한다. 이는 1985년부터 나타난 현상이다. 다시 말해 수도권 인구집중은 정부가 본격적으로 지역균형발전 정책을 추진하기 전부터 이미 완화되고 있었다.

이 그림에는 또한 1인당 실질 GRDP 격차도 그려져 있다. 이 격차가 양(+)의 값을 가지면 수도권의 1인당 GRDP가 더 큼을 의미한다. 1인당 GRDP 격

차도 정부가 지역균형발전 정책을 본격적으로 추진하기 전부터 이미 추세적으로 감소해 왔다.

〈그림 6-25〉에 따르면 1인당 GRDP 격차는 인구증가율 격차와 같은 방향으로 움직여 왔다. 즉, 1인당 GRDP 격차가 커지면 수도권 집중이 가속화되고, 반대로 1인당 GRDP 격차가 줄어들면 수도권 집중이 둔화되었다. 이는 1인당 GRDP 격차가 수도권 집중의 중요한 요인일 수 있음을 시사한다. 예컨대 2015년 이후의 상황을 살펴보면, 산업구조조정으로 일부 지역의 경제가 쇠퇴하자 1인당 GRDP 격차가 커졌고 지역 인구가 수도권으로 인구가 이동했던 것으로 보인다.

결국 지역균형발전 정책이 수도권과 비수도권의 1인당 GRDP 격차를 축소시켜 수도권 인구집중을 막는 데 기여했다는 뚜렷한 증거는 발견할 수 없다. 또 일부 지역이 산업구조조정을 겪는 과정에서 그 충격을 완화했다는 뚜렷한 증거도 발견할 수 없다.

이처럼 지역균형발전 정책의 성과가 부진한 것은 집적효과(agglomeration effect) 또는 집적경제(agglomeration economies)를 무시한 채 모든 광역 및 기초자치단체의 획일적 발전을 도모했기 때문이다. 집적경제란 도시로 더 많은 기업, 소비자, 근로자 등의 경제주체들이 모여들수록 공급자와 수요자 사이의 매칭(matching)이 수월해져 생산성이 높아지는 현상을 일컫는다. 또한 기존의 아이디어가 융합되고 새로운 아이디어가 탄생할 가능성도 높아지는 것을 일컫는다. 이러한 집적경제로 인해 어느 나라에서나 도시를 중심으로 경제가 발전하는 현상이 목격된다.

물론 인구집중은 환경악화 및 교통체증 등의 문제를 야기한다. 그러나 앞에서 언급했듯이 정부의 중요한 기능 중 하나는 이러한 문제를 막기 위해 조세를 거두어들여 공공재를 공급하는 것이다. 또 주택 및 상업용 건물이 원활

〈그림 6-26〉 일반기업, 혁신형 기업, 혁신성장기업의 분포

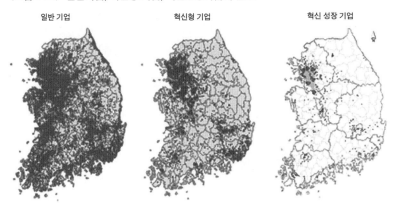

주: '혁신형 기업'은 연구개발비 지출이 매년 발생하는 기업, '혁신성장기업'은 그중에서 연구개발비를 비
   롯해 매출과 고용, 임금이 모두 증가한 기업을 의미이다.
자료: 강호제·류승한·서연미·표한형(2018).

히 공급되도록 도시계획을 수립하는 것이다(Gill and Kharas, 2007).

〈그림 6-26〉은 일반기업, 혁신형 기업, 혁신성장기업의 지역적 분포를 보
여준다. 어느 유형의 기업이든 대도시를 중심으로 분포되어 있음을 알 수 있
다. 이 기업들을 인위적으로 모든 지역에 분포시키는 것은 가능하지도 않고
바람직하지도 않을 것이다. 〈그림 6-27〉은 전 세계에서 유니콘기업이 가장
많은 12개 도시를 보여주는데, 서울은 12개 도시 중 하나로 꼽히고는 있으나
아시아권에서 베이징, 싱가포르, 벵갈루루 등에 뒤지고 있다. 다른 나라와 경
쟁에서 뒤처지지 않기 위해서는 수도권이 더 성장할 필요성도 있어 보인다.

이러한 평가에도 불구하고 정부는 계속 지역균형발전 정책을 추진하고 있
다. 최근에는 초광역 단위의 '메가시티(mega-city)'를 육성한다는 목표를 세웠
는데, 이는 시·군·구 단위까지 모든 지역을 균형 있게 발전시키는 일이 불가
능하다는 것을 인지한 결과로 해석된다. 그 대신 대도시를 중심으로 수도권
에 대항할 수 있는 비수도권의 발전을 유도 및 지원한다는 것이다.

<그림 6-27> 유니콘기업이 가장 많은 12개 도시(2011~2022)

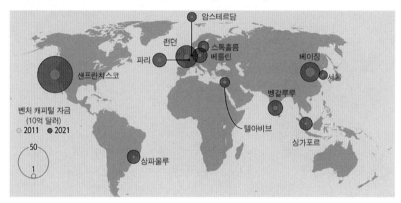

주: 국가당 1개 도시를 선정한 것임.
자료: *The Economist* (2022.04.16).

그러나 메가시티 육성이 성공할지는 아직 불확실하다. 사실 어떻게 해야 지역균형발전을 이룰 수 있는지에 대한 경제학계의 연구는 충분치 않으며, 해외의 성공 사례 역시 찾기 어렵다(고영선 외, 2008). 그럼에도 불구하고 지역균형발전 정책에 대한 비수도권의 끊임없는 요구로 인해 정부는 끊임없이 세금을 쏟아붓고 있는 것이다. 세금을 쏟아붓는 것보다 지방정부를 초광역권으로 통합하고 노동, 환경, 토지 등과 관련한 핵심적인 규제 권한까지 이양하는 것이 더 효과적일 수 있다. 초광역권 스스로 이러한 규제의 득실을 따져 지역주민들이 원하는 정책조합을 선택할 수 있도록 하는 것이다.[5)]

5) 광범위한 지대 추구

앞에서 설명한 것처럼 경제성장은 기술발전에 절대적으로 의존한다. 그렇

---

5) 미국의 선벨트(sun belt) 지역이 경제적으로 발전할 수 있었던 것은 중서부에 비해 친기업적인 정서가 강하고 규제도 약하기 때문이라는 지적이 있다.

다면 기술발전은 어떤 조건에서 가능한 것인가? 보다 일반적으로 경제성장의 근원(根源)은 무엇인가? 이는 경제학의 가장 중요한 질문 중 하나일 것이다. 관련해서 많은 가설이 제시될 수 있으나, 2000년대 들어 주목받는 것은 국가 제도를 기반으로 한 설명이다. 애쓰모글루·로빈슨(Acemoglu and Robinson, 2012)이 대표적 예인데, 이들은 국가가 실패하는 것은 착취적 제도(extractive institutions) 때문이라고 말한다. 이러한 제도하에서는 사회의 엘리트 계급이 부(富)를 독점하기 위해 경제제도를 왜곡하고 정치적 권력까지 독점한다. 일반 대중을 위한 교육이나 참정권의 확대에는 관심이 없으며 오히려 이를 방해한다.

경제활동이 활발히 이루어지고 경제가 성장하기 위해서는 국민 대다수에게 기회가 열려 있어야 한다. 가난하더라도 교육을 받을 수 있어야 하며, 쉽게 일자리를 찾거나 사업을 시작할 수 있어야 하며, 직장에서 가까운 곳에 살거나 멀더라도 대중교통을 사용해 쉽게 출퇴근할 수 있어야 하고, 아플 때는 병원에 가서 진료를 받고 다시 건강하게 일터로 복귀할 수 있어야 한다. 이처럼 일반 대중의 경제활동 참여를 허용하고 촉진하는 정치·경제·사회적 환경을 포용적 제도(inclusive institutions)라 하는데, 경제성장은 이러한 제도하에서만 가능하다. 우리나라가 빠른 경제성장을 이룰 수 있었던 것은 일찍부터 정부가 포용적 제도를 도입하고 확산시켰기 때문이다.[6] 반면 다른 많은 개발도상국이 어려움을 겪는 이유는 착취적 제도가 뿌리내렸기 때문이다.

유사한 맥락에서 후쿠야마(Fukuyama, 2011)는 가산제(家産制, patrimonialism)가 국가 기능의 정상적인 작동과 경제의 발전을 가로막는 핵심적 걸림돌이라고 주장한다. 가산제란 인정에 치우쳐 자기 가족과 친지에게 특혜를 주는 경

---

[6] 대표적인 정책은 토지개혁 및 보편교육의 확대라 할 수 있다(Galor et al., 2009). 그 외에도 대중교통, 주택, 보건·의료, 상·하수도 등 거의 모든 분야에서 일반 국민을 위한 정책이 지속적으로 추진되었다.

향을 일컫는다. 이는 수백만 년에 걸친 진화 과정에서 인류의 본성으로 자리 잡은 특질이다. 그런데 이러한 가산제는 역사적으로 국가 쇠퇴의 원인을 제공했다. 국가 전체가 아닌 본인 집단만의 안위를 추구할 때 국가가 쇠퇴한다는 것이다. 후쿠야마는 중세에서 근세로 넘어오는 시기의 프랑스, 스페인, 중남미, 헝가리, 러시아에서 그 구체적인 사례를 찾아 제시한다. 그리고 그 반대로 성공적으로 가산제적 경향을 억제하고 국가 발전을 도모할 수 있었던 사례로 영국을 꼽는다.

이러한 문헌에서 주목하고 있는 것은 국가 사회 내의 여러 집단이 자신의 이익만을 추구할 때 국가 경제가 동력을 상실한다는 사실이다. 새로운 가치를 창출해 이를 다른 집단과 나누어 갖기보다 기득권을 수호하고 그것이 제공하는 지대(rent)를 추구할 때 국가가 쇠퇴한다는 것이다.

이러한 개념적 틀을 현재의 우리나라에 적용해 보면 우려할 만한 여러 현상을 발견할 수 있다. 교사, 교수, 국책연구기관, 중소기업, 재벌총수일가, 노동조합, 정치권 등 거의 모든 부문에서 이를 발견할 수 있다.

첫째, 교사들 가운데에는 아직도 사명감을 갖고 아이들을 가르치고 길러내는 데 헌신하는 분들이 많다. 그러나 다른 한 편으로는 교육 서비스 제공자로서 학부모와 학생에 대한 책임을 회피하는 경우도 적지 않다. 일례로 현재에는 학교 단위의 성과를 파악할 수 있는 그 어떤 자료도 제공되지 않고 있다. 그러한 역할을 수행해 왔던 국가수준 학업성취도 평가는 우여곡절 끝에 2017년 이후 표집 학교만을 대상으로 실시되고 있다. 그 결과 개별 학교 단위의 학력을 파악할 수 없게 되었으며, 그로 인해 기초학력 미달 학생들이 많아지고 있다는 지적도 있다.

둘째, 교수들 가운데에 연구자로서, 또 교육자로서 훌륭한 분들이 많다. 그러나 다른 한 편으로는 빠른 산업변화에 부응해 교육 내용을 개편해 나가는 데 소극적인 모습도 발견된다. 특히 학과 간 정원 조정이 필요한 경우에 이를 거부하는 경우도 많은 것으로 알려져 있다. 이로 인해 우리 대학 교육이 새로운 시대가 요구하는 인재를 양성하지 못한다는 지적이 있는데, 이에 대해 교수 사회가 보다 전향적이고 적극적으로 대응해야 할 것으로 보인다.

셋째, 국책연구기관도 유사한 비판에서 자유롭지 못하다. 과거 개발연대에 두뇌집단(think-tank)으로서 국가정책의 수립에 기여했고 선진 기술을 수입해 국내에 보급하는 데 앞장서 온 점은 높이 평가된다. 그러나 그 이후 대학, 기업 등 민간 부문의 역량이 높아지면서 국책연구기관의 비교우위가 점점 사라지고 있다. 이런 상황에서 이들의 역할을 재정립하고 규모 역시 조정될 필요가 있으나, 공공부문에서 흔히 목격되는 거버넌스 문제로 인해 이러한 개혁이 지체되고 있다.

넷째, 중소기업 부문에서도 지대 추구의 모습을 발견할 수 있다. 대기업은 강자이고 중소기업은 약자라는 생각의 틀(frame) 안에서 정부의 지원과 보호를 요구하는 경우가 많다. 중소기업 적합업종제도, 대규모 점포 관련 각종 규제, 가업승계에 대한 세제 혜택 등이 이러한 요구를 반영해 만들어진 것이다. 그 외에도 금융, 세제, 조달 등 여러 측면에서 기업 규모에 따른 차별이 시행되고 있는데, 이는 자칫 건강한 시장경쟁을 방해하고 좋은 일자리의 창출을 저해할 가능성이 있다. 경쟁력 없는 기업은 도태되고 경쟁력 있는 기업은 성장해야 좋은 일자리가 늘어나는데, 이 과정이 작동하지 않게 되는 것이다.

다섯째, 대기업 부문도 지배구조상 많은 문제를 안고 있다. 재벌총수 일가가 지배주주의 지위를 유지하기 위해 또는 친족에게 경영권을 승계하기 위해 소액주주의 이익을 희생하는 경우가 적지 않다. 이로 인해 기업 주식이 저평가되는 현상(Korea discount)은 우리나라가 아직 선진국에 도달하지 못했음을 보여준다. 대기업 집단이 국가 경제를 이끌어나가는 중요한 역할을 담당하면서 동시에 불법과 편법에 익숙한 집단이 아니며 공정한 규칙에 따라 행동하는 국가사회의 일원이라고 국민들이 믿도록 대기업 집단 스스로 행태를 바꾸어야 한다.

여섯째, 우리나라의 노동조합은 과거 사회변혁을 이끄는 중요한 역할을 담당해 왔다. 그러나 최근에는 국가적 관점보다는 이익집단의 관점에서 활동하는 모습이 종종 발견된다. 건설 현장에서 양대 노총이 자기 소속 근로자 채용을 요구하며 다투는 모습이 그러한 예다. 이들이 흔히 외치는 '연대'는 같은 노조 소속 근로자 간의 연대를 의미할 뿐이며, 국가 전체의 관점에서 더 많은 일자리, 더 좋은 일자리를 만들어 근로자 계층 전체에 봉사한다는 의식은 담고 있지 않다. 이것이 우리나라 노조가 스웨덴, 독일, 일본 등 선진국의 노조와 가장 다른 점이다. '선명성'을 위해 합리성과 실용성을 희생하는 우리 노조의 행태는 언제가 바뀌어야 할 것이다.

일곱째, 정치는 사회적 갈등이 최종적으로 분출되고 해소되는 장소다. 사회집단들이 한정된 가치(value)를 두고 서로 다툴 때, 정치권은 이를 평화적으로 배분하는 임무를 띤다. 그러나 우리 정치권은 갈등을 조정하기보다는 조장한다는 비판을 받고 있다. 정치인들이 득표를 위해 집단 간 갈등을 부추기는 행태가 종종 목격되기 때문이다. 레비츠키·지블랫(Levitsky and Ziblatt, 2018)이 이야기하는 상호관용(mutual toleration)과 제도적 절제(institutional forbearance)는 찾아보기 어렵다. 이러한 정치권의 행태는 교정되지 않는다면 앞으로 우리나라의 자유민주주의(liberal democracy)를 위협할 수도 있다(Zakaria, 2004). 정치권의 각성, 그리고 그 이전에 자유민주주의의 의미와 작동원리에 대한 우리 국민들의 인식 개선이 필요하다.

이처럼 각 부문에서 눈앞의 이익을 추구하는 행태가 만연한 현실로 인해 우리나라의 앞날에 대해 매우 비관적인 생각을 갖게 된다. 지대 추구 사회(rent-seeking society)에서 가치창출 사회(value-creating society)로 전환하기 위한 노력을 시작해야 할 시점으로 판단된다.

4. 선진 한국을 위한 과제

우리나라가 앞으로 지속적 경제성장을 이루면서 소득분배도 개선해 선진 국 대열에 오르기 위해서는 앞서 열거한 다섯 가지 문제, 즉 성장잠재력 둔화, 좋은 일자리 부족, 소득분배 악화, 정부 정책 역량 미흡, 광범위한 지대 추구 의 문제를 해결해야 할 것으로 보인다. 구체적으로는 다음과 같은 다음과 같 은 노력이 요구된다.

첫째, 기업의 규모화(scaling-up)를 촉진해야 한다. 자본 및 기술 투자는 고 정비용(fixed costs) 성격이 강하기 때문에 이러한 투자를 감당하기 위해서는 기업 규모의 확장이 필수적이다. 앞에서 보았듯이 우리나라의 평균적인 기업 규모는 그간 지속적으로 감소해 왔으며 현재 다른 OECD 국가에 비해 작은 편이다. 시장경쟁을 해치지 않는 범위 내에서 기존 대기업의 일자리 확대, 그 리고 중소기업 및 스타트업의 대기업화가 필요하다.

이런 맥락에서 중소기업에 대한 과도한 보호 및 지원은 규모화를 방해할 우려가 있음을 인식해야 한다. 특히, 중소기업 적합업종제도나 대규모 점포 규제는 재검토되어야 한다. 반면 재벌에 특혜를 준다는 이유로 규제개혁에 반대하는 목소리가 많은데, 그보다는 양질의 일자리 창출이라는 관점에서 규 제완화의 필요성을 점검할 필요가 있다. 그리고 재벌이 안고 있는 지배구조 상의 문제는 보다 직접적인 방법으로 해결해 나가야 한다.

둘째, 단순한 규모화가 아니라 생산성 높은 부문에서 규모화가 이루어져야 한다. 즉, 생산성 높은 기업과 산업으로 일자리가 이동해야 한다. 생산성 낮은 기업은 퇴출되거나 규모가 줄어들어야 하며 생산성 높은 기업은 새로 진입하거나 규모가 늘어나야 한다. 또 생산성 높은 산업은 성장하고 생산성 낮은 산업은 쇠퇴해야 한다. 이처럼 생산성에 따라 기업의 진입·퇴출 및 확대·축소가 이루어지고, 생산성에 따라 산업의 성장·쇠퇴가 이루어져야 좋은 일자리가 만들어질 수 있다. 정부는 이러한 조정이 신축적으로 이루어질 수 있는 여건을 조성해야 한다.

이런 관점에서 고용·보호(employment protection) 관련 규제는 완화될 필요가 있다. 이러한 규제는 빠른 시장환경 변화에 기업이 신축적으로 대응하고 일자리를 늘리는 데 걸림돌이 되기 쉽다. 현재의 일자리를 보호하기 위한 경직적 규제는 축소하는 대신, 현재의 일자리가 없어지더라도 근로자가 보다 좋은 일자리를 찾을 수 있도록 도와주는 적극적·소극적 노동시장정책을 확대해야 한다. 규제 가운데 특히 과도한 최저임금 인상과 기간제·파견 사용 제한은 취약 근로자들의 고용 불안을 오히려 심화시킬 수 있음을 인식할 필요가 있다.

셋째, 교육·훈련을 통한 인적자본 확충에 노력해야 한다. 성장, 일자리, 분배, 정책 역량, 지대 추구 등 모든 문제는 결국 사람의 문제다. 보다 높은 수준의 지식·기술·인성을 갖춘 사람을 길러내야 한다. 현재 고졸자의 70%가 대학에 진학하고 있어 우리나라에서 대학 교육은 보편교육이 되었다. 그러나 대학 교육의 품질은 평균적으로 낮고 대학 간 격차도 큰 상황이다. 이런 문제를 해결하기 위해서는 초중등 및 고등의 모든 단계에서 교육서비스 공급자들의 책임성을 강화하고 교육 기회의 격차를 축소해야 한다.

특히, 대학정책에서는 학생의 대학 선택권을 실질적으로 확대할 필요가 있다. 정원규제 등의 통제는 줄이고 개별 대학 및 학과에 관한 정보(예: 취업성과)를 생산해 학생들에게 공급해야 한다. 이를 통해 대학이 교육 수요 변화에 능동적으로 대처해 정원을 조정하고 교육 품질을 높이도록 유도해야 한다.

넷째, 정책 역량 강화를 위한 노력이 필요하다. 국책연구기관의 존재 목적을 재점검하고 운영 방식을 개편해야 한다. 또한 학계, 언론, 정치권, 시민단체 등 정책 역량에 영향을 미치는 모든 주체들의 협력과 의사소통도 활성화해야 한다. 무엇보다도 단기적이고 정치적인 성과에 집착하는 정치권 및 행정 수뇌부의 유인 구조를 어떻게 바꿀 것인가에 대해 고민할 필요가 있다. 그로 인해 정책 설계를 담당하는 공무원들의 유인구조도 왜곡되고 '덧칠 정책'이 양산되며 억지스러운 정책을 집행해야 하는 현장 공무원들의 피로감만 높아지는 현상을 타개해야 한다.

다섯째, 광범위하게 퍼져 있는 지대 추구 및 기득권 수호의 행태를 타개하기 위한 노력이 필요하다. 예컨대 우리 사회의 구성원들이 치열한 논쟁을 거쳐 서로 지켜야 할 사회규약(social pacts)에 합의하는 방안을 생각할 수 있다. 각 구성원이 스스로 책임 있게 행동해 서로에게 득이 되는 방향으로 나아간다는 것이다.

먼저 정부는 기업이 불필요한 규제와 간섭에서 해방되어 생산성에 기반해 자유롭게 성장하도록 허용하지만, 기업은 스스로 왜곡된 지배구조를 시정하고 공정한 시장경쟁의 규칙을 지킬 것을 약속한다. 또한 정부는 근로자에게 고용보호 규제를 완화하는 대신 적극적·소극적 노동시장정책은 강화할 것을 약속하며, 노동조합은 이를 전제로 국가 전체의 관점에서 보다 많은, 보다 좋은 일자리를 창출하는 데 기여할 것을 약속한다. 또 정부는 취약집단에게 충분한 복지혜택을 제공할 것을 약속하고, 복지 수혜자들은 복지제도를 남용하지 않을 것을 약속한다. 이러한 사회규약을 통해 구성원 간의 상호신뢰에 기반한 건강한 국가 사회를 건설하는 것이다.

이를 위해서는 자유 민주주의적 전통을 수립해 나갈 필요가 있다. 상대방을 한 울타리 안에서 함께 살아가야 하는 같은 국민으로 인정하고 상호관용

(mutual toleration)과 제도적 절제(institutional forbearance)의 원칙을 준수하는 관행을 수립해 나가는 것이다. 무엇보다 사회 구성원들은 상대를 자신과 마찬가지로 정당한 권리를 가진 존재로 인정해야 한다. '전부 아니면 전무(全無)'의 방식으로 접근하는 것이 아니라 서로 조금씩 양보하고 타협하는 것이 장기적으로 서로에게 도움이 된다는 사실을 깨달아야 한다.

5. 요약 및 결론

우리나라는 1960년대에 본격적인 산업화에 착수한 이래 놀라운 경제성장을 이루었다. 그럼에도 불구하고 우리 경제는 여러 도전 요인에 직면해 있다. 우리나라가 선진국 지위에 올라서기 위해서는 최소한 다섯 가지의 문제를 해결해야 할 것으로 판단된다.

첫째는 성장잠재력 둔화이고 둘째는 좋은 일자리 부족, 셋째는 소득분배 악화, 넷째는 정부의 정책 역량 미흡, 다섯째는 광범위한 지대 추구 현상이다. 이 가운데 첫 세 개는 하나의 뿌리를 갖고 있는데, 그것은 생산성 높은 산업 및 기업의 부족이다. 우리 산업 및 기업의 생산성을 높이기 위해서는 대기업 정책, 중소기업 정책, 노동시장, 교육 등 모든 부문에 걸친 개혁이 필요하다.

그러나 이러한 개혁을 이끌 만한 정부의 정책 역량이 부족하고 사회 전반에 걸쳐 지대 추구의 행태가 만연해 있다. 각 부문의 사회집단이 공고히 뿌리 내린 기득권을 서로 내려놓고 개혁에 동참할 필요가 있는데, 이를 위해 우리 사회의 구성원들이 치열한 논쟁을 거쳐 서로 지켜야 할 사회규약(social pacts)에 합의하는 방안을 생각할 수 있다. 또한 이러한 논의의 장(場)으로서 우리나라의 정치는 자유 민주주의의 전통을 수립해 나가야 한다.

참고문헌

강호제·류승한·서연미·표한형. 2018. 「4차 산업혁명 시대의 혁신기업을 위한 입지정책 연구」. 국토연구원.

고영선. 2008. 「한국 경제의 성장과 정부의 역할: 과거, 현재, 미래」(연구보고서). 한국개발연구원.

고영선 외. 2008. 「2008 국가예산과 정책목표: 지역개발정책의 방향과 전략」(연구보고서). 한국개발연구원.

고용노동부. 2019. 『일 가정 양립 실태조사』.

권규호. 2019.5.16. 「글로벌 금융위기 이후 우리 경제의 성장률 둔화와 장기전망」. KDI 현안분석.

최필선·민인식. 2015. 「부모의 교육과 소득수준이 세대 간 이동성과 기회불균등에 미치는 영향」. ≪사회과학연구≫, 22(3), 31~56쪽.

Acemoglu, Daren and James A. Robinson. 2012. *Why Nations Fail: The Origins of Power, Prosperity, and Poverty*. Currency.

Bulman, David, Maya Eden, and Ha Nguyen. 2017. "Transition from low-income growth to high-income growth: Is there a middle-income trap?." ADBI Working Paper Series, No.646.

Clark, Gregory A. 2009. *A Farewell to Alms: A Brief Economic History of the World*. Princeton University Press.

Fukuyama, Francis. 2011. *The Origins of Political Order: From Prehuman Times to the French Revolution*. Farrar, Straus and Giroux.

Galor, Oded, Omer Moav, and Dietrich Vollrath. 2009. "Inequality in landownership, the emergence of human-capital promoting institutions, and the great divergence." *Review of Economic Studies*, 76, pp.143~179.

Gill, Indermit and Homit Kharas. 2007. *An East Asian Renaissance: Ideas for Economic Growth*. The World Bank.

Koh, Youngsun. 2018. *The Evolution of Wage Inequality in Korea*. Policy Study. Korea Development Institute.

Levitsky, Steven and Daniel Ziblatt. 2018. *How Democracies Die*. Broadway Books.

Sachs, Jeffrey D. 1989. "Social conflict and populist policies in Latin America." NBER Working Paper Series, No.2897.

Sokoloff, Kenneth L and Stanley L. Engerman. 2000. "History Lessons: Institutions, factor endowments, and paths of development in the New World." *Journal of Economic Perspectives*, 14(3), pp.217~232.

The Economist. 2022.4.16. "The Geography of Innovation: A New Atlas."

Zakaria, Fareed. 2004. *The Future of Freedom: Illiberal Democracy at Home and Abroad*. Norton.

제7장
정책금융 현황과 정책금융 공급체계 개편 과제*

원승연 ∣ 명지대학교 경영학과
이기영 ∣ 경기대학교 경제학과

1. 서론

정책금융은 정부가 자금가용성이나 거래 조건을 우대하여 특정 부문에 여신을 제공하는 선별적 자금배분 정책이다. 우리나라에서 정책금융은 1960년대부터 경제성장을 목적으로 한 산업정책의 주요 수단으로 체계화되었으며, 이후 중소기업 지원 금융이나 주택금융 등 다양한 유형으로 발전되었다. 정책금융은 무엇보다도 금융시장에서 발생하는 시장실패를 보정하는 정부 개입으로서 그 기능이 정당화된다. 그러나 2000년대 이후 금융시장이 규모와 기능면에서 성장했음에도 불구하고, 정책금융의 비중이 줄지 않고 오히려 증가하는 양상까지 보이고 있다. 이 시기에 특별히 금융시장의 효율성이 이전보다 악화되었다는 증거를 발견하기 어렵다는 점을 감안하면, 금융시장에서의 자금공급 증가에도 불구하고 시장 대비 정책금융 비중이 증가했다는 것은 정책금융

---

*   이 글은 원승연·이기영, 「정책금융 현황과 정책금융 공급체계 개편 과제」, ≪경제발전연
     구≫, 제27권 제2호를 편집한 것이다.

이 수요에 대비하여 과도하게 공급되고 있음을 보여주는 반증일 수 있다. 이 글은 정책금융의 현황을 총체적으로 분석하여 정책금융의 과잉 공급 여부를 판단하고, 이를 기초로 정책금융 공급체계의 개선 과제를 제시했다.

정책금융은 2000년대에도 금융정책 영역의 주요 관심 사항이어서 이와 관련한 정책 연구가 다수 진행되었다. 가령 손상호·김동환(2013), 이기영·조영삼(2011)은 중소기업 정책금융 개선방안을 제시했고, 정찬우··이건호(2010)는 정책서민금융의 필요성을 주장했다. 또한 정책금융의 효과 분석에 기초하여 그 개선 방안을 제시하는 연구도 진행되었다.[1] 특히, 최근 들어서는 미시 자료를 이용하여 2000년대 이후 정책금융의 성과를 평가한 주목할 만한 연구가 진전되었다. 우석진(2013)은 업력이 오래되고 재무적 성과가 나쁜 기업의 경우 정책금융의 정책 효과를 발견할 수 없음을 지적하고, 정책금융 지원을 일부 축소하는 등 정책금융의 총규모를 줄일 것을 제안했다. 장우현·양용현(2014)은 정책금융을 지원받은 중소기업이 그렇지 않았을 때보다 생산성이 낮아진 것으로 추정했고, 이기영·우석진·빈기범(2015)은 중소기업 파이낸싱 갭 추정을 통해 정책금융이 우량 중소기업에 과다 지원되고 있음을 주장했다. 이 연구는 중소기업 업력이 10년 이상일 경우 신용 할당이 이루어지지 않는 사실에 주목하여, 10년 이상의 대출수요함수를 10년 이전 중소기업으로까지 연장하여 대출 수요를 추계하고, 실제 공급과의 차이를 파이낸싱 갭으로 보았다. 그리고 중소기업 정책금융이 파이낸싱 갭 이상으로 공급되는 과다 지원이 일어나고 있음을 보여주었다. 또한 이기영·우석진(2015)은 공적 신용보증이 한계기업 구제 효과에 실효성이 크지 않았음을 밝히고, 신용보증이 축소되

---

[1] 중소기업 정책금융 지원 효과와 관련한 초기 연구로는 김현욱(2004), 강종구·정형권(2006) 참조.

어야 함을 주장했다. 이들 연구는 공히 미시적인 기업 자료를 이용하여 정책
금융 효과를 분석해 일부 정책금융이 과도하게 공급되고 있음을 밝히고, 그에
기초하여 정책금융 공급체계의 개선 방안을 제시했다.

다만 이들 연구는 개별 정책금융에 한정해 분석한 것으로서, 정부의 정책
금융을 총체적으로 평가한 것은 아니었다. 개별 정책금융에 대한 평가도 중
요하지만, 정책금융을 시장 전체적으로 살펴보고 정책금융의 기능을 재배치
하는 것은 정부 금융정책의 효율성을 개선하기 위해 필요한 일이다. 그러나
미시적 접근에 의한 연구만으로는 정책금융의 적정성을 총체적으로 평가하
는 데 한계가 있다. 이들 연구는 분석방법론상 기존 정책금융의 과다공급 여
부를 평가하지만, 새로이 필요한 정책금융 수요를 고려한 분석은 아니었기 때
문이다. 정책금융의 과다 여부를 정책금융 수요의 증가 및 감소 요인을 종합
적으로 감안해야 한다는 점에서, 다양한 정책금융 추이를 전체적으로 살펴보
면서 그 적정성을 평가하는 접근이 미시적 접근과 동반되어 이루어지는 것이
필요할 것이다. 특히 정책금융이 금융시장이나 경제의 자율적인 기능에 악영
향을 줄 수 있음을 감안할 때, 시장 규모 대비 총량적인 관점에서 정책금융 규
모의 적절성을 판단하는 것 역시 유용하다고 할 것이다.

이러한 관점에서 이 글은 전반적인 정책금융의 흐름과 특성 분석을 실시했
고, 분석 결과에 기초하여 정책금융이 2000년대 들어서 과도하게 증가했다고
판단했다. 금융시장 규모의 확대에도 불구하고 금융시장 대비 정책금융 비중
이 증가한 이유는 새로운 정책금융 수요 확대에 따라 해당 정책금융이 증가한
반면, 상대적으로 그 필요성이 줄어든 부문에서의 정책금융이 감소하기는커
녕 오히려 계속 증가하는, 정책금융 존폐의 비대칭성에 따른 것이었다. 이처
럼 정책금융 비중이 확대된 것은 정부와 정책금융기관의 태도에 기인한 바 크
다. 정책금융기관이 시장경쟁에 의하여 존폐가 결정되지 않고 독과점적인 지

위가 있어, 정책금융 수요가 축소됨에도 불구하고 업무를 지속·확대하려는 유인이 크다. 또한, 정부가 산업정책 목표를 달성하기 위해 정책금융을 활용하려는 유인이 여전히 크고, 최근 들어서는 상대적으로 집행이 어려운 재정정책보다 활용하기 수월한 정책금융 등 금융정책에 의존하는 경향이 커진 것도 정책금융 비중이 확대된 또 하나의 원인이었다. 이 글은 정책금융의 흐름과 문제점에 대한 분석을 기초로 정책금융 공급체계의 개선 과제를 도출하여, 향후 예상되는 정책금융 공급체계 개선을 위한 시사점을 제시했다.

이 글의 구성은 다음과 같다. 제2절에서는 정책금융의 개념을 정의하고, 정책금융 공급체계의 역사적 변화를 검토했다. 제3절에서는 2000년대 이후 정책금융을 유형별로 분석하여 변화의 특성을 살펴보았고, 제4절에서는 정책금융이 과다 공급되는 문제점을 확인했다. 그리고 제5절은 앞선 분석을 기초로 정책금융 공급체계의 개선 과제를 제시했다. 제6절은 요약 및 결론이다.

2. 정책금융의 개념과 공급체계

1) 정책금융의 정의[2]

'정책금융'이라는 용어는 다양하게 사용되고 있어서, 논자들마다 정책금융을 지칭할 때 그 구체적인 범위에 차이가 있다. 정책금융의 정의가 달라져 분석 대상에 차이가 있다면 그 평가도 달라질 것이므로, 이 글은 분석 전에 정책금융의 개념을 명확히 정의한다.

---

[2] 정책금융의 개념과 정의와 관련해서는 원승연(2013)을 주로 참조.

기실 정책금융이라는 용어는 전 세계에서 보편적으로 사용되는 용어는 아니다. 어떤 의미에서 정책금융은 한국의 경제성장 과정에서 발생한 역사적 특수성이 반영되어 정착된 용어라고 볼 수 있다. 가령 대표적인 정책금융의 하나로 거론되는 중소기업 지원 정책금융의 경우 다른 나라에서도 유사한 사례를 볼 수 있으나, 대부분의 나라에서 중소기업에 대한 금융 지원은 단지 중소기업 정책의 하나일 뿐이다. 한국처럼 정책금융이라는 포괄적인 자금 지원 정책을 전제로, 중소기업 금융 지원에 자금을 어느 정도 배분해야 할지를 고민하지는 않는 것이다. 즉, 정책금융은 정부가 특정한 부문에 자금 지원을 결정하는 정부의 금융 개입 방식 일반을 통칭하는 것으로, 1960년대 이후 경제개발 과정에서 금융이 정부주도적인 자금배분의 수단으로서 이용되는 상황을 반영하는 역사적 개념이다.

기존 연구에서 설명한 내용을 기초로 정책금융을 정의해 본다면, 정책금융은 '정부가 정책목표 달성을 위해 자금 가용성이나 자금 제공 조건의 측면에서 우대하여 특정 부문에 자금을 지원하는 선별적 자금배분 정책'으로 정의할 수 있다.[3] 즉 정책금융은 정부의 선별적 자금배분을 위한 시장 개입 수단 중 하나이다. 금융산업발전심의회(1993)는 정부의 자금배분 개입 방식을 총괄하는 통제금융으로 지칭하고, 통제금융을 정책금융, 지시금융, 구제금융으로 구

---

[3] 정책금융에 대한 기존 연구는 특정 부문에 대한 정책적 자금배분이라는 특성을 강조하여 정책금융을 정의하고 있다. 가령 정건용(1987)은 정책금융을 "여신취급에 있어 금리상 우대, 취급에 따른 자금지원 등 우대, 제도금융화 등을 통하여 취급을 강제하는 금융을 의미"한다고 정의했고, 김준경(1993)은 "시장 기능에 일임하여서는 정부가 목표하는 수준의 자금배분을 기대하기 어려운 특정부문에 대해 금리, 기간 등 자금의 융자조건이나 가용성면에서 우대하여 공급하는 여신"으로 정의하고 정책금융이 선별적 자금배분 수단이라는 점을 강조했다. 이기영(1994) 역시 "정부가 특정 정책목표를 달성하기 위하여 한정된 자금을 특정부문에 금리, 상환 기간 등의 융자조건이나 자금의 가용성 면에서 일반상업금융보다 우대하여 공급하는 신용"으로 정책금융을 정의했다.

분했다. 이때 정책금융은 "정책목표를 위해 특정부문에 융자조건이나 자금의 가용성면에서 차등 대우하여 공급하는 여신"으로 정의된다. 반면 지시금융은 "명시적 자금지원규정 없이 정부가 필요시 취급지침을 제정하거나 협조공문의 형식을 취하여 융자 대상 및 융자 조건에 특별한 제한을 가하여 제공되는 금융"으로, 구제금융은 기업이나 금융기관의 지급능력 부족 시 지원하는 금융으로 정의했다. 이러한 용어 구분을 통해 우리는 정책금융의 개념을 더 명확히 정리해 볼 수 있다. 첫째, 정책금융은 특정한 개별 기업이 지원 대상이 아닌, 조건에 부합하는 모든 대상에 적용되는 포괄적 지원 방식이다. 둘째, 정책금융은 법 규정 및 제도에 따라 공식화된 정책 개입 방식으로서, 비공식적으로 법적 근거 없이 정부가 강제하는 지시금융이나 관치금융과는 결이 다르다. 셋째, 정책금융은 기업 또는 금융기관에 대한 사후적 구제를 위한 자금공급이 아니라, 특정 정책목표하에 지원되는 사전적 자원배분 방식이다. 금융회사에 대한 긴급유동성 지원이나 기업 구조조정을 목적으로 한 기업에 대한 자금지원과 같은 구제금융은 정책금융이 아닌 것이다.

2) 정책금융의 역할

정책금융의 이론적 정당성은 두 가지 측면에서 제시될 수 있다. 첫째, 정책금융은 자금배분의 효율성 측면에서 금융시장의 실패를 교정하는 정부 개입이다.[4] 정책금융은 세 가지 측면에서 시장실패를 교정한다. 우선 금융시장의 정보비대칭성으로 신용할당이 발생하여 특정 부문에 대한 여신이 공급되지

---

[4] 외국의 경우 당연히 정책금융이라는 범주를 전제로 이를 평가하는 연구는 존재하지 않는다. 다만 시장실패의 측면에서 정부의 자금배분 개입을 판단하는 연구로서는 Craig et al.(2011), Gale(1989), Williamson(2004) 참조.

않거나 과소 공급될 때, 정책금융은 자금배분의 효율성을 제고할 수 있다. 둘째, 정보비대칭성이 없다고 하더라도 위험 공유 차원에서 그 기능을 수행할 수 있다. 특정 부문에 대한 투자가 거액이 소요되고 회임 기간이 장기일 뿐만 아니라 팻테일 리스크(Fat-Tail Risk)가 존재하여 손실 위험이 매우 클 때, 민간 금융기관이 기대수익이 높다고 하더라도 포트폴리오 구성을 통하여 해당 투자의 위험을 적절히 분산하기 어려운 상황이 발생할 수 있다. 이 경우 정책금융이 해당 투자에 대한 위험 공유를 통해서 민간금융의 자금공급을 지원할 수 있다. 셋째, 정책금융은 단기적으로 시장의 안정성을 유지하는 데 기여한다. 통상 금융시장에서는 경기순응적(pro-cyclical) 행태가 나타난다. 가령 경기가 악화될 때 민간금융 부문이 자금을 회수함으로써, 정상적인 상황에서는 지속 가능한 기업이 자금 상환으로 인한 유동성 부족으로 파산하거나 과다한 차입 비용을 지불할 수 있다. 정책금융은 시장 변동성에 대응하여 기업에 단기적 인 유동성을 공급함으로써, 금융시장의 변동성 확산이 경제에 악영향을 주는 것을 방지할 수 있다.

둘째, 정책금융은 형평성 측면에서 소득분배의 개선 기능을 수행하기도 한다. 최근 우리나라에서는 정책금융이 복지 개선이나 경제적 약자를 위한 지원을 목적으로 그 기능이 확대되고 있다. 가령 주택 마련을 위한 장기자금으로서 모기지가 공급되고 있으며, 대학생을 위한 학자금 대출도 대폭 증가했다. 또한 신용도가 낮은 저소득층에 대한 소액대출이나 보증 지원도 소득분배 개선을 목적으로 한 정책금융이다.

그러나 실제적으로 한국에서 정책금융이 형성, 확대된 것은 금융시장의 실패 교정이나 소득 분배 개선을 위한 목적보다는 경제성장을 위한 산업정책 목표를 달성하기 위한 수단으로서였다. 경제개발 시대에 정부는 경제성장을 위해 전략적 육성 산업을 선정하고, 해당 산업에 우선적으로 저리의 자금을 공급했다. 이러한 정책금융은 자본이 매우 부족했던 초기 개발시대의 상황에서는 특정 부문을 육성하는 데 효과적이었다. 하지만 개발시대에 산업정책 수단으로서 형성·발전된 정책금융 공급체계는 경제가 성장하면서 그 유효성이 상실된다. 1970년대 말부터 정부에 의한 자금배분이 점차 정책적 효과를 상실하고 경제 전체의 효율성을 저하시켰고, 그 결과 정부주도적 자금배분이 경제위기를 야기한 요인의 하나로 지적되었다. 이에 따라 정책금융의 산업정책 수단으로서의 기능은 제도적으로는 크게 축소했다. 이하에서는 구체적으로 정책금융 공급체계의 역사적 변화를 살펴본다.[5]

3) 정책금융 공급체계의 추이

정책금융 공급체계는 그 전달 경로에 따라 두 가지로 구분할 수 있다. 첫째, 민간 금융기관을 통한 경로이다. 이 경우 정부는 정책금융 제공을 전제로 민간 금융기관에 저리의 우대 조건이 있는 자금을 공급하고, 민간 금융기관은 정부가 지정한 정책금융을 일정 수준 이상 취급한다. 둘째, 정부가 특별법 제정 등을 통해 특정한 정책목표와 기능을 부여한 정책금융기관을 설립하여 정책금융을 공급하는 방식이다. 이렇게 설립된 정책금융기관은 주로 준정부기관 또는 공기업의 지배구조를 가져, 정부가 인사 등을 통하여 경영권을 확보하고 해당 정책금융 업무를 집행하도록 한다.

정책금융의 본격적인 출발점은 1960년대 전반기였다. 정부가 경제성장 정책을 위해 직접 가용할 수 있는 재정자금과 차관자금은 그 규모가 크지 않았으므로, 정부는 시중에 있는 민간 자금을 동원하기 위한 수단으로서 정책금융

---

5) 중소기업 정책금융의 역사와 관련해서는 박창균·이기영(2017)을 참조.

체계를 만들었다. 즉 정부가 상업은행이나 정책금융기관에 유리한 자금조달 수단을 제공했고, 이를 통해 조달한 자금액을 정책금융제도를 활용하여 지원 대상에 우선 공급하도록 했다. 초기의 정책금융 공급체계는 두 가지 경로로 이루어졌다. 첫째, 상업은행이 정책자금의 주요 공급원이었다. 정부는 1960년 대 초반 시중은행을 국유화한 이후, 선별적 금융 지원을 위한 각종 규정을 수립하여 일반 상업은행이 정책금융을 공급하도록 했다. 그리고 한국은행은 특정 정책금융을 조건으로 이들 은행에 대한 재할인 또는 대출을 저리로 실시하여 정책금융을 지원했다. 둘째, 특수은행을 설립하여 특정한 정책금융을 전담하도록 했다.[6] 특수은행에 상업은행과 차별화된 자금조달 수단을 제공하고, 이를 통해 조달한 저리의 자금을 정책금융으로 활용하도록 했다.

정책금융의 부작용, 더 나아가 정부의 자금배분 주도의 부작용은 1970년대 말부터 표면화되었다. 1970년대 말부터 기업 부실화가 본격화되면서, 정부 정책의 주요 창구였던 은행도 동반 부실화되었다. 이러한 환경을 배경으로 1980년 초부터 정부주도 자금배분의 비효율성을 타파하기 위한 금융자율화의 필요성이 제기되었고, 그와 관련한 금융제도 개편이 이루어졌다. 이 과정에서 정책금융 공급체계 역시 1980년대 중반 이후부터 변화했다. 변화의 특징은 은행에 대한 의존도 축소와 그에 대신하는 정책금융기관의 신설 및 확대였다. 첫째, 정책금융을 위한 자금 지원이 대폭 통폐합되고, 한국은행의 정책 금융 지원도 축소되었다. 둘째, 은행이 취급하던 다수의 정책금융이 재정자금으로 이전되거나 폐지되어, 정책금융의 일반은행 의존도가 낮아졌다. 셋째, 특수은행 중 일부가 일반은행으로 전환되었다. 가령 농·수·축협이나 국민은

---

6) 특수은행으로서 중소기업은행(1961), 국민은행(1963), 한국주택은행(1967), 농협(1961), 수협(1962)이 설립되었다. 또한 한국산업은행의 정책금융 기능이 1960년대 들어와 강화되었고, 한국수출입은행(1976)이 설립되었다.

행 및 한국주택은행이 정책금융기관으로서의 기능을 상실하고 시중은행으로 전환했다. 넷째, 특정 정책을 목적으로 한 정책금융기관이 신설되었다. 국민주택기금이 1981년 설치되었고, 기술보증기금이 1989년 설립되고 또한 기존 기관 중 신용보증기금의 정책금융 기능이 강화되었고, 중소벤처기업진흥공단도 1990년대 초반부터 금융자금 지원을 본격적으로 실시했다.

하지만 이러한 외형적 변화에도 불구하고 은행이 담당한 실질적인 정책금융 공급 기능은 1990년대 초반까지도 여전히 높은 수준이었다. 김준경(1993)은 예금은행 대출금에서 차지하는 정책금융 비중이 1992년 9월 말 현재 58.0%인 것으로 추정했다. 그리고 이기영(1994)은 원화대출금을 기준으로 1992년말 현재 정책금융 비중을 예금은행 대출금 대비 49.6%, 예금은행과 개발기관의 총대출금 대비 55.8%로 추정했다.[7] 실질적으로도 정책금융 공급체계가 변화한 것은 외환위기 이후 2000년대 들어서부터이다. 외환위기 이후 부실화된 은행을 구조조정 하고 외국인이 은행의 주요 주주가 되면서, 정부가 정책금융을 통해서 개입하는 것이 사실상 어려워졌기 때문이다. 더욱이 외환위기의 주된 원인으로서 과도한 정부 개입이 지적되면서, 정책금융을 포함한 정부의 자금배분 개입은 더욱 축소될 수밖에 없었다.

외환위기로 정책금융이 크게 위축되었으나, 금융시스템 정비가 어느 정도 마무리된 2000년대 중반기부터 정책금융이 다시 활성화되기 시작했다. 특히 경제의 불평등이 확산됨으로써, 소득분배 개선을 위한 정책금융 기능이 확대되었다. 이를 위해 한국주택금융공사(2004)와 한국장학재단(2008) 등의 정책

---

7) 시중은행이 민영화되었음에도 불구하고 시중은행이 취급하는 정책금융 비중도 크게 감소하지는 않았다. 원승연(1998)은 민영화 직전인 1981년 약 41%였던 시중은행의 정책금융 비중(원화대출금 평잔 기준)이 이후 하락했음에도 불구하고 1994년에도 29% 수준을 유지했음을 보여주었다.

금융기관이 신설되었다. 그리고 기존 정책금융기관 업무도 확대되어 대한주택보증이 주택도시보증공사로 확대 개편(2015)되었고, 지역신용보증재단도 1998년부터 2003년까지 전국 16개 지역으로 확대·개설되었다.

3. 정책금융의 현황과 특성

1) 정책금융의 계산 기준

정책금융의 공급체계가 현재의 모습으로 갖춰진 시점이 2000년대 들어서이므로 2000년대 이후의 정책금융 지원액을 추계하여 추이를 살펴보고 정책금융의 특성을 추출했다. 정책금융의 정의가 여신을 전제로 하고 있어, 본 연구는 정책목표를 위한 선별적 자금지원 정책이라고 하더라도 지분 및 채권 등 유가증권에 대한 투자는 분석에서 제외했다.[8]

정책금융의 추계는 금융기관을 기준으로 계산했다. 첫째, 민간금융기관이 취급한 정책금융은 재원조달원에 기초하여 집계했다. 구체적으로 예금은행의 재정자금 재원에 의한 대출액과 한국은행이 제공하는 금융중개지원대출 한도액을 계상했다. 한국은행의 금융중개지원대출은 중소기업지원을 전제로 저리의 자금을 지원하는 것이니만큼, 민간은행이 취급했다고 하더라도 정책

---

8) 최근 창업 기업이나 벤처기업에 대한 지원 필요성이 강조되면서 자본시장을 통한 선별적 자금지원 정책에 대한 연구가 필요한 상황이다. 다만, 전체적인 정책적 지원 금액에 대비하면 아직까지도 규모면에서는 크지 않아 이를 제외하더라도 전반적인 정부의 선별적 자금지원 정책의 흐름을 파악하는 데 큰 왜곡은 없을 것으로 판단한다. 또한, 무역보험공사나 서울보증보험도 보증과 유사한 보험 업무를 통하여 상당한 규모의 정책 지원 기능을 수행하고 있으나, 보험도 여신에 포함되지 않으므로 두 기관도 분석 대상에서 제외했다.

금융의 범주에 포함하는 것이 타당하다.[9]

둘째, 정책금융기관의 경우에는 해당 기관의 여신액을 추출하여 집계했다. 사실 정책금융기관의 모든 여신을 정책금융으로 간주해서는 안 된다. 일부 정책금융기관이 상업적 목적의 여신을 병행하는 경우가 있는바, 이것은 정책 목표 달성과도 무관할 뿐만 아니라 공적기관의 우월적 지위로 인해 시장 왜곡을 유발하는 원인이 되기도 한다. 그럼에도 불구하고 정책금융기관의 여신을 세분할 수 없는 자료상의 한계로 인하여, 본 연구는 정책금융기관 여신 전체를 정책금융으로 집계할 수밖에 없었다. 따라서 본 연구에서 집계한 정책금융 규모는 과대 추정된 것이어서 그 해석에 유의할 필요가 있다. 다만 이러한 방법에 의한 정책금융의 집계는 정책금융기관의 시장 영향력을 판단하는 데에는 부분적으로 유의할 수 있다. 정책금융기관의 여신이 시장 대비 확대된다는 것은 그만큼 정책금융의 시장 영향력이 커져서 시장 왜곡을 유발할 개연성이 높아지는 것을 시사하기 때문이다.

분석에 포함된 정책금융기관은 다음과 같다. 첫째, 보증 전문기관으로서 신용보증기금, 기술보증기금 및 지역신용보증재단을 포함시켰다. 둘째, 대출 업무기관으로서는 주택금융공사, 한국장학재단, 중소벤처기업진흥공단 및 서민금융진흥원을 포함시켰다. 셋째, 특수은행 중에서 산업은행, IBK 기업은행 및 수출입은행을 정책금융기관으로 포함시켜, 이들 은행이 취급한 원화 및 외화의 보증과 대출 모두를 정책금융으로 집계했다.[10] 추가로 주택도시보증공사가 집행하는 자금 중에서 주택도시기금에 의한 대출액을 정책금융으로 산입했다.

---

9) 동 제도는 멀리는 정책금융을 위한 한국은행의 상업어음 재할인제도에 연원을 두고 있다. 1994년 정책금융 통폐합으로 재할인제도가 사라지면서 총액한도대출제도로 전환되었고, 2013년 금융중개지원대출제도로 변경되어 오늘에 이르고 있다.

10) 집계에는 산업은행에서 일시 분리되었던 정책금융공사의 여신액도 포함한다.

이렇게 계산한 정책금융의 규모는 다음과 같은 이유로 과다 평가된 것임을 유의해야 한다. 첫째, 정책금융기관에 포함된 산업은행, IBK 기업은행 및 수출입은행 여신 중 일부는 상업적 목적에 의한 것이어서 정책금융이라고 볼 수 없는 것이다. 특히 산업은행의 경우 구조조정을 위해 지원된 여신이 상당수 존재하는바, 이에 해당하는 여신액은 정책금융에서 제외되는 것이 옳다. 그러나 정책금융 여부를 정확히 분류할 수 없었기 때문에, 본 연구는 정책금융기관의 전체적인 여신액 흐름을 본다는 측면에서 특정 가능한 일부 금액만을 배제하기보다는 여신액 전부를 정책금융에 포함했다. 둘째, 정책금융이 다음과 같은 이유로 중복 계산되어 과다 평가될 수 있다. 우선 보증대출의 경우 보증액과 대출액이 동시에 집계되어 정책금융 지원액이 과다 평가될 수 있다. 또한 정책금융기관의 간접대출의 경우에도 이중으로 집계될 수 있다. 가령 중소벤처기업진흥공단이 취급하는 간접대출이 은행의 재정자금에 의한 대출로 인식될 경우 중복 계산된다. 본 연구는 이러한 추계상의 한계를 인식하고, 분석 과정에서 해석의 오류를 최소화하고자 했다.

2) 정책금융의 규모와 추이

정책금융 자료는 각 기관의 연차보고서 또는 감사보고서를 주로 이용했다.[11] 예금은행 범주에 포함하되 정책금융기관의 자료는 금융감독원의 연도별 『은행경영통계』를 이용했고, 재정자금 및 금융중개지원대출 한도 금액은 한국은행의 경제통계시스템과 금융통화위원회 회의록을 이용하여 수집했다. 일부 정책기금의 경우에는 집행 정책금융기관이 변경되기도 했고 정책금융

---

11) 주택도시기금의 경우에는 국토교통부에서 발간하는 주택도시기금 업무 편람을 이용했다.

기관 중 일부는 분리 또는 통폐합되기도 했는바, 가능한 한 자금별 추적을 통해 시계열상 단절이 발생되지 않도록 했으나 일부 집계되지 않는 자료도 있었음을 밝힌다.[12] 정책금융의 집계는 1997년 외환위기 이후 금융시스템이 재정비되고 본격적으로 정책금융이 활발하게 전개된 2005년 이후부터 2019년까지의 연말 잔액 자료를 기초로 이루어졌다.

정책금융은 대출과 보증을 합산한 여신 기준으로, 2005년 311.8조 원에서 2019년 946.8조 원으로 14년간 세 배 성장했고 연평균 증가율은 8.3%였다(〈그림 7-1〉 참조). 이 중 대출은 9.3%, 보증은 5.9% 연평균 증가했다. 정책금융 여신액과 정책금융에 포함되지 않은 예금은행 여신액을 합하여 총여신으로 정의하고, 총여신 대비 정책금융의 비중을 계산해 보았다(〈그림 7-2〉 참조). 정책금융의 비중은 2005년 35.5%에서 2019년 39.9%로 증가했다. 대출만을 보았을 때 정책금융의 비중은 27.5%에서 33.7%로 증가했고, 정책금융 보증의 비중도 78.5%에서 80.9%로 증가했다.

금융기관별로 보다 세분하여 분석 기간 동안의 정책금융 추이를 살펴보았다(이하 〈표 7-1〉 참조). 정책금융기관을 산업은행, IBK기업은행, 수출입은행으로 구성된 은행 정책금융기관과 나머지 정책금융기관을 합하여 비은행 정책금융기관으로 구분했다. 전체적으로는 특수은행의 여신액이 커서, 은행 정책금융기관의 여신액이 비은행 정책금융기관의 여신액보다는 많았다. 그러나 정책금융 여신에서 차지하는 비은행 정책금융기관 비중은 2005년 39.4%에서 2019년 45.3%로 증가하여, 2000년대 이후 정책금융이 비은행 정책금융기

---

12) 서민금융진흥원의 정책금융 지원액은 2016년 2296억 원이었던바, 동 기관 설립 전 분산되어 운용되었던 정책금융 지원액은 별도로 집계하지 않았다. 또한 산업은행으로 흡수된 정책금융공사의 2013년 감사보고서를 입수할 수 없어, 2013년 대출 잔액은 2012년 대출 잔액이 유지되었다고 가정하여 임의로 삽입했음을 보고한다.

〈그림 7-1〉 정책금융(대출, 보증)의 추이

(단위: 조 원, 말잔액)

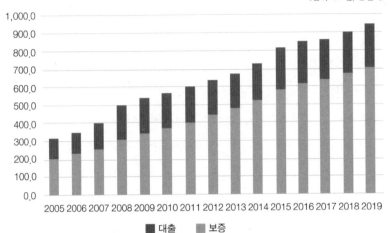

자료: 각 기관 연차보고서 및 감사보고서(각 연도); 금융감독원, 『은행경영통계』(각 연도); 한국은행, 경제 통계시스템(Ecos.bok.or.kr).

〈그림 7-2〉 정책금융(대출, 보증)의 비중

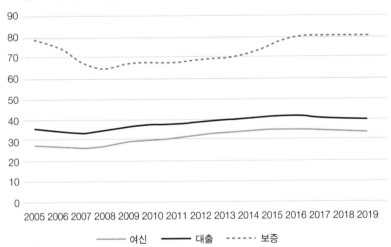

주: 총액(정책금융 잔액 및 예금은행의 비정책금융 잔액의 합) 대비 정책금융 잔액 비중.
자료: 각 기관 연차보고서 및 감사보고서(각 연도); 금융감독원, 『은행경영통계』(각 연도); 한국은행, 경제통계시스템(Ecos.bok.or.kr).

〈표 7-1〉 정책금융의 추이

(단위: 억 원, 잔액 기준)

연도	2005	2010	2015	2019
중소기업진흥공단	109,861	152,525	142,316	165,737
주택금융공사 대출	64,081	160,104	710,649	967,040
주택도시기금	498,315	708,152	854,398	1,171,627
한국장학재단 1	5,113	90,913	129,582	109,011
서민금융진흥원	-	-	-	5,356
한국은행 금융중개지원대출 2	96,000	85,000	200,000	250,000
예금은행 재정자금 대출 3	220,221	252,577	261,869	373,937
정책금융공사	-	81,908	-	-
산업은행	326,164	544,504	1,208,780	1,208,220
기업은행	614,178	1,231,055	1,670,066	2,104,086
수출입은행	104,501	378,732	655,787	692,637
정책금융 대출(A)	2,038,434	3,685,470	5,833,447	7,047,651
신용보증기금	310,988	473,324	491,862	522,161
기술보증기금	115,013	174,261	207,096	221,122
지역신용보증재단	34,133	132,479	162,423	230,184
주택금융공사	90,758	192,053	542,867	898,511
수출입은행	365,384	681,484	687,137	381,214
산업은행	142,553	226,123	163,417	109,987
기업은행	21,101	56,878	67,033	59,130
정책금융 보증(B)	1,079,930	1,936,602	2,321,835	2,422,309
정책금융 여신(C = A + B)	3,118,364	5,622,072	8,155,282	9,469,960
총여신액(D)	8,777,047	15,066,984	19,839,179	23,899,364
총대출액(E)	7,402,134	12,197,180	16,787,700	20,904,920
총보증액 (F)	1,374,913	2,869,804	3,051,479	2,994,444
정책금융 비중 여신(C/D)	35.5%	37.3%	41.1%	39.6%
대출(A/E)	27.5%	30.2%	34.7%	33.7%
보증(B/F)	78.5%	67.5%	76.1%	80.9%

주: 1) 한국주택금융공사가 취급했던 학자금대출 잔액이 합산된 수치임.
　　2) 2013년 이전까지는 총액한도대출임. 금액은 한도액 전부가 대출되었다는 가정으로 한도액을 이용함.
　　3) 재정자금 대출은 원화대출금 기준.
자료: 각 기관 연차보고서 및 감사보고서(각 연도); 금융감독원, 『은행경영통계』(각 연도); 한국은행, 경제
　　통계시스템(Ecos.bok.or.kr).

〈그림 7-3〉 정책금융 중 비은행 정책금융기관의 비중

(단위: %)

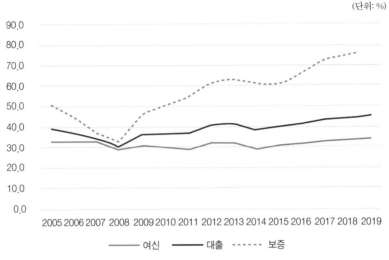

여신 ——— 대출 ······ 보증

자료: 각 기관 연차보고서 및 감사보고서(각 연도); 금융감독원, 『은행경영통계』(각 연도); 한국은행, 경제 통계시스템(Ecos.bok.or.kr).

관 중심으로 성장했음을 확인할 수 있다. 비은행 정책금융 비중은 대출의 경 우에는 33.2%에서 34.3%로, 보증의 경우에는 51.0%에서 77.3%로 각각 증 가했다(〈그림 7-3〉 참조). 비은행 정책금융기관 중에서도 한국주택금융공사, 한국장학재단 및 지역신용보증재단의 대출 또는 보증 증가율이 높았다. 이것 은 신규 정책금융의 수요가 발생할 때마다, 정부가 정책금융기관을 신설하여 정책금융 전달경로를 구축한 데 따른 것이었다.

그렇다고 해서 세 특수은행의 여신이 절대적으로 위축된 것은 아니었다. 세 특수은행의 여신을 예금은행의 여신 추이와 비교해 보았다. 세 특수은행 의 전체 대출액은 분석 기간 중 연평균 9.1% 증가했고, 예금은행 대출에서 차 지하는 비중은 15.5%에서 21.7%로 확대되었다(〈그림 7-4〉 참조). 반면 세 특 수은행의 보증액은 최근 절대적으로 감소하여 예금은행의 전체 보증 대비 비 중도 축소되었으나, 예금은행 대비 세 특수은행의 여신 비중은 2005년 31.3%

〈그림 7-4〉 예금은행 내 정책금융기관의 비중

(단위: %)

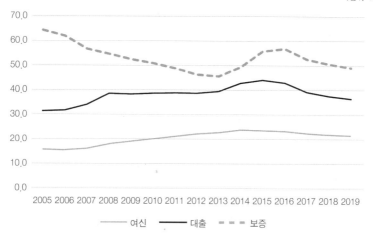

주: 예금은행 잔액 대비 3개 특수은행(산업은행, IBK기업은행, 수출입은행) 잔액 비중.
자료: 각 기관 연차보고서 및 감사보고서(각 연도); 금융감독원, 『은행경영통계』(각 연도); 한국은행, 경
　　제통계시스템(Ecos.bok.or.kr).

에서 2019년 36.4%로 확대되었다. 즉 예금은행 내에서의 세 정책금융기관의
비중이 분석 기간 중 높아진 것이었다.

　앞서 우리는 정책금융 전달 경로를 민간 상업은행을 이용하는 경로와 정책
금융기관을 이용하는 경로로 구분했었다. 민간 상업은행을 이용하는 정책금
융은 재정자금에 의한 대출액과 한국은행이 운영하는 금융중개지원대출 한
도액으로 집계해 볼 수 있다. 분석기간 중 재정자금 대출액과 금융중개지원
대출 한도액은 각각 22.0조 원과 9.6조 원에서 각각 37.4조 원과 25조 원으로
증가했다. 그러나 두 대출액 총합을 예금은행 전체가 집행한 정책금융 대출
액과 비교할 때, 그 비중은 23.2%에서 13.5%로 크게 감소했다. 정책금융의
전달경로는 민간 상업은행보다는 정책금융기관으로, 정책금융기관 중에서는
은행보다는 비은행 정책금융기관으로 비중이 증가했다.

　그런데 분석 기간 중 민간 여신의 성장률도 그리 낮지는 않았다. 예금은행

중 특수은행을 제외한 일반은행의 여신 증가율은 연평균 6.7%로서, 경제 전체의 성장률보다도 훨씬 높은 수준이었다. 분석 대상에 포함되지 않았지만 자본시장의 성장을 감안하면 금융시장은 전체적으로 매우 높은 성장률을 보였다고 할 수 있다. 그럼에도 불구하고 정책금융이 훨씬 높은 8.3%의 성장률을 보여 그 비중이 상승한 것은 의문이 아닐 수 없다. 왜냐하면 정책금융이 시장의 실패를 보완하기 위한 기능으로 공급된다고 한다면, 시장에서의 자금 공급이 충분함에도 불구하고 정책금융 비중이 전반적으로 확대된 것은 금융시장의 효율성이 악화되지 않는 한 정당성을 찾기 어렵기 때문이다. 그렇다고 해서 금융시장이 20년 전보다 그 효율성이 떨어졌다고 주장할 만한 근거도 찾기 어렵다. 이처럼 정책금융의 비중이 금융시장의 성장에도 불구하고 높아진 이유는 무엇인가? 이하에서 우리는 정책금융의 기능 변화 추이를 살펴보면서 그 이유에 접근하기로 한다.

3) 정책금융 기능의 변화

정책금융을 지원 대상 기준으로 가계 정책금융과 기업 정책금융으로 구분했다. 가계 정책금융은 현재 소득흐름이 부족한 가계에 유동성을 공급하여 소비나 복지를 개선하도록 하는 것이므로, 형평성 측면에서의 소득분배 개선에 그 목표가 있다고 할 수 있다. 기업 정책금융의 기능은 시장실패의 보정과 산업정책 지원으로 구분해서 생각해 볼 수 있다. 정책금융기관 기준으로 가계 정책금융은 한국주택금융공사, 주택도시기금, 한국장학재단 및 서민금융진흥원의 여신액을 합산했고, 3개 특수은행과 중소벤처기업진흥공단, 신용보증기금, 기술보증기금 및 지역신용보증재단의 여신액과 재정자금 및 한국은행 금융중개지원대출 한도액을 합산한 것을 기업 정책금융으로 구분했다.[13]

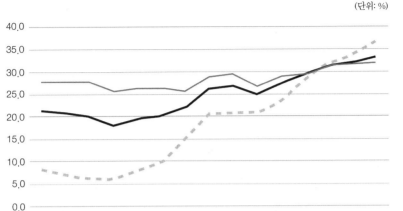

〈그림 7-5〉 정책금융 총액 대비 가계 정책금융의 비중

(단위: %)

여신 ──── 대출 ──── 보증

자료: 각 기관 연차보고서 및 감사보고서(각 연도); 금융감독원, 『은행경영통계』(각 연도); 한국은행, 경제통계시스템(Ecos.bok.or.kr).

　분석 시기 동안 가계 정책금융의 비중은 지속적으로 증가했다(〈그림 7-5〉 참조). 2005년 가계 정책금융 여신액은 전체 정책금융의 21.1%였으나, 2019년 33.3%로 비중이 확대되었다. 이것은 정책금융이 소득분배 개선을 목표로 확대되었음을 보여준다. 기업 정책금융으로 분류했으나 지역신용보증재단이 주로 소상공인을 대상으로 보증 업무를 하는 것을 감안한다면, 정책금융의 분배 개선 기능은 더욱 확대된 것으로 볼 수 있다. 가계 정책금융의 다수는 주택금융이었다. 가계 정책금융 중 주택 관련 정책금융은 2019년 현재 95%로서 대부분을 차지했고, 이 시기 주택 관련 정책금융 여신 증가율은 연평균 11.6%로 매우 높았다. 다만 이러한 증가에도 불구하고 주택 관련 정책금융이

---

13) 원화대출금 자료를 기준으로 할 때 수출입은행을 제외한 산업은행과 중소기업은행은 가계 여신이 존재하지만, 그 비중이 미약하여 이를 차감하지 않고 여신액 전액을 기업 정책금융으로 집계했다.

동 시기 과잉 공급되었다고 판단할 수는 없다.[14]

한편, 기업 정책금융의 지원대상은 중소기업에 한정된 경우가 대부분이다. 산업은행과 수출입은행 여신을 제외한 대부분 정책금융기관의 대출과 보증이 중소기업에 국한하도록 규정되어 있고 실제로 대부분이 중소기업에 지원되고 있다. 산업정책 수단으로서의 정책금융은 주로 산업은행과 수출입은행이 담당하고 있다. 산업은행은 사회간접자본 투자 등 장기의 거대자금이 소요되는 투자활동의 자금을 공급하는 역할을 담당하고 있으며, 수출입은행은 해외 건설 및 플랜트 지원의 장기적인 자금 공급과 수출금융을 담당하고 있다.

이들 두 은행을 제외한 정책금융은 지원 대상을 중소기업에 한정하고 있다. 그러나 세부적인 지원 내용을 보면, 중소기업 정책금융이 중소기업의 자금가용성 부족을 보완하는 시장실패의 보정 기능뿐만 아니라 산업정책 수단으로써 활용되었음을 확인할 수 있다. 각 정책금융기관의 지원 대상을 세부적으로 보면, 다양한 부문별로 지원 대상이 배분되어 있다. 그런데 예외 없이 역대 정부가 표방한 산업정책에 따라서 정책금융기관이 특정 부문에 대한 자금배분 비율을 높여왔음을 볼 수 있다.[15] 즉 정책금융기관은 중소기업으로 대상을 한정했지만, 특정 부문에 대한 자금배분 비율 변경을 통해서 정부의 산업정책을 지원했던 것이다. 그 점에서 정책금융기관의 중소기업 여신은 중소기업 자체의 지원 목적이기도 하지만, 동시에 특정 산업에 대한 선별적 자금지원의 목적이기도 했다. 우리는 이것이 여러 연구에서 지적한 대로 중소기업 정책금융이 과잉 공급된 주요한 원인이었다고 판단한다.

결과적으로 기업 정책금융에 한정하여도 그 증가세가 매우 높은 수준이었

---

14) 이 점에 대해서는 제4절 2항 참조.
15) 이 점에 대해서는 제4절 3항 참조.

다. 기업 정책금융 대출 증가율은 분석 기간 중 연평균 8.8%였으며, 이것은 가계 정책금융 대출 증가율 10.3%에 버금가는 것이었다. 이상에서 본 바와 같이 소득분배 개선을 목적으로 한 가계 정책금융이 증가한 동시에 기업 정책 금융도 지속적으로 상승한 것이 전체적으로 금융시장의 성장에도 불구하고 정책금융의 비중이 확대된 요인이었다.

4. 정책금융 공급의 적정성

우리는 제3절에서 정책금융의 기능을 시장실패의 보정, 산업정책의 수단, 소득분배 개선 기능으로 구분하여 살펴보았다. 그리고 정책금융 비중이 높아 져 과도 공급되었다고 평가되는 주요한 이유가 경제성장에 따라 그 유효성이 사라진 산업정책 수단으로서의 기능이 눈에 보이지 않게 정책금융기관의 여 신에 영향을 주었기 때문이라고 판단했다. 정책금융이 과잉 공급된다는 것은 정책금융의 역할보다는 그 부작용이 커서, 정책금융이 경제에 오히려 부정적 영향을 줄 수 있음을 의미한다.

사실 특정 정책금융의 효과와 부작용은 영속적인 것은 아니며, 시간에 따 라 달라진다. 왜냐하면, 정책금융은 기본적으로 시장 기능을 대신하는 것이 므로, 당시의 경제 및 시장 상황에 따라 그 유효성이나 부작용 역시 달리 평가 될 수밖에 없기 때문이다. 그러므로 정책금융 공급도 시장과 마찬가지로 경 제 및 금융환경 변화에 따라 그 규모와 수준이 탄력적으로 변화되어야 하는 것이 이상적이다. 하지만 정책금융 공급이 탄력적이기를 기대하기는 어렵다. 그것은 무엇보다도 정책금융기관이 특성상 독점적 지위를 갖고 있기 때문이 다. 정책금융기관은 정책목표를 위해 수립된 정부기구 또는 공적 기구이므로,

시장의 경쟁 압력에 의해 존폐와 성장 정도가 좌우되는 민간 금융회사와 달리 그 기능이 불필요해져도 쉽게 사라지지 않는다. 일단 정책금융기관이 설립되면, 각종 이해당사자들의 이해관계로 말미암아 해당 기관을 폐지하는 것이 매우 어려운 일이다. 더욱이 정책금융기관의 구성원과 외부의 이해관계자들의 조직 확대 유인으로 정책금융의 규모와 범위가 쉽게 늘어나기도 한다. 결국 정책금융기관이 자금의 과소 공급을 보완하기 위해 생성되었으나, 오히려 자금의 과잉 공급을 유발하여 경제 전체의 효율성을 악화시키는 역기능으로 작용할 수 있는 것이다.

정책금융 제도는 생성과 사멸에 있어서 비대칭성이 존재한다. 사회에서 필요로 하는 정책금융제도는 쉽게 생성되는 경향이 있으나, 불필요해진 정책금융제도는 쉽게 사라지지 않는다. 그러므로 정책금융제도가 순기능을 유지하기 위해서는 각 정책금융기관의 필요성과 기능에 대한 주기적인 검증이 이루어지고, 그에 따라 불필요한 정책금융이 축소되거나 폐지됨으로써 정책금융이 과잉 공급되거나 중복 공급되지 않도록 하는 것이 중요하다. 이러한 관점에서 제4절에서는 현재의 정책금융 공급체계의 문제점을 주요 정책금융 기능별로 구체적으로 살펴보고, 해당 정책금융 기능의 적정성을 검토했다.

1) 중소기업 정책금융

중소기업 정책금융의 현황을 대출과 보증으로 구분하여 좀 더 구체적으로 살펴보았다. 일단 대출은 중소기업 대출액이 통계상으로 확인되는 원화대출금을 기준으로 다시 추계해 보았다. 정책금융 전달 경로에 따라 구분해 보면, 중소기업 정책금융은 중소벤처기업진흥공단 대출액, 3개 특수은행의 중소기업대출액, 재정자금과 한은 금융중개지원대출에 의한 예금은행의 대출액으

〈표 7-2〉 중소기업 대출의 추이

(단위: 억 원, %)

기관		중소기업 진흥공단	은행 정책 금융기관*	예금은행 정책금융 대출액**	정책금융 소계	일반은행	총대출액***
대 출 액	2005	109,861	531,037	316,221	957,118	1,627,722	2,672,195
	2006	118,106	644,404	320,531	1,083,041	1,936,439	3,135,994
	2007	123,765	758,391	287,459	1,169,614	2,441,953	3,822,769
	2008	128,012	872,872	323,730	1,324,614	2,751,182	4,349,728
	2009	159,531	1,018,566	340,526	1,518,623	2,828,174	4,612,721
	2010	152,525	1,055,901	337,577	1,546,003	2,774,422	4,561,109
	2011	145,935	1,112,956	336,387	1,595,278	2,840,460	4,688,201
	2012	143,155	1,192,192	354,967	1,690,314	2,844,592	4,761,062
	2013	145,670	1,243,510	388,783	1,777,963	3,007,154	5,018,652
	2014	148,641	1,357,535	414,053	1,920,230	3,197,885	5,376,415
	2015	142,316	1,518,014	461,869	2,122,199	3,512,959	5,913,961
	2015	144,682	1,606,537	539,022	2,290,241	3,697,975	6,248,916
	2017	151,244	1,704,333	570,276	2,425,853	3,994,671	6,714,191
	2018	158,399	1,787,374	612,734	2,558,507	4,263,435	7,120,998
	2019	165,737	1,919,073	623,937	2,708,747	4,561,952	7,632,409
	연평균 증가율	3.0%	9.6%	5.0%	7.7%	7.6%	7.8%
비 중	2005	4.1%	19.9%	11.8%	35.8%	60.9%	100.0%
	2006	3.8%	20.5%	10.2%	34.5%	61.7%	100.0%
	2007	3.2%	19.8%	7.5%	30.6%	63.9%	100.0%
	2008	2.9%	20.1%	7.4%	30.5%	63.2%	100.0%
	2009	3.5%	22.1%	7.4%	32.9%	61.3%	100.0%
	2010	3.3%	23.2%	7.4%	33.9%	60.8%	100.0%
	2011	3.1%	23.7%	7.2%	34.0%	60.6%	100.0%
	2012	3.0%	25.0%	7.5%	35.5%	59.7%	100.0%
	2013	2.9%	24.8%	7.7%	35.4%	59.9%	100.0%
	2014	2.8%	25.2%	7.7%	35.7%	59.5%	100.0%
	2015	2.4%	25.7%	7.8%	35.9%	59.4%	100.0%
	2015	2.3%	25.7%	8.6%	36.7%	59.2%	100.0%
	2017	2.3%	25.4%	8.5%	36.1%	59.5%	100.0%
	2018	2.2%	25.1%	8.6%	35.9%	59.9%	100.0%
	2019	2.2%	25.1%	8.2%	35.5%	59.8%	100.0%

주: * 산업은행, IBK 기업은행, 수출입은행의 중소기업대출 총액.
　　** 예금은행이 취급한 재정자금과 한국은행 금융중개지원대출 한도액의 합계.
　　*** 중소기업진흥공단 대출액과 예금은행 중소기업대출액의 합계.
자료: 금융감독원, 『은행경영통계』(각 연도); 중소기업진흥공단, 감사보고서(각 연도); 한국은행, 경제통
　　계시스템(Ecos.bok.or.kr).

로 나누어볼 수 있다. 중소기업 정책금융 대출액과 정책금융에 포함되지 않은 예금은행의 중소기업 대출액을 합산하여 총중소기업 대출액을 산출하고 중소기업 정책금융 대출액 추이와 비교했다(〈표 7-2〉 참조). 다만, 〈표 7-1〉을 작성한 경우와 마찬가지 이유로 정책금융이 중복 계산되어 과다 추계되었음을 유의할 필요는 있다.

중소기업 정책금융 적정성에 대한 평가는 중소기업의 필요 자금수요액 추정과 추정된 금액 중에서 시장실패로 인하여 공급되지 않은 대출부족액에 대한 추계가 전제되어야 한다. 그러나 그 추계액은 정책금융을 정당화하는 시장실패 여부에 대한 판단 기준에 따라 달라질 수 있다. 가령 특정 중소기업에게 필요한 자금은 지불능력을 전제로 한 것이나, 이것을 객관적으로 판단하기는 쉽지 않다. 또한 정보 비대칭성으로 인해서 중소기업이 자금시장에서 배제되고 있는지를 판단하는 것도 분석에 따라 결과가 달라질 수 있다.

그러므로 본 연구는 다음과 같은 정황적 기준을 통해 중소기업 정책금융의 적정성을 판단했다. 첫째, 중소기업 전체의 자금수요 대비 중소기업 대출액 추이를 살펴보았다. 구체적으로 중소기업의 자금수요와 연관되는 지표의 성장률과 실제 공급된 중소기업 대출 증가율을 비교했다. 둘째, 민간 부문의 중소기업 대출과 정책금융을 통한 중소기업 대출 추이를 비교했다. 상대적으로 민간 부문의 대출 증가율이 낮다면, 정책금융 필요성은 더욱 높아지는 것으로 판단해 볼 수 있다.

첫째, 시계열 비교가 가능한 기업규모별 매출액과 유형자산 잔액 추이를 통해, 중소기업 자금수요 추이를 간접적으로 판단해 보았다. 〈표 7-3〉은 2007년부터 2019년까지의 중소기업과 대기업의 매출액과 유형자산잔액을 정리한 것이다. 매출액과 유형자산잔액이 커지면, 운영자금 및 시설자금의 필요성 때문에 상대적으로 자금수요가 증가할 것이라고 생각해 볼 수 있다. 동 기간 중 중

<표 7-3> 기업규모별 매출액 및 유형 자산 잔액 추이

(단위: 조 원)

연도	매출액		유형자산 잔액	
	중소기업	중견 및 대기업	중소기업	대기업
2007	439.4	507.4	144.3	170.3
2008	494.4	621.4	167.2	185.5
2009	510.7	615.1	188.2	192.9
2011	663.8	830.5	231.9	247.9
2012	658.8	851.8	231.8	253.2
2013	668.9	825.9	249.3	260.6
2014	687.4	802.1	268.3	264.7
2016	698.2	718.5	293.4	271.8
2017	732.0	783.1	302.9	285.4
2018	743.5	823.6	313.5	300.9
2019	741.5	803.4	322.0	298.0
연평균 증가율	4.5%	3.9%	6.9%	4.8%

주: 중소기업은 광업제조업 기업 중 종업원 299인 이하의 기업을, 중견 및 대기업은 300인 이상 기업을 합한 수치. 2010년과 2015년은 조사한 통계치 없음.
자료: 통계청, 광업제조업 조사(각 연도).

소기업의 매출액과 유형자산액은 각각 연평균 4.5% 및 6.9% 증가했다. 〈표 7-2〉의 중소기업 대출 증가율과 비교해 보면, 적어도 분석 기간 중 중소기업에 대한 자금 부족이 심화되었다고 단정할 수는 없을 것이다. 특히, 중소기업 대출 비중이 늘어난 2011년 이후 8년 동안의 기간만을 보면 매출액과 유형자산잔액 증가율은 각각 연평균 1.4%, 4.2%로 증가할 뿐이어서, 중소기업의 자금수요보다 자금공급이 더 증가했을 개연성이 크다고 할 수 있다.

둘째, 일반은행의 중소기업 대출 증가율과 중소기업 정책금융 대출 증가율을 비교해 보더라도 민간 부문의 중소기업 대출이 이전보다 축소되었다고 보기도 어렵다. 2005년부터 2019년까지의 기간 중안 중소기업 정책금융 대출액은 연평균 7.7% 증가했으나, 일반은행의 중소기업 대출액도 거의 유사한 수준인 7.6% 증가했다. 다만, 중소기업 정책금융의 전달 경로를 보면, 일반은행을 통한 대출액은 동 기간 중 연평균 5% 증가했으나 정책금융기관인 3개 특수은행의 대출액은 9.6%로 더 높이 증가했음은 유의할 필요가 있다. 이것이 민간금융시장에서 중소기업의 자금가용성이 낮았던 증거로 해석될 수도 있기 때문이다. 그러나 이를 구체적으로 살펴보면, 민간금융부문의 중소기업에 대한 자금공급은 지속적으로 확대되었음을 알 수 있다.

세 특수은행 중에서 산업은행과 수출입은행의 원화대출금 대비 중소기업 대출 비중은 2019년 현재 28.0%와 33.1%로서 일반은행의 39.8%보다 낮은 수준이었다. 따라서 특수은행의 중소기업 대출 비중이 높은 이유는 IBK 기업은행에 의한 것이다.[16] 이제 IBK 기업은행이 일반은행보다 중소기업 대출 비중이 높은 이유를 살펴본다. 우선 총대출금 대비 기업대출 비중을 보면, IBK 기업은행이 2019년 현재 79.3%로서 일반은행의 46%보다 훨씬 높은 수준이었다〈그림 7-6〉 참조). 반면, 기업대출액 대비 중소기업대출 비중은 2019년 현재 IBK 기업은행과 일반은행이 각각 96.4%와 86.5%였다. 양자 10% pts 차이가 있지만, 둘 모두 기업대출 대부분을 중소기업에 집행하고 있음을 알 수 있다〈그림 7-7〉 참조). 결국 일반은행의 중소기업 대출 비중이 IBK 기업은행에 비하여 낮은 이유는 높은 중소기업 대출비율을 적용받는 IBK 기업은행과 달리, 일반 시중은행이 훨씬 수익성이 높은 가계대출에 치중할 수 있었기 때문이지 중소기업 대출을 꺼린 결과는 아니었다.

분명한 사실은 2010년대 들어와서 정책금융기관인 특수은행은 물론이고 민간 부문인 일반은행도 기업대출 중 중소기업 대출 비중이 높았다는 점이다. 추세만 본다면 IBK 기업은행의 중소기업 대출 비중은 다소 낮아졌던 반

---

16) 2019년 현재 세 특수은행의 원화대출금 대비 중소기업대출 비중은 52.8%였고, 일반은행의 비중은 44.0%였다.

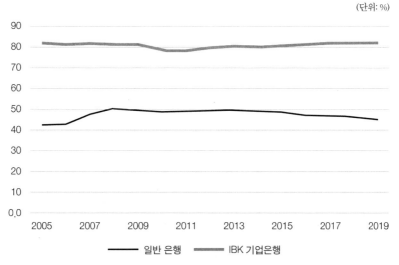

(단위: %)

자료: 금융감독원, 『은행경영통계』(각 연도); 중소기업진흥공단, 감사보고서(각 연도); 한국은행, 경제통계시스템(Ecos.bok.or.kr).

〈그림 7-7〉 기업대출액 중 중소기업대출 비중

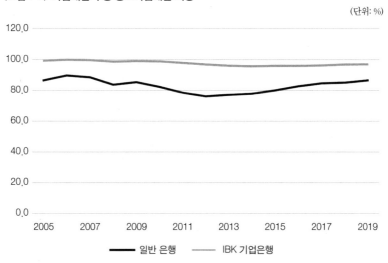

(단위: %)

자료: 금융감독원, 『은행경영통계』(각 연도); 중소기업진흥공단, 감사보고서(각 연도); 한국은행, 경제통계시스템(Ecos.bok.or.kr).

면, 일반은행의 중소기업 대출 비중은 오히려 증가했다. 그것은 대기업이 자본시장에서 주로 자금을 조달하는 방향으로 금융시장 구조가 변화하면서, 모든 은행이 기업 대출 중 중소기업 대출에 보다 초점을 맞춘 영업 행태를 보였기 때문인 결과이다. 요컨대 민간 부문을 통한 중소기업 대출은 이전보다 위축되기보다는 확대되는 경향을 보였다고 보는 것이 타당하다.

이러한 두 가지 사실을 종합해 보면, 다음 이유로 정책금융이 최근에도 자금수요 대비 공급이 확대되었다고 판단해 볼 수 있다. 첫째, 기업의 자금수요 증가율보다 일반은행의 대출 증가율이 높았다는 것은 시장을 통한 중소기업에 대한 자금공급이 수요보다 컸음을 짐작하게 한다. 둘째, 그럼에도 불구하고 정책금융을 통한 중소기업 대출액이 민간 부문의 대출공급액과 유사한 증가율을 보였다는 것은 적어도 2010년대 이후 나타난 중소기업 정책금융 증가액이 과잉 공급된 측면이 있음을 보여주는 간접적인 증거라고 할 수 있다. 더나아가 이러한 추세를 중소기업 대출액이 시장에서 자금을 충분히 차입할 수 있는 우량 중소기업에 집중되고 있다는 기존 연구와 결합하여 생각해 본다면, 적어도 2010년 이후 중소기업 정책금융은 과잉 공급되었다고 결론을 내려도 크게 무리가 없을 듯하다. 중소기업 정책금융의 과잉공급은 시장에 의한 자원배분을 왜곡시키고 좀비기업 양산으로 인한 중소기업 전체의 생산성 및 경쟁력을 저하시키는바, 그 축소가 경제 전체의 효율성 제고를 위해서 필요하다.

이 점에서 본 연구는 정책금융의 과잉을 개선하기 위한 방안을 다음과 같이 제안한다. 첫째, 지원 대상 중소기업을 축소하는 방안이다. 중소기업 중에서 중기업이나 업력이 10년 이상 되는 기업은 민간 금융시장을 통해서도 충분히 자금을 조달할 수 있는 것으로 추정된다.[17] 그러므로 중기업이나 업력

---

17) 이와 관련한 세부적인 내용에 대해서는 이기영·우석진·빈기범(2015) 참조.

높은 기업을 정책금융 지원 대상에서 제외하고, 소기업 등을 중심으로 정책금융이 집행되도록 개선할 필요가 있다. 둘째, 중소기업 정책금융 대출 중 일부는 신용보증기금 등 보증 기관에 의한 보증대출이다.[18] 동일 대상에 대한 대출과 여신이 중복 지원되는 경우가 무시할 수 없을 정도이므로, 규정 개정 등을 통하여 정책금융 대출과 보증이 중복되지 않도록 제도적 개선을 해야 할 것이다. 셋째, 한국은행의 금융중개지원대출 제도는 폐지하는 것이 바람직하다. 한국은행은 지원의 전제조건으로서 중소기업대출비율의 달성 여부를 부가하고 동 자금을 지원한다. 그러나 이기영(2019)은 은행이 최소 중소기업대출비율을 충족하지 않은 경우도 많다는 점을 주목하여, 금융중개지원대출이 은행의 동 비율을 충족하려는 유인으로 작용하는 데 미흡했음을 지적했다. 즉 동 지원제도가 중소기업 대출을 확대하는 데 기여하지 못하고, 단지 은행의 수익을 증가시키는 데 활용되었을 뿐이라는 것이다.

더욱이 선별적 통화정책인 동 제도를 상시적으로 유지하는 것은 통화정책의 측면에서도 바람직하지 않다. 최근 미국에서도 이와 유사한 선별적 통화정책이 이루어지고 있다. 가령, 연방준비은행은 코로나19로 인한 실물부문의 악화를 우려하여 소상공인 등 특정 부문에 대한 선별적 통화정책을 2020년 대거 실시했다. 그러나 한은의 금융중개지원대출 제도와 연방준비은행의 지원 제도는 핵심적 차이가 있다. 미국의 선별적 통화정책은 한시적 제도로 운용되는 일시적인 유동성 공급을 제공하는 통화정책으로서 그 기능이 엄격히 제한되고 있다. 반면 한국은행의 금융중개지원대출은 금융시장의 상황과 무관하게 지속적으로 집행되는 제도로서, 일시적 유동성 공급이라는 통화정책

[18) 2019년 현재, 일반은행의 원화대출금 중 16.8%가 보증대출이고, 특히 신용보증기금에 의한 보증 대출은 보증대출의 절반에 달하는 8.0%였다. 금융감독원, 『은행경영통계』(2020) 참조.

의 범위를 넘어서고 있다. 물론 한국은행도 코로나19 이후 미국처럼 소상공인을 위한 지원 목적의 대출을 증가시켜 긍정적 기능을 수행하고 있지만, 원칙적으로 금융중개지원대출 제도를 미국 연방준비은행의 제도와 마찬가지로 '한시적인 유동성 공급' 제도로 전환하는 것이 바람직하다.

2) 주택 및 가계 정책금융

가계신용 증가와 함께 주택담보대출도 동 기간 크게 증가했다. 한국은행의 주택담보대출 통계에 의하면, 예금취급기관 전체의 주택담보대출은 2007년부터 2020년까지 13년 동안 연평균 6.7% 증가했다. 정책금융기관인 한국주택금융공사와 주택도시기금의 대출액은 동 기간 동안 연평균 13.5% 증가하여, 두 기관의 주택담보대출은 예금취급기관 주택담보대출 대비 11.9%에서 26.2%로 증가했다(〈그림 7-8〉 참조).[19] 즉 민간의 주택담보대출보다 정책금융을 통한 주택담보대출이 상대적으로 크게 증가한 상황이다.

그러나 주택 관련 정책금융이 그 자체로 과도 공급되었다고 판단할 수는 없다. 은행의 주택담보대출이 5년 미만의 단기인 데 비하여, 적격대출 등 주택금융공사의 대출은 최소 20년 이상의 장기의 주택금융이기 때문이다. 장기주택금융의 정책적 지원은 미국이나 스웨덴 등 다수의 국가에서 발전된 것이기도 하다. 국가별로 다양한 주택금융제도가 존재하지만 상당수의 국가가 국민들의 주택구입 수요를 충족시키기 위해 모기지 제도를 활용하고 있다.[20] 한국의 두 정책금융기관에 의한 장기주택담보대출 비중은 상당히 높아졌으

---

19) 동 자료는 주택담보대출에 국한되어, 본 연구에서 계상한 두 기관의 대출액보다는 적은 수치이다.

20) 국가별 주택금융제도와 관련해서는 원승연·이건범(2012) 참조.

<그림 7-8> 주택담보대출의 추이

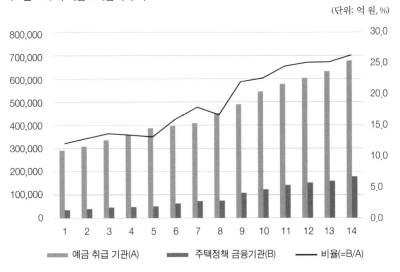

(단위: 억 원, %)

주: 주택정책금융기관의 주택담보대출은 한국주택금융공사와 주택도시기금 대출액 합산.
자료: 한국은행, 경제통계시스템.

나, 아직까지 이 국가들의 비중을 감안할 때 과다한 수준이라고 보기는 어려울 것이다.

　오히려 주택 관련 정책금융의 문제는 이들 주택담보대출이 은행이 공급하는 주택담보대출과의 차별성이 부족하다는 점에 있다. 주택금융의 안정성 확보를 위해서는 만기가 장기이어야 할 뿐만 아니라 고정금리와 분할상환이라는 대출 조건이 충족되어야 한다. 2019년 현재 한국주택금융공사가 취급하는 적격대출 중 분할상환 대출 비중이 52.6% 고정금리 대출이 49.4%로 증가했다고는 하지만, 실상은 이와 다르다. 우선 고정금리대출 중 절대 다수는 통상 5년 동안 고정금리를 부과하고 그다음부터는 변동금리로 전환되는 혼합형이기 때문이다.[21] 이 결과 당초의 장기자금 공급이라는 목적과 달리, 정책금융에 의한 주택담보대출이 일반은행의 5년 만기 주택담보대출과 마찬가지로 단기 투기적 목적을 위해 선택하는 상품의 하나로 이용되기도 한다. 따라서 정책금융으로서의 본래 목적이 달성되기 위해서는 순수한 고정금리 분할상환형 대출을 중심으로 대출이 이루어지도록 유인 제도를 마련해야 할 것이다.

또한, 한국주택금융공사와 주택도시기금의 지원 대상이 중첩되어 과다 공급될 수 있음을 경계할 필요가 있다. 주택도시기금의 대출은 과거에는 주로 주택공급업자를 대상으로 공급되었으나, 2013년부터 가계에 대한 주택구입자금과 전월세자금 공급을 확대하고 있다.[22] 그 결과 한국주택금융공사와 영역이 중첩되는 양상이 나타나고 있는바, 이러한 경쟁적 공급 증가가 투기자금원으로 활용되는 등의 부작용을 유발할 수 있다.

주택 관련 정책금융 금액과 비교해서 그 규모가 미미하지만, 저소득층이나 소상공인을 위한 정책금융이 최근 급격히 증가하는 추세이다. 2000년대 들어 소득분배가 악화되면서 금융 부문에서도 서민금융의 확대가 정책적으로 강조되면서, 정책금융 영역에서도 이러한 기능이 확대되었다. 가령 서민금융진흥원이 저소득층 전담 정책금융을 담당하는 기관으로 설립되어, 2019년 말 현재 5356억 원의 대출을 실시하고 있다. 그리고 지역신용보증재단의 보증도 분석 기간 중 연평균 14.6% 증가하여 2019년 말 현재 그 보증 잔액은 23조 원이 되었다.

이러한 서민금융 차원의 정책금융은 잘못 집행되면 오히려 저소득층의 복지를 더욱 악화시킬 수 있음을 주의할 필요가 있다. 가계금융은 가계가 소비

---

21) 2016년 6월 현재, 5개 시중은행이 취급한 주택담보대출 중 고정금리대출은 전체의 38.1% 이었으나, 이 중에서 혼합형이 34.0%이고 전체의 4.1%만이 순수한 고정금리 대출이었다. 한국은행, 『금융안정보고서』(2016.12) 참조.
22) 주택도시기금은 2013년부터 2015년까지 디딤돌 대출, 공유형 모기지, 버팀목 전세대출, 주거안정월세 등 다양한 가계금융지원 제도를 구축했다.

를 목적으로 차입하는 것이므로, 가계의 미래소득을 전제로 일시적인 유동성을 공급하는 것이 본래의 역할이다. 미래에 상환 능력이 없는 저소득층이나 취약계층에게 정책금융을 공급하는 것은 적절하지 않으므로, 이들에 대한 지원은 상환 부담이 없는 재정을 통한 소득이전이나 보조금 지원으로 이루어져야 한다. 그럼에도 불구하고 정부가 저소득층 지원을 위하여 정책금융을 활용하려는 유인은 크다. 국회의 승인을 받아야 하는 재정정책은 재원 확보가 쉽지 않기 때문에, 정책 담당자가 집행에 따른 책임 소재를 쉽게 피할 수 있고 자금 동원이 용이한 정책금융을 활용하고자 할 유인이 큰 것이다. 그러므로 저소득층에 대한 정책금융이 남발될 가능성은 충분한 셈이다. 따라서 이러한 서민지원 차원의 정책금융 남발을 차단하기 위해서 정책금융 공급 원칙 및 요건을 명확하게 정비하는 것이 요구된다.

3) 정책금융의 산업정책 기능

우리는 앞에서 중소기업 정책금융이 과잉 공급되고 있음을 지적했다. 그리고 중소기업 정책금융이 시장실패의 보정 기능뿐만 아니라 여전히 산업정책을 지원하는 수단으로 활용되었음을 지적했다. 이하에서는 산업정책 수단으로서 정책금융이 활용되는 문제점에 대해서 좀 더 구체적으로 살펴본다.

역대로 집권한 정부는 저마다의 산업정책 전략을 제시하고, 이를 위해 정책 수단을 동원했다. 정책금융기관은 정책목표에 따라 설정한 특정 부문에 대해 자금을 우선적으로 배분함으로써 정부의 산업정책에 부응했다. 그러나 정부 주도의 자금배분은 그 실효성을 상실한 지 오래다. 첫째, 과거와 달리 경제 전체에서 자금이 충분히 공급되고 있는 환경이어서, 경쟁력이 있는 기업과 산업에 대한 자금 공급은 전혀 부족하지 않다. 둘째, 정부가 시장보다 우월했던 시기는 이미 지났다. 정부가 특정 산업을 전략적으로 선택하는 기능이 시장보다 우월한 자원배분으로 귀결될 가능성이 거의 없다는 점은 명백하다.

특히 이러한 행태가 중소기업에 대한 과도한 정책금융 지원을 유발하는 요인으로 작용했다. 주요한 중소기업 지원 정책금융기관인 신용보증기금과 기술보증기금의 보증 공급액을 유형별로 보았다. 두 기관은 산업정책 목표에 의거하여 지원 부분을 구분하고 매년 각 부문에 대한 보증 공급액을 계획·배분함으로써, 보증 지원이 단순히 중소기업 지원을 넘어서서 특정한 산업이나 부문에 대한 산업정책적 차원의 지원으로서도 기능해 왔다. 특히 주목되는 것은 매년 정부의 정책목표에 따라 중점정책지원 부문을 선정했다는 점이다. 선정된 지원 부문 중 일부는 정권 변화와 무관하게 항목이 유지되기도 하지만, 일부의 지원 부문은 역대 정부별로 다른 항목으로 추가되고 삭제되었다. 가령 이명박 정부에서는 녹색성장기업이 하나의 지원 부문으로 추가되었고, 박근혜 정부는 창조기업이, 그리고 문재인 정부에서는 혁신성장이 지원 부문으로 삽입되었다.

녹색성장기업에 대한 지원은 두 정책금융기관이 공히 중점 정책사업으로 2009년부터 2012년까지 선정하여 자금을 공급했다. 보증공급액 기준으로 보면, 신용보증기금과 기술보증기금의 녹색성장기업에 대한 보증공급액은 2009년 각각 2조 6240억 원과 16조 621억 원이었으나, 2012년에는 8조 1478억 원과 3조 3203억 원으로 증가하여 연평균 45.9% 및 25.9% 증가했다. 두 보증 정책금융기관의 지원액을 총합하면, 2009년 4조 2861억 원이었던 녹색성장기업에 대한 보증공급액이 2012년 11조 4681억 원으로 3년 만에 2.7배 증가한 것이다. 한편 신용보증기금은 박근혜 정부에 들어와서는 창조기업에 대한 지원을 중점 정책으로 내세워서 2017년 그 실적이 6조 1658억 원으로 집계되었다. 이러한 상황은 문재인 정부 들어와서도 마찬가지여서, 기술보증기금은 중점 정책 부문으로서 혁신성장 부문을 추가했고, 이 부문에 대한 보증공급액은 2017년 2조 6634억 원이었던 것이 2019년 5조 4852억 원으로 2년 만에 2.1배 증가했다.

이처럼 중점정책지원에 대한 보증자금 배분이 고무줄처럼 변동한 것은 두 가지 요인에 의해서 설명할 수 있다. 첫째, 이러한 현상은 보증 정책금융기관의 보증공급액 배분이 산업정책적 목적에 의하여 탄력적으로 조정되었음을 보여준다. 즉 중소기업 지원의 내용이 산업정책적 목표에 의하여 크게 영향을 받았다는 것이다. 둘째, 정책금융기관이 부여된 정책목표 달성을 위해 기존 보증 내역을 명목적으로 이름만 바꿔서 실적으로 보고한 것도 또 하나의 이유가 될 것이다. 이것은 결국 산업정책적 목적의 정책금융이 사실상의 효과를 거두지 못했음을 시사한다. 그리고 이러한 과정을 통해서 보증 정책금융기관은 정책적 목적을 강조하면서 축소되어야 하는 중소기업에 대한 지원 규모를 오히려 확대할 수 있었던 것이다.

이상 보증 정책금융기관의 사례에서 볼 수 있듯이, 중소기업에 대한 지원에 초점을 둔 기업 정책금융이 지원 필요성이 감소함에도 불구하고 오히려 증가했던 이유는 산업정책적 수단으로서 정책금융을 이용하려는 정부와 이를 이용하여 자신의 조직을 확장하려고 했던 정책금융기관의 이해관계가 일치하기 때문이었다. 첫째, 정부는 산업정책 수단으로서 재정정책보다 금융정책을 훨씬 용이하게 사용할 수 있다. 재정정책은 재정건전성 부담이 직접 발생하고 재원 조달도 국회에 의해서 통제되므로 집행의 한계가 있지만, 정책금융은 정책금융기관이 시장에서 조달한 자금을 이용하는 것이므로 훨씬 유연하게 대응할 수 있다. 또한, 정책적 책임 역시 재정정책보다 모면하기에 용이하다. 따라서 정부가 경영권을 장악한 정책금융기관을 통해 정책금융을 확대하여 정책 실적을 과장하려는 유인이 클 수밖에 없다. 둘째, 정책금융기관의 조직 이기적 목적이다. 정책금융기관은 정부 정책에 따라 자신의 업무 범위와 규모를 확장함으로써, 조직을 확대·유지하려는 유인을 갖는다. 그러므로 역대 정부의 산업정책 목표를 적극적으로 활용하여, 불필요한 자금 공급을 확대하려는 행태를 보여왔다. 그 결과 당초의 중소기업 지원 목적보다는 산업정책 기능을 명분으로 기업 정책금융이 확대되었던 것이다. 따라서 정책금융의 과잉 공급을 억제하기 위해서는 근본적으로는 정부가 과거와 같은 산업정책에 대한 태도를 버리고 현재의 상황에 맞는 새로운 기능으로 정책 기능을 개편해야 하지만, 정책금융기관이 과잉 공급하고자 하는 유인을 관리할 수 있는 적극적인 통제 장치도 마련해야 할 것이다.

사실 정책금융의 산업정책 기능은 일부 필요한 측면도 존재한다. 그러나 그것은 전적으로 시장실패의 보정이라는 차원에서 이루어져야 한다. 제2장에서 살펴본 바와 같이 불확실성이 높은 거액의 장기자금이 필요한 산업에 대해서는, 위험 공유의 차원에서 시장 기능을 보완하는 정책금융이 유익한 기능을 할 수 있다. 특히, 세계적으로 산업구조가 크게 급변하는 상황에서 민간 부문에서 감당할 수 없는 거액 설비 및 인프라 투자에 대한 정책금융의 역할은 더욱 중요할 수 있겠다. 이것은 단순히 특정 산업에 대한 우선 지원의 성격이 아니기 때문에, 정책금융기관의 역량 강화와 민간과의 협력 체계의 구축이 중요할 것이다.

이러한 산업정책을 수행하기 위해서는 다양한 정책금융기관이 참여할 수 있지만, 기업규모나 지원 방식과 무관하게 대규모 투자를 전담할 수 있는 현존 기관으로서는 산업은행과 수출입은행을 거론할 수 있다. 이하에서는 두 은행이 상기 정책금융 기능을 수행하기 어렵게 만드는 공급체계의 문제점을 살펴본다.

첫째, 산업은행과 수출입은행의 기능이 중복된다.[23] 2013년 정부의 정책금융기관 업무 조정에 따라 수출입은행은 대규모 해외 건설 및 플랜트 지원을 하는 것으로 업무 분담이 이루어졌으나, 기업의 영역이 국경을 넘나드는 상황에서 두 은행의 업무를 국내외로 구분하는 것은 현실적이지 않다. 또한 인프라나 대형 프로젝트에 대한 투융자는 거대한 자금이 소요되기 때문에, 두 은행으로 업무가 분리된다고 하더라도 위험 분산을 충분히 할 수 있는 것도 아니다. 오히려 규모의 경제 효과를 상실할 수 있어서 양 기관 업무에 대한 통폐합도 고려할 필요가 있다.

둘째, 각 은행별로도 산업정책 기능 수행을 위해 사전에 업무나 조직을 정비할 필요성이 있다. 우선 산업은행은 보유하고 있는 다양한 업무에 대한 개편이 필요하다. 산업은행은 구조조정 지원 기능과 산업정책 수단으로서의 정책금융 기능을 동시에 보유하고 있다. 이 두 기능을 한 조직에서 집행할 경우 이해상충 문제가 발생할 수 있으므로, 두 기능을 조직적으로 분리시킬 필요가 있다. 또한, 소기업 지원을 목적으로 한 산업은행의 온렌딩 기능은 여타 정책금융기관과 중복 소지가 많으므로, 폐지하는 것이 바람직하다. 이와 함께 과거에 일시적으로 크게 증가시켰던 상업적 기능은 시장을 왜곡할 가능성이 높으므로, 소매금융 업무는 일상적인 업무에 필요한 경우를 제외하고는 완전히 없애야 할 것이다.

한편 수출입은행의 기능도 검토해야 할 사안이 다수 존재한다. 우선 수출입은행의 주요 업무는 과거와 달리 외환 공급 여력이 확대되고 일반은행의 외환 관련 업무가 성장한 상황에서 정책금융으로서의 실효성이 많이 감소했다. 특히 수출입은행의 지원 대상이 대기업에 치중되어 있는 상황에서 정책금융으로서의 필요성은 더욱 의심받고 있어, 수출금융 기능을 정책금융에서 폐지

---

23) 두 은행의 업무 중복의 문제점에 대해서는 국회예산정책처(2017) 참조.

하는 것을 고려해 보아야 한다. 이와 함께 수출입은행의 보증 업무와 무역보험공사의 보험 업무 간의 중복으로 인한 비효율성도 꾸준히 지적되고 있어, 정책금융 공급체계 개편 시 양 기관에 대한 개편도 고려되어야 할 사안이다.

5. 정책금융 공급체계의 개선 과제

제4절에서 우리는 구체적인 정책금융 내용을 분석하여 정책금융이 과다 공급되고 있음을 확인했고, 과잉 공급을 유발하는 문제점들을 살펴보았다. 정책금융의 과잉공급을 해소하기 위해서는 무엇보다도 정책금융 공급체계, 즉 정책금융기관의 정비가 선행되어야 한다. 정책금융기관은 시장경쟁에 노출되지 않고 독과점적인 지위를 유지하고 있기 때문에, 그 기능이 더 이상 유효하지 않게 되더라도 조직을 지속하고 확대하고자 하는 유인을 갖고 있기 때문이다. 더구나 정책금융 공급체계가 설립된 정책금융기관을 중심으로 구축되어 있어, 정책금융기관에 대한 정비가 그 핵심이 된다.

정책금융기관을 정비하는 방안으로서는 통상 다음 세 가지 방향이 제시되고 있다. 첫째, 정책금융기관을 내부적으로 정비하여 업무 범위를 축소하고 불필요한 업무를 폐지함으로써, 불필요한 정책금융을 축소하는 방안이다. 이것은 정책금융기관의 존폐나 통합과 무관하게 이루어질 수 있으므로, 제도 정비가 용이하다는 장점이 있다. 반대로 이러한 제도 정비는 해당 정책금융기관의 존속을 전제로 하고 있기 때문에, 개편의 폭이나 수준이 제한되어 정책금융 공급체계의 개선으로서 성과가 미흡할 가능성이 높다. 둘째, 유사 기능을 하는 정책금융기관을 통폐합하여 과도한 정책금융 공급을 축소하는 방안이다. 이 방안은 유사, 중복 기능을 수행하는 정책금융기관의 통폐합을 통해 단기간에 정책금융 공급체계를 개선할 수 있다는 장점이 있다. 하지만 기존 조직과 이해관계자의 반발이 심하여 실제 통폐합을 성사시키기 어렵다는 현실적 장애가 있다. 셋째, 정책금융기관을 지주회사로 묶어서, 지주회사 내에서 업무를 축소, 조정하도록 하는 방안이다. 정책금융회사의 지주회사화와 관련한 외국 사례로는 프랑스의 BPI 프랑스(BPI France)와 핀란드의 핀베라(Finnvera)가 있다. 이 방안은 통폐합안보다는 기존 기관의 반발을 줄이면서 체계적으로 정책금융기관을 전담 관리하는 조직을 만들 수 있다는 장점이 있다. 그러나 외국의 사례를 감안할 때, 개별 단위로도 규모가 크고 상이한 기능을 부여받고 있는 정책금융기관을 하나의 지주회사에 포함시켜 관리하는 것이 쉽지 않은 일이다. 또한 지주회사도 스스로 조직을 확장하려고 하는 유인이 있어, 더 막강한 독점력을 갖고 있는 지주회사가 향후 제도 정비에 장애요인이 될 수도 있다.

어떤 방향으로 정책금융 공급체계를 개편하든지 상관없이, 그 개편 목적이 정책금융의 순기능을 강화하는 데 있는 만큼 다음과 같은 원칙이 정책금융 공급체계를 개편 시 반영되어야 한다. 첫째, 정부가 특정 산업이나 부문을 선정하여 산업정책을 수립하고, 이를 지원하는 수단으로서 정책금융이 이용되는 것은 더 이상 있어서는 안 된다. 따라서 기업 정책금융은 시장의 실패를 보정하는 기능을 중심으로 유효성이 판단되고 재구성되어야 한다. 둘째, 정책금융도 민간금융과 마찬가지로 차입자의 상환 능력을 전제로 자금이 공급되어야 한다. 상환 능력이 없는 대상자에게는 정책금융이 아니라 재정정책을 통한 소득이전과 보조금 지급이 집행되어야 한다. 특히 최근 가계 정책금융이 확대되는 추세에 있어, 이러한 정책금융의 지원 원칙을 준수하는 것은 더욱 중요해지고 있다. 셋째, 정책금융제도를 주기적으로 점검하여 불필요한 집행을 축소할 수 있도록, 정책금융 점검 체계가 강화되어야 하며 이를 기초로 정책금융기관에 대한 구조조정이 필요하다.

이상과 같이 정책금융 공급체계 개편을 위한 원칙이나 기본적인 개편 방향을 설정했다고 하더라도, 개별 정책금융기관의 특성이 각각 존재하기 때문에 상기한 방식을 일괄적으로 적용하는 것은 적절하지 않을 수 있다. 따라서 실질적으로 정책금융 공급체계를 개편하기 위해서는 개별 정책금융기관의 구체적인 상황과 기능을 감안하여 각각의 구체적인 개편 방안을 마련해야 할 것이다. 그러나 본 연구가 이러한 연구를 포괄하고 있지 않기 때문에, 구체적인 개편 방안 제시는 본 연구의 범위를 넘어선다. 그 대신 본 연구는 제3절과 4절에서의 논의를 기초로, 주요한 정책금융 공급체계별로 그 개편 과제와 관련된 이슈를 간략히 제시하여 정책금융 공급체계 개편의 시사점을 제공했다.

첫째, 중소기업 정책금융의 과잉 공급을 축소하기 위해서는 다음과 같은 개편을 고려할 필요가 있다. 우선 IBK 기업은행의 일반은행으로의 전환을 고려할 수 있다. 또한 지원 대상을 중소기업 전체에서 한정하여, 실제 자금이 지원되지 않는 소기업이나 업력이 짧은 기업에 집중하도록 공급체계를 개선할 수 있다. 이러한 제도 개편과 더불어 유효성이 떨어진 지원제도는 폐기하는 것이 바람직하다. 산업은행의 온렌딩 제도는 폐지하고, 한국은행의 금융중개지원대출 제도는 일시적 유동성 공급을 위한 한시적 제도로만 운용할 것을 제안한다.

둘째, 업무 중복과 유사성이 있는 여러 정책금융기관의 정비도 주요한 개편 과제로 생각해 볼 수 있다. 우선 많이 거론되고 있는 것이 보증 업무를 취급하는 신용보증기금과 기술보증기금의 정비이다. 그러나 보증기관의 정비는 이 두 기관뿐만 아니라 여타 유사 업무를 수행하고 있는 지역신용보증재단과 서울보증보험을 포함하여 고려될 필요가 있다. 즉 양자를 통합하든 아니면 현재처럼 분산을 유지하든 상관없이 보증업무 전체의 중복 업무나 사각지대의 존재를 검토하여, 보증제도 전반을 검토하고 그 개편 방안을 모색하는 것이 바람직하다. 이때, 정책금융기관의 대출이 보증과 중복되지 않도록 제도를 정비하는 것도 동시에 진행되어야 할 것이다. 또한 한국주택금융공사와 주택도시기금의 중복된 기능을 정비하는 것을 생각할 수 있다.가령 두 기관이 공히 디딤돌 대출을 운영하고 있는데, 이러한 중복된 업무가 효율성 측면에서 바람직하게 보이지는 않는다. 또한, 두 기관의 주택담보대출이 장기적이고 안정적인 주택금융으로서 활용되기 위해서는, 제도 개선을 통해 장기의 고정금리 분할상환대출 비중이 크게 증가하도록 대출구조를 변경하는 것이 필요하다.

셋째, 전체 정책 규모에서 큰 비중을 차지하고 있는 산업은행과 수출입은행의 통폐합 혹은 업무 조정이 향후 정책금융 공급체계 개편의 주요한 과제이다. 앞서 지적한 바대로 산업은행과 수출입은행을 통폐합하지 않더라도, 각각 내부적인 기능과 조직 정비가 필요하다. 산업은행은 구조조정 기능과 정책금융 기능 간의 이해상충을 방지할 조직적 개편이 필요하다. 그리고 수출입은행이 취급하는 수출금융을 정책금융으로서 폐지하는 것 역시 주요하게 검토해야 할 과제이다. 근본적으로는 두 은행 간 중복 기능의 축소나 효과적인 정책금융 기능 제고를 위해서는 산업은행과 수출입은행의 통폐합이 전면적으로 검토되어야 할 것이다.

6. 요약 및 결론

이 글은 2000년대 이후 정책금융의 흐름을 총괄적으로 살펴보고 그 문제점을 분석함으로써, 정책금융 공급체계의 개선 과제를 제시하는 데 목적을 두었다. 금융시장의 성장에도 불구하고 정책금융이 전체 여신에서 차지하는 비중은 2000년대 중반 이후 확대되는 추세를 보였다. 소득분배 개선을 목표로 한 가계 정책금융이 주택금융을 중심으로 확대되었던 반면, 금융시장의 변화로 상대적으로 그 필요성이 줄어든 중소기업 정책금융이 그리 감소하지 않고 금융시장과 유사한 성장세를 보였기 때문이다. 이러한 정책금융의 추이와 비중 증가는 정책금융이 과잉 공급되고 있다는 기존 연구의 결론을 뒷받침한다.

이처럼 정책금융이 과잉 공급되는 원인은 정부가 정책금융을 정부의 산업정책 목표를 달성하는 수단으로 이용하기 때문이다. 특히 중소기업 정책금융이 과다하게 증가한 원인은 그것이 시장실패의 보정 목표보다는 산업정책 목표를 위한 지원 수단으로 활용된 데 기인한 바 크다. 또한 정책금융의 확대는 그 공급 주체인 정부와 정책금융기관의 이기적 유인에 의해 기인한 바도 크다. 정부는 재정정책보다 정책 수단으로 활용이 용이한 금융정책을 활용할 유인이 컸고, 금융시장 전체를 통제하기도 어렵기 때문에 실질적인 영향력을 행사할 수 있는 정책금융기관을 통한 정책금융을 활용할 유인도 컸다. 정책금융기관도 조직의 유지나 확대를 위해서 적극적으로 산업정책 차원의 자금 지원 등을 통해 업무 범위와 규모를 확대하려는 유인이 있었다.

이러한 정책금융의 과잉 공급을 축소하고 자금배분의 효율성을 제고하기 위해서는 무엇보다도 정책금융 공급체계의 개편이 필요하다. 정책금융기관이 시장경쟁과 무관하게 독과점적으로 설립·유지되고 있기 때문에, 정책금융기관에 대한 통제가 없이 정책금융을 축소하는 것이 현실적으로 쉽지 않기 때문이다. 이 글은 정책금융의 적정성을 중소기업 정책금융, 주택 및 가계 정책금융, 산업정책 수단으로서의 정책금융으로 각각 나누어 평가하고, 다음과 같은 원칙하에서 정책금융 공급체계가 개선될 필요가 있음을 제시했다. 첫째, 개발시대 이루어졌던 산업정책 수단으로서의 정책금융은 폐지되어야 한다.

둘째, 재정정책과 금융정책의 영역이 분리되어야 한다. 금융정책으로서 정책 금융은 상환 능력을 전제로 지원되어야 하며, 상환 능력이 없는 지원 대상자에게는 재정을 기초로 한 소득이전 등이 이루어져야 한다. 셋째 과도한 정책 금융 공급이 이루어지지 않도록 주기적인 점검이 있어야 하며, 이러한 관점에서 정책금융기관에 대한 구조조정을 적극 검토할 필요가 있다.

다만 본 연구는 개별 정책금융기관에 대한 구체적인 개선 방안을 제시하지는 않았다. 그것은 개별 기관별로 특수한 상황이 존재하기 때문에, 전체적인 정책금융 공급체계를 살펴본 본 연구가 구체적인 방안을 제시하는 것은 연구 범위를 넘기 때문이다. 그 대신 본 연구는 전체적인 정책금융 공급체계의 관점에서 정책금융의 전반적인 과잉 공급 여부와 문제점을 점검하고, 이를 기초로 전반적인 개선 방향성과 과제를 제안했다. 본 연구는 이 점에서 미시 자료를 기초로 한 기존 연구를 보완하는 것이기도 하다. 이들 연구가 개별 정책금융의 과잉 공급과 개선 방안을 제시했다면, 본 연구는 총량적인 관점에서 개선 과제를 제시했다는 데 의의가 있다. 또한 본 연구의 접근 방법은 정책금융 공급체계의 개선을 모색할 때에도 유효한 시사점을 제시할 수 있다. 세부적인 정책금융 기능만을 대상으로 정책금융을 평가할 경우에는 해당 정책금융 제도의 존속을 전제로 세부적인 개선 방안만을 제시할 경우가 많은 반면, 본 연구와 같이 총량적인 측면에서 정책금융의 적절성을 평가할 경우에는 보다 근본적인 정책금융제도의 개선 방안을 모색하는 시각을 제공할 수 있기 때문이다.

참고문헌

강종구·정형권. 2006. 「중소기업 정책금융지원 효과 분석」. ≪금융경제연구≫, 250.

국회예산정책처. 2017. 『은행형 금융공공기관의 정책금융 사업 분석: 한국산업은행, 한국수출
입은행을 중심으로』.

금융감독원. 각 연도. 『은행경영통계』.

금융산업발전심의회. 1993. 『금융제도개편연구』.

김준경. 1993. 「정책금융의 재원조성 개선방안」. 송대희·문형도 엮음. 『국가예산과 정책목표
1993』. 한국개발연구원.

김현욱. 2004. 『중소기업 적정 금융지원효과에 관한 연구』. 한국개발연구원.

박창균·서근우·우석진·이기영. 2012. 『중소기업 금융지원의 현황과 성과평가』. 중소기업진흥
공단 용역보고서.

박창균·이기영. 2017. 「중소기업 금융지원 정책에 대한 역사적 고찰」. ≪금융연구≫, 31(4),
pp.133~167.

손상호·김동환. 2013. 『중소기업금융의 발전과제』. 한국금융연구원.

우석진. 2013. 「중소기업 정책금융의 기업업력별 효과 분석」. 『중소기업지원정책의 개선방안에
관한 연구(I)』. 한국개발연구원.

원승연. 1998. 「은행수익성에 대한 정책금융의 영향」. ≪경제발전연구≫, 4(1), pp.191~214.

_____. 2013. 「정책금융의 개편 방향과 추진 과제」. 한국금융학회 정책심포지엄 발표자료.

원승연·이건범. 2012. 『적격대출 정착을 위한 시장 여건 구축 방안』. 한국주택금융공사 용역보
고서.

이기영. 1994. 『정책금융제도의 현황, 효과분석 및 개선 방향』. 한국조세연구원.

_____. 2019. 「중소기업대출비율제도가 은행의 중소기업 대출에 미치는 효과」. ≪금융정보연
구≫, 8(2), pp.33~51.

이기영·우석진. 2015. 「공적 신용보증이 한계기업의 생존에 미치는 효과」. ≪재정학연구≫,
8(4), pp.71~90.

이기영·우석진·빈기범. 2015. 「중소기업 파이낸싱갭의 추정과 정책자금 재배분에 관한 연구」.
≪경제발전연구≫, 21(2), pp.91~108.

이기영·조영삼. 2011. 『중소기업 정책금융 지원체계의 평가 및 개선방안』. 금융연구원 Working
Paper. 한국금융연구원.

장우현·양용현. 2014. 「중소기업지원정책과 생산성: 중소기업정책자금 예시를 중심으로」. 『중
소기업지원정책의 개선방안에 관한 연구(II)』. 한국개발연구원.

정건용. 1987. 『우리나라 금융정책 운영현황과 개선방안: 실제 운영행태를 중심으로』. 한국개
발연구원.

정찬우·이건호. 2010. 『금융소외 해소를 위한 정책서민금융 개선방안』(정책조사보고서). 한국금융연구원.

한국은행. 2016. 『금융안정보고서』.

Craig, Ben R., William E. Jackson III and James B. Thomson. 2011. "Public Policy in Support of Small Business: The American Experience." FRB of Cleveland Working Paper 11-16.

Gale, William G. 1989. "Collateral, Rationing, and Government Intervention in Credit Market." paper prepared for NBER Conference.

Williamson, Stephen D. 2004. "Do Informational Frictions Justify Federal Credit Programs?" *Journal of Money, Credit and Banking*, 26(3), pp.523~544.

지은이(수록순)

박민수
서울대학교 국제경제학과 졸업, 보스턴대학교 경제학 박사
현재 성균관대학교 경제학과 교수
주요 논저: 『포스트 코로나 시대 해외 주요국의 경제체제 중요 요소 변화: 기후위기, 디지털
플랫폼, 인적자원 및 국가채무를 중심으로』(공저, 2021), 「온라인플랫폼 규제정
책에 대한 경제학적 검토」(공저, 2022)

조영탁
서울대학교 경제학과 졸업, 서울대학교 경제학 박사
현재 한밭대학교 경제학과 교수
주요 논저: 『한국경제의 지속가능한 발전전략: 생태경제학의 기획』(2013), 「한국경제의 저
탄소화와 재정정책의 역할」(2015), 「사회적 비용을 고려한 국내 주요발전기술
의 균등화 발전비용 산정」(공저, 2018), 『생태경제학자 조영탁, 생태경제와 그린
뉴딜을 말하다』(2021)

박복영
서울대학교 경제학 박사
현재 경희대학교 국제대학원 교수
주요 논저: *The World Economy after the Global Crisis: A New Economic Order for the
21st Century* (편저, 2012), 『실사구시 한국경제』(공저, 2013), "External adjustment
and trading partners exchange rate regimes"(2016)

안지연
연세대학교 도시공학과 졸업, 미국 코넬대학교 경제학 박사
현재 경희대학교 국제대학 교수
주요 논저: "Does International Debt Market Linkage Amplify the Transmission of Real
Business Cycle During the Crises?"(공저, 2021), 『녹색채권 시장 성장의 결정요
인 분석: 기후변화 요인을 중심으로』(공저, 2022)

김계환
파리 고등사회과학연구원 경제학 박사
현재 KIET 산업통상연구본부장
주요 논저:『경제패권경쟁시대 전략적 자율성을 위한 산업통상 전략』(공저, 2021),「코로나
         19 이후 글로벌 가치사슬의 변화」(공저, 2021),「첨단 산업 GVC 재편에 대응한
         산업·안보 정책」(2021),「미국과 유럽의 산업 및 기술 정책」(2022)

이태석
서울대학교 경제학과 졸업, 로체스터대학교 경제학 박사
현재 KDI 연구위원
주요 논저:『인구구조 변화에 대응한 구조개혁 방안』(공저, 2020),『재정준칙 유형별 경제
         적 효과분석과 정책적 시사점』(2023)

고영선
서울대학교 경제학과 졸업, 스탠퍼드대학교 경제학 박사
현재 KDI 연구부원장
주요 논저:『한국경제의 성장과 정부의 역할: 과거, 현재, 미래』(2008),『전문자격사제도 개
         선방안 연구』(공저, 2009), The Evolution of Wage Inequality in Korea(2018)

원승연
서울대학교 경제학과 졸업, 서울대학교 경제학 박사
현재 명지대학교 경영학과 교수
주요 논저:『정책의 시간』(공저, 2020),「2007~2009년 금융위기 시 연방준비은행의 증권사
         에 대한 최종대부자 기능과 그 시사점」(2021)

이기영
펜실베이니아대학교 경제학 박사
현재 경기대학교 경제학과 교수
주요 논저:『공적 신용보증이 한계기업의 생존에 미치는 효과』(공저, 2015),『중소기업 금융지
         원 정책에 대한 역사적 고찰』(공저, 2017)

한울아카데미 2421

서울사회경제연구소 연구총서 41

5대 전환과 한국경제

ⓒ 서울사회경제연구소, 2022

엮은이 ︱ 서울사회경제연구소
지은이 ︱ 박민수·조영탁·박복영·안지연·김계환·이태석·고영선·원승연·이기영
펴낸이 ︱ 김종수
펴낸곳 ︱ 한울엠플러스(주)
편집책임 ︱ 이동규·최진희

초판 1쇄 인쇄 ︱ 2022년 12월 15일
초판 1쇄 발행 ︱ 2022년 12월 30일

주소 ︱ 10881 경기도 파주시 광인사길 153 한울시소빌딩 3층
전화 ︱ 031-955-0655
팩스 ︱ 031-955-0656
홈페이지 ︱ www.hanulmplus.kr
등록번호 ︱ 제406-2015-000143호

Printed in Korea.
ISBN 978-89-460-7422-4 93320

※ 책값은 겉표지에 있습니다.